中等职业教育"十二五"规划教材
中职中专会计类专业系列教材

企业财务会计

张渭民 邓 韬 主 编

梁温娥 副主编

科 学 出 版 社

北 京

内 容 简 介

本书以"理实一体"模式编写而成,以企业会计工作岗位为项目,按照会计确认、计量、报告为基本点,着重介绍了企业会计核算的基本内容。教材内容既符合传统会计学习方法,又引进大量通用的票、单、证、章、表等实务资料,教、学、做相结合,通俗易懂,方便学习,直接与实务相对接。

本书共分为 11 个项目,系统介绍了会计工作岗位的业务处理过程。主要有货币资金岗位业务、往来岗位业务、存货岗位业务、固定资产和无形资产岗位业务、投资岗位业务、成本费用岗位业务、纳税岗位业务、收入岗位业务、资本和借款岗位业务、财务成果岗位业务、财务报告编制岗位业务。

本书可作为职业院校财会类相关专业的教材,也可作为会计从业人员上岗培训教材。

图书在版编目(CIP)数据

企业财务会计/张渭民,邓韬主编. —北京:科学出版社,2013
(中等职业教育"十二五"规划教材·中职中专会计类专业系列教材)
ISBN 978-7-03-036611-5

Ⅰ.①企… Ⅱ.①张… ②邓… Ⅲ.①企业管理-财务会计-中等专业学校-教材 Ⅳ.①F275.2

中国版本图书馆 CIP 数据核字(2013)第 020880 号

责任编辑:王纯刚 王 琳 / 责任校对:马英菊
责任印制:吕春珉 / 封面设计:耕者设计工作室

科学出版社 出版
北京东黄城根北街 16 号
邮政编码:100717
http://www.sciencep.com

铭浩彩色印装有限公司 印刷
科学出版社发行 各地新华书店经销

＊

2013 年 2 月第 一 版 开本:787×1092 1/16
2016 年 5 月第五次印刷 印张:17 1/4
字数:400 000

定价:36.00 元
(如有印装质量问题,我社负责调换〈铭浩〉)
销售部电话 010-62134988 编辑部电话 010-62130874

前　言

为全面贯彻落实《国家中长期教育改革和发展规划纲要（2010～2020）》和《中等职业教育改革创新行动计划（2010～2020）》，根据财政部修订后的《企业会计准则》和企业会计准则解释公告，以企业会计岗位为项目，编者编写了本书。

本书具有以下特点：

开门见山　以工作任务引出项目的主要内容，先举例（实务），再讲解（理论）。

分析简洁　举例部分先简洁分析，再做处理，易于理解，易于掌握。

内容充实　内容以现行企业会计准则为准，完整充实。

够用实用　能力要求以中职学生的应知应会为原则编写。

学练结合　讲解内容和课堂练习及课后练习相结合。

实践性强　内容以制造业为例，与实际业务相结合。

图文并茂　每个项目的分析、知识点、特别强调的事项均以贴图形式展现，容易吸引学生的注意力。

本书由陕西省经贸学校高级讲师张渭民任主编。本书共 11 个项目，其中项目 1、项目 2 和项目 5 由陕西省经贸学校张渭民编写，项目 3 和项目 4 由陕西省经贸学校苏朝旭编写，项目 6 和项目 7 由陕西省银行学校邓韬编写，项目 8 由城市金融报社梁温娥编写，项目 9 由西安思源学院白崇行编写，项目 10 由兰州市商业学校陈建菊编写，项目 11 由陕西省银行学校关宏编写。

本套教材共分两本，一本主教材、一本实训教材，独立成册，配套使用。

由于编者水平有限，加之时间仓促，书中难免有不足之处，敬请读者批评指正。

张渭民

2013 年 1 月

目 录

企业财务会计

项目 1
货币资金岗位业务

知识目标

◇ 了解货币资金岗位的内容。
◇ 掌握库存现金、银行存款和其他货币资金管理规定。
◇ 掌握货币资金增减变动及其结果的会计处理。

能力目标

◇ 能够区分货币资金的类别。
◇ 能辨别引起货币资金增减变动的交易或事项。
◇ 能独立进行货币资金增减变动业务的会计处理。

态度目标

◇ 坚守企业会计准则,具有准确的职业判断能力,养成良好的职业习惯。
◇ 养成积极进取、认真负责、精益求精的工作态度。
◇ 养成广泛思维、克服困难、团结协作的团队作风。

任务 1.1 库存现金业务

工作任务

在日常活动中，企业每天都要接触各种形式的货币资金，如保险柜中的人民币、外币，放在银行中的款项，各种银行卡，各种银行票据等。对于这些以货币形态存在的资产，会计上如何确认、计量和报告，形成最终的会计信息？请根据西安同仁有限公司（增值税一般纳税人）以下交易或事项进行账务处理。

【例 1-1】 2011 年 5 月 5 日销售一批甲商品，开具的增值税专用发票上注明售价为 1 000 元，增值税税额为 170 元（表 1-1-1）。商品已经发出，价款收到现金。该批商品的实际成本为 600 元（表 1-1-2）。

表 1-1-1 陕西增值税专用发票（记账联）

陕西增值税专用发票 记账联				No 01326011 开票日期：2011 年 5 月 5 日			
6101152185							
购货单位	名 称：西安锦华有限公司 纳税人识别号：610113395210000 地 址、电 话：西安市锦华路 5 号 029-856677888 开户行及账号：中国建设银行西安锦华路支行 260004058001320013				密码区	（略）	
货物或应税劳务名称	规格型号	单位	数量	单价	金额	税率	税额
甲商品		件	10	100.00	1 000.00	17%	170.00
合 计					¥1 000.00		¥170.00
价税合计人民币（大写）	⊗壹仟壹佰柒拾元整				（小写）¥1 170.00		
销货单位	名 称：西安同仁有限公司 纳税人识别号：610198719754012 地 址、电 话：西安市朱雀路 1171 号 029-85637788 开户行及账号：中国工商银行西安市朱雀路支行 3700019029000500578				备注		

收款人： 复核： 开票人：安全 销货单位：（章）

表 1-1-2　西安同仁有限公司产品（商品）出库单

产品（商品）出库单

购货单位：西安锦华公司　　　　　　2011 年 5 月 5 日　　　　　　编号：20110505

产品			单位	数量	单位成本	金额
产品编号	产品名称	产品规格				
	甲商品	套	件	10	60.00	600.00
合计						¥600.00

主管：　　　　记账：　　　　复核：　　　　制单：成名

分析： 企业销售商品，商品已经发出，货款已经收到，符合销售商品收入确认的原则，应当确认收入，记入"主营业务收入"账户。对于开具的增值税专用发票上注明的增值税额形成销项税额，记入"应交税费——应交增值税"账户。会计人员根据销售发票的记账联，作如下处理：

借：库存现金　　　　　　　　　　　　　　　　　　　　　　　　　　　1 170
　　贷：主营业务收入——甲商品　　　　　　　　　　　　　　　　　　　1 000
　　　　应交税费——应交增值税（销项税额）　　　　　　　　　　　　　　170

同时根据商品出库单，结转已销商品的实际成本，作如下处理：

借：主营业务成本——甲商品　　　　　　　　　　　　　　　　　　　　　600
　　贷：库存商品——甲商品　　　　　　　　　　　　　　　　　　　　　　600

【例 1-2】采购员李明于 2011 年 4 月 8 日借款 1 500 元出差，并于 5 月 18 日持经过批准的差旅费报销单（表 1-1-3）报销差旅费 1 240 元，交回多余现金 260 元（表 1-1-4）。

表 1-1-3　差旅费报销单

差旅费报销单

部门名称：供销部门　　　　报销日期：2011 年 5 月 18 日　　　　编号：

姓名	李明		出差地点	上海	出差日期	自 2011 年 5 月 10 日 至 2011 年 5 月 16 日				
事由	采购								杂费	
日期	起讫地点		车船或飞机		路途补助			住勤补助		
月	日	起讫地点		类别	金额	天数	标准	金额	日数	标准	金额	宿费	其他
5	10	西安	上海	火车	180	6	80	480				400	
5	16	上海	西安	火车	180								

总计人民币（大写）：壹仟贰佰肆拾元整（小写）¥1 240　　　　经办人（章）

预借人民币 1 500 元，退回现款人民币 260 元

负责人：刘小明　　　会计：　　　审核：　　　主管部门：张宏　　　出差人：李明

表 1-1-4　收据

```
                  收　据
              2011 年 5 月 18 日                    No 023180

  今收到：李明
  交来　　差旅费借款余额
  人民币（大写）贰佰陆拾元整        ￥260.00   （收款单位盖章）

          出纳：王华              交款人：李明
```

分析：2011 年 4 月 8 日李明借款时，会计人员根据经过批准的借款单作如下会计处理：

借：其他应收款——李明　　　　　　　　　　　　　　　　　　　　1 500
　　贷：库存现金　　　　　　　　　　　　　　　　　　　　　　　　　1 500

2011 年 5 月 18 日会计人员根据经过批准的差旅费报销单和现金收据作如下处理：

借：管理费用——差旅费　　　　　　　　　　　　　　　　　　　　1 240
　　库存现金　　　　　　　　　　　　　　　　　　　　　　　　　　260
　　贷：其他应收款——李明　　　　　　　　　　　　　　　　　　　1 500

提示

差旅费报销单所附单据有 2 张火车票、1 张住宿发票，共计 3 张。

【例 1-3 】 2011 年 5 月 20 日出纳开出现金支票 80 000 元（表 1-1-5），提现准备发放生产车间 4 月的工资。

表 1-1-5　现金支票

```
                现 金 支 票

  中国工商银行
  现金支票存根            现金支票的正本部分已经交付给开户银行
  10406112
  00742323
  附加信息
  ────────────
  出票日期 2011 年 5 月 20 日
  收款人：西安同仁有限公司
  金额：80 000.00
  用途：发放工资
  单位主管 赵理华  会计 张光明
```

分析：一般来说每月的工资、奖金等职工薪酬，每月月末计入当期成本或费用，并形成当期的负债，记入"应付职工薪酬"账户的贷方，等下月发放时再冲减。4 月，企业已对职工薪酬作了处理，本月只是实际发放。会计人员根据现金支票存根作如下处理：

借：库存现金　　　　　　　　　　　　　　　　　　　　　　　　　80 000
　　贷：银行存款　　　　　　　　　　　　　　　　　　　　　　　　80 000

【例1-4】2011年5月20日依据4月生产车间工资结算汇总表，用现金80 000元发放上月工资、奖金等（表1-1-6）。

表1-1-6　西安同仁有限公司2011年4月生产车间工资发放表

2011年4月生产车间工资发放表

2011年5月20日　　　　　　　　　　编号：20110503

部门	姓名	基本工资	奖金津贴	应付工资	代扣款项	实发工资	签名
车间管理	江华明	2 600.00	400.00	3 000.00		3 000.00	江华明
	龚平	2 600.00	350.00	2 950.00		2 950.00	龚平
	张萍水	2 500.00	300.00	2 800.00		2 800.00	张萍水
生产工人	汪明明	2 400.00	285.00	2 685.00		2 685.00	汪明明
	力来	2 400.00	285.00	2 685.00		2 685.00	力来
	……	57 900.00	7 980.00	65 880.00		65 880.00	……
合计		70 400.00	9 600.00	80 000.00		80 000.00	

车间主管：江明华　　　　　　审核：张萍水　　　　　　制表：高敏

分析：根据上月生产车间工资发放表，会计人员作如下处理：

借：应付职工薪酬——基本工资　　　　　　　　　　　　　70 400
　　　　　　　　　——奖金、津贴　　　　　　　　　　　　9 600
　　贷：库存现金　　　　　　　　　　　　　　　　　　　　　　　80 000

【例1-5】2011年5月22日购进一批甲材料，取得的增值税专用发票上注明的货款为1 000元，增值税税额为170元（表1-1-7）。甲材料已经验收入库（表1-1-8），价款用现金支付。

表1-1-7　陕西增值税专用发票（发票联）

陕西增值税专用发票

6101152139　　　　　　　　　　　　　　　　　　No 01326864

发票联

开票日期：2011年5月22日

购货单位	名　　称：西安同仁有限公司 纳税人识别号：610198719754012 地址、电话：西安市朱雀路1171号　029-85637788 开户行及账号：中国工商银行西安市朱雀路支行 3700019029000500578	密码区	（略）

货物或应税劳务名称	规格型号	单位	数量	单价	金额	税率	税额
甲材料		件	10	100.00	1 000.00	17%	170.00
合计					￥1 000.00		￥170.00

价税合计（大写）　　⊗壹仟壹佰柒拾元整　　　　　（小写）￥1 170.00

销货单位	名　　称：西安前进有限公司 纳税人识别号：610198719753986 地址、电话：西安市文艺路1171号　029-87017880 开户行及账号：中国建设银行西安市文艺路支行 4700019029000500342	备注	西安前进有限公司 税号 610198719753986 发票专用章

收款人：　　　　　复核：　　　　　开票人：银华　　　　　销货单位：（章）

表 1-1-8　西安同仁有限公司材料入库单

材料入库单

供货商：西安前进有限公司　　　　　2011 年 5 月 22 日　　　　　　编号：20110520

产品			单位	数量	单位成本	金额
产品编号	产品名称	产品规格				
	甲材料	套	件	10	100.00	1 000.00
合　　计						1 000.00

主管：　　　记账：　　　复核：　　　制单：成名

分析： 企业购进原材料验收入库，价款已经支付，符合商品购进处理的原则，应当确认原材料购进，记入"原材料"账户。对于取得的增值税专用发票上注明的增值税额可以抵扣形成进项税额，记入"应交税费——应交增值税"账户。会计人员根据购货发票和收料单作如下处理：

借：原材料——甲材料　　　　　　　　　　　　　　　　　1 000
　　应交税费——应交增值税（进项税额）　　　　　　　　　170
　　贷：库存现金　　　　　　　　　　　　　　　　　　　　　　1 170

【例 1-6】2011 年 5 月 25 日以现金支付本月管理部门快件邮寄费 300 元（表 1-1-9），学习资料费用 660 元（表 1-1-10）。

表 1-1-9　陕西省西安市邮政专用发票

陕西省西安市邮政专用发票

发票代码：262536487962
发票号码：36241562

发　票　联

用户名称：西安同仁有限公司　　　　　　　　　　　　　　2011 年 5 月 25 日

项目	单位	数量	单价	金额
快递	件	10	30.00	300.00
合计人民币（大写）：叁佰元整				￥300.00

开票单位（盖章有效）　　　　　　收款人：刘敏

分析： 依据企业会计核算基础权责发生制的要求，本期发生的费用本期负担，计入当期损益。会计人员根据费用报销票据，作如下处理：

借：管理费用——办公费　　　　　　　　　　　　　　　　960
　　贷：库存现金　　　　　　　　　　　　　　　　　　　　　960

表 1-1-10　陕西省通用手工发票

陕西省国家税务局通用手工发票
发 票 联

发票代码：161001122300
发票号码：10275530

付款单位：西安同仁有限公司　　　　　　　　　　　　2011 年 5 月 25 日

项 目 内 容	金　额						备　注
	千	百	十	元	角	分	
资料（书）		6	6	0	0	0	
合计人民币（大写）陆佰陆拾元整	￥	6	6	0	0	0	

收款单位名称：陕西省西安市新华书店　　　　开票人：王汪
收款单位税号：610113741273596

【例 1-7】2011 年 5 月 31 日出纳对库存现金进行盘点，经清查发现短款 118 元，原因待查（表 1-1-11）。经请示单位负责人，100 元属出纳王华收支错误，应当赔偿，其余 18 元是找零所致，同意计入当期损益（表 1-1-12）。出纳员王华赔款，下月发工资时扣回。

表 1-1-11　西安同仁有限公司现金盘点报告表

现金盘点报告表

2011 年 5 月 31 日　　　　　　　　　　　　　　　　单位：元

实 存 金 额	账 存 金 额	对 比 结 果		备　注
		盘盈	盘亏	
2 182.00	2 300.00		118.00	待查
会计主管：张光明		盘点人：王华		出纳：王华

表 1-1-12　西安同仁有限公司财产物资盘盈盘亏审批表

财产物资盘盈盘亏审批表

2011 年 5 月 31 日　　　　　　　　　　　　　　编号：20110501

项　　目	盘　　盈	盘　　亏	原　　因	处 理 意 见
库存现金		118.00	100.00 属出纳责任 18.00 属找零所致	经过会议研究决定：责任短款由出纳赔偿；找零差错计入损益
负责人：赵理华		会计主管：张光明		制表：刘明

分析： 现金管理要求日清月结，每月末都应进行实地盘点。根据盘点结果编制库存现金盘点报告表，对于盘亏的现金先记入"待处理财产损溢"账户；其次，依据批准的文件核销短款。会计人员根据库存现金盘点报告表和财产物资盘盈盘亏审批表作如下处理：

借：待处理财产损溢——待处理流动资产损溢　　　　　　　　118
　　贷：库存现金　　　　　　　　　　　　　　　　　　　　　　118
借：管理费用——其他费用　　　　　　　　　　　　　　　　　18

    其他应收款——王华   100

    贷：待处理财产损溢——待处理流动资产损溢   118

练一练

> 2011 年 6 月 10 日发放工资扣回出纳王华赔款的业务处理。
>
> 借：应付职工薪酬——工资   100
>
>   贷：其他应收款——王华   100

【**例 1-8**】2011 年 6 月 30 日对库存现金进行盘点，发现长款 11 元，原因待查。经请示单位负责人，现金长款是找零所致，同意计入当期损益。

    分析：会计人员根据库存现金盘点报告表和财产物资盘盈盘亏审批表作如下处理：

    借：库存现金   11

        贷：待处理财产损溢——待处理流动资产损溢   11

    借：待处理财产损溢——待处理流动资产损溢   11

        贷：营业外收入——盘盈利得   11

 理论要点

一、库存现金的概念与特点

库存现金的概念与特点见表 1-1-13。

表 1-1-13   现金库存的概念与特点

库存现金概念	库存现金特点
通常存放于财会部门，是由出纳人员经管的货币，不包括营业部门销货找零款、采购人员持有的备用金等	是企业流动性最强的资产，具有最强的流动性、普遍的可接受性和可累加性

二、库存现金管理制度

根据国务院发布的《中华人民共和国现金管理暂行条例》的规定，现金管理制度主要包括以下内容。

1. 现金的使用范围

1）职工工资、津贴。

2）个人劳务报酬。

3）根据国家规定颁发给个人的科学技术、文化艺术、体育等各种奖金。

4）各种劳保、福利费用及国家规定的对个人的其他支出。

5）向个人收购农副产品和其他物资的价款。

6）出差人员必须随身携带的差旅费。

7）结算起点以下的零星支出（1 000 元以下）。

8）中国人民银行确定需要支付现金的其他支出。

2. 库存现金限额

库存现金限额是指为了保证企业日常零星开支的需要，允许单位留存库存现金的最高数额。这一限额由开户银行根据单位的实际需要核定，一般按照单位 3～5 天日常零星开支所需确定。边远地区和交通不便地区的开户单位的库存现金限额，可按多于 5 天，但不得超过 15 天的日常零星开支的需要确定。经核定的库存现金限额，开户单位必须严格遵守，超过部分应于当日终了前存入银行。需要增加或者减少库存现金限额的，应当向开户银行提出申请，由开户银行核定。

3. 现金收支的规定

现金收入应当每日按时送存银行，不得"坐支"；如有特殊情况需要坐支现金的，必须经开户银行批准；提现应当列明用途；不得设立"小金库"；不得"白条抵库"等。

> **知识点**
>
> 企业不得从本单位的现金收入中直接支付，即不得"坐支"；凡违反国家财经法规及其他有关规定，侵占、截留单位收入和应上缴收入，且未列入本单位财务部门账内或未纳入预算管理，私存私放的各项资金均属"小金库"；凡不符合财务制度和会计凭证手续的字条或单据均称为"白条"。

三、库存现金账务处理设置的账户

总账："库存现金"账户属资产类账户，主要用来核算企业库存现金的增减变动。借方登记库存现金的增加，贷方登记库存现金的减少，期末借方余额反映企业库存现金的实有数，见图 1-1-1。

借	库存现金	贷
期初余额		
本期库存现金增加额	本期库存现金减少额	
本期借方发生额合计	本期贷方发生额合计	
期末余额：库存现金实有数		

图 1-1-1　"库存现金"账户

明细账：根据币种设置库存现金日记账，进行明细核算。

登记依据：根据现金收款凭证和银行存款付款凭证登记库存现金的增加，根据现金付款凭证登记库存现金的减少。

四、库存现金业务的账务处理

库存现金业务的账务处理见表 1-1-14。

表 1-1-14　库存现金业务的账务处理

库存现金增加业务的账务处理		库存现金减少业务的账务处理	
实现销售收到现金时	借：库存现金 　贷：主营业务收入 　　　应交税费——应交增值税（销项税额）	购入材料付现时	借：原材料（或库存商品） 　　　应交税费——应交增值税（进项税额） 　贷：库存现金
提现备用时	借：库存现金 　贷：银行存款	支付小额费用时	借：管理费用 　　　销售费用 　贷：库存现金
收回剩余借款时	借：库存现金 　贷：其他应收款	预借差旅费	借：其他应收款 　贷：库存现金
收到押金时	借：库存现金 　贷：其他应付款	支付押金时	借：其他应收款 　贷：库存现金
库存现金清查的处理：企业应当定期或不定期对库存现金进行清查，做到日清月结，账实相符。一般采用实地盘点法进行清查，对于清查结果应当编制库存现金盘点报告单。对于账实不符，应通过"待处理财产损溢——待处理流动资产损溢"账户过渡核算，经过批准后，再分别处理			
库存现金盘亏时	处理前		借：待处理财产损溢——待处理流动资产损溢 　贷：库存现金
	处理后	有责任的处理	借：其他应收款 　贷：待处理财产损溢——待处理流动资产损溢
		无责任的一般处理	借：管理费用 　贷：待处理财产损溢——待处理流动资产损溢
库存现金盘盈时	处理前		借：库存现金 　贷：待处理财产损溢——待处理流动资产损溢
	处理后	长款应归还时	借：待处理财产损溢——待处理流动资产损溢 　贷：其他应付款
		一般处理时	借：待处理财产损溢——待处理流动资产损溢 　贷：营业外收入

任务 1.2　银行存款业务

工作任务

　　在日常经营活动中，企业大量的收支业务都是通过银行存款收取或支付的，如大额销售业务、大额购进业务等，这就需要对银行存款的增减变动业务进行确认、计量和报告。请根据西安同仁有限公司以下交易或事项进行账务处理。

【例 1-9】2011 年 5 月 15 日销售一批乙商品，开具的增值税专用发票上注明的货款为 100 000 元，增值税税额为 17 000 元（表 1-2-1）。商品已经发出（表 1-2-2），价款收到。购货单位送来转账支票（表 1-2-3），已入账（表 1-2-4）。该批商品的实际成本为 50 000 元。

表 1-2-1　陕西增值税专用发票

陕西增值税专用发票
记 账 联

601152185　　　　　　　　　　　　　　　　　No 0132686011

开票日期：2011 年 5 月 15 日

购货单位	名　称：陕西百发有限公司 纳税人识别号：610113395210010 地址、电话：西安市文艺南路 2 号 029-85647586 开户行及账号：中国工商银行西安西城支行 370001900296008888					密码区	（略）		
货物或应税劳务名称	规格型号	单位	数量	单价	金额		税率	税额	
乙商品		件	500	200.00	100 000.00		17%	17 000.00	
合　计					¥100 000.00			¥ 17 000.00	
价税合计（大写）	⊗壹拾壹万柒仟元整					（小写）¥ 117 000.00			
销货单位	名　称：西安同仁有限公司 纳税人识别号：610198719754012 地址、电话：西安市朱雀路 1171 号　029-85637788 开户行及账号：中国工商银行西安市朱雀路支行 370001902900050 0578					备注			

收款人：　　　　复核：　　　　开票人：安全　　　　销货单位：（章）

表 1-2-2　西安同仁有限公司产品（商品）出库单

产品（商品）出库单

购货单位：陕西百发有限公司　　　2011 年 5 月 15 日　　　编号：20110505

产品			单位	数量	单位成本	金额
产品编号	产品名称	产品规格				
	乙商品	套	件	500	100.00	50 000.00
合　计						¥50 000.00

主管：　　　　记账：　　　　复核：　　　　制单：成名

表 1-2-3 中国工商银行转账支票

<table>
<tr><td rowspan="6" style="writing-mode: vertical">付款期限自出账之日起十天</td><td colspan="3">中国工商银行 转账支票 (陕)</td><td>B B 0 2 04126549</td></tr>
</table>

	中国工商银行 转账支票 (陕)	B B 0 2 04126549

付款期限自出账之日起十天

中国工商银行 转账支票 (陕)　　　　　　　　　　　B B / 0 2　04126549

出票日期 (大写) 贰零壹壹年伍月壹拾伍日　　付款行名称：中国工商银行西安西城支行
收款人：西安同仁有限公司　　　　　　　出票人账号：37000190029600888

人民币 (大写)	壹拾壹万柒仟元整	亿	千	百	十	万	千	百	十	元	角	分
				¥	1	1	7	0	0	0	0	0

用途 支付购货款
上列款项请从
我账户内支付

密码：＿＿＿＿＿＿
行号：＿＿＿＿＿＿

出票人签章 (章)　　　　（陕西百发有限公司 财务专用章）　　复核　　记账　　（明陆印天）

表 1-2-4 中国工商银行进账单

中国工商银行进账单 (回单) 1

2011 年 5 月 15 日

出票人	全 称	陕西百发有限公司	收款人	全 称	西安同仁有限公司	账通知
	账 号	37000190029600888888		账 号	37000190029000500578	
	开户银行	中国工商银行西安西城支行		开户银行	中国工商银行朱雀路支行	

金额	人民币 (大写)	壹拾壹万柒仟元整	千	百	十	万	千	百	十	元	角	分
				¥	1	1	7	0	0	0	0	0

票据种类		票据张数	
票据号码			

复核　　　　　　记账　　　　　　收款人开户银行签章

此联是收款人开户银行交给收款人的收账通知

分析： 企业销售商品，商品已经发出，价款已经收到，符合销售商品收入确认的原则，应当确认收入，记入"主营业务收入"账户。对于开具的增值税专用发票上注明的增值税额形成销项税额，记入"应交税费——应交增值税"账户。会计人员根据银行存款进账单和销售发票的记账联，作如下处理：

借：银行存款　　　　　　　　　　　　　　　　　　　　　　　117 000
　　贷：主营业务收入——乙商品　　　　　　　　　　　　　　　　100 000
　　　　应交税费——应交增值税（销项税额）　　　　　　　　　　　17 000

同时根据商品出库单，结转已销商品的实际成本，作如下处理：

借：主营业务成本——乙商品　　　　　　　　　　　　　　　　　　50 000
　　贷：库存商品——乙商品　　　　　　　　　　　　　　　　　　　50 000

【例 1-10】2011 年 5 月 16 日收到银行通知，收到黄河公司前欠货款 234 000 元，已入账（表 1-2-5）。

表 1-2-5　托收凭证（收账通知）

托收凭证（收账通知）4

委托日期 2011 年 5 月 10 日

业务类型		委托收款（□邮划、□电划）托收承付（☑邮划、□电划）				
付款人	全称	河南黄河有限公司	收款人	全称	西安同仁有限公司	
	账号	1800019025000501515		账号	3700019029000500578	
	地址	中国建设银行郑州南路支行		地址	中国工商银行西安市朱雀路支行	
金额	人民币（大写）	贰拾叁万肆仟元整			¥234 000.00	
款项内容	货款	托收凭证名称	合同	附寄单据张数		2
商品发运情况	已发		合同名称号码		购销合同 123698762	
备注：			款项收妥日期		中国工商银行西安市 朱雀路支行 2011.5.16 业务清讫	
		复核　　记账		年　月　日	年　月　日	

分析： 企业原赊销商品款未收时，已记入"应收账款"账户的借方表示债权增加。现在收到银行通知，收回前欠货款并已入账，表示债权减少应冲减"应收账款"账户。会计人员根据银行收账通知单，作如下处理：

借：银行存款　　　　　　　　　　　　　　　　　　　　　234 000

　　贷：应收账款——河南黄河有限公司　　　　　　　　　　　　234 000

【例 1-11】2011 年 5 月 25 日从西安光明公司购进一批乙材料，取得的增值税专用发票上注明的货款为 150 000 元，增值税税额为 25 500 元。价款通过银行信汇支付（表 1-2-6），材料已验收入库。

表 1-2-6　中国工商银行信汇凭证

中国工商银行信汇凭证（回单）1

☑普通　□加急　　　　　委托日期 2011 年 5 月 25 日

付款人	全　称	西安同仁有限公司	收款人	全　称	西安光明公司								
	账　号	3700019029000500578		账　号	3700019029115500256								
	汇出地点	陕西省西安市		汇出地点	陕西省西安市								
汇出行名称		中国工商银行西安朱雀路支行	汇入行名称		中国工商银行西安市朱宏路支行								
金额	人民币（大写）	壹拾柒万伍仟伍佰元整			百	十	万	千	百	十	元	角	分
		中国工商银行西安市 朱雀路支行 2011.5.25 业务清讫			¥	1	7	5	5	0	0	0	0
			支付密码										
			附加信息及用途：										
		汇出行签章			复核　　记账								

分析： 企业购进原材料验收入库，价款已经支付，符合原材料购进处理的原则，应当

确认原材料购进，记入"原材料"账户。对于取得的增值税专用发票上注明的增值税税额可以抵扣形成进项税额，记入"应交税费——应交增值税"账户。会计人员根据购货发票、银行信汇凭证回单和入库单作如下处理：

借：原材料——乙材料　　　　　　　　　　　　　　　　　　150 000
　　应交税费——应交增值税（进项税额）　　　　　　　　　25 500
　　贷：银行存款　　　　　　　　　　　　　　　　　　　　　　175 500

【例1-12】西安同仁有限公司2011年5月26日通过银行电汇方式，支付前欠兰州前进有限公司货款10 000元（表1-2-7）。

表1-2-7　中国工商银行电汇凭证

中国工商银行电汇凭证（回单）1

☑普通　□加急　　　　委托日期 2011年5月26日

汇款人	全　　称	西安同仁有限公司		收款人	全　　称	兰州前进有限公司		
	账　　号	37000019029000500578			账　　号	19000019024000500458		
	汇出地点	西安	汇出行名称	中国工商银行西安市朱雀路支行	汇入地点	兰州	汇入行名称	中国建设银行黄河路支行
金额	人民币（大写）壹万元整				¥10 000.00			
款项已汇入收款人账户					汇出行签章		复核　记账	

中国工商银行西安市朱雀路支行 2011.5.26 业务清讫

分析：企业原赊购商品款未付时，已记入"应付账款"账户的贷方表示债务增加。现在通过电汇方式支付前欠货款，表示债务减少应冲减"应付账款"账户。会计人员根据电汇凭证回单，作如下处理：

借：应付账款——兰州前进有限公司　　　　　　　　　　　10 000
　　贷：银行存款　　　　　　　　　　　　　　　　　　　　　10 000

14

【例1-13】西安同仁有限公司2011年5月27日开出支票（表1-2-8），用于购买办公用品3 000元（表1-2-9）。办公用品已交付使用（表1-2-10）。

表 1-2-8　中国工商银行支票存根

中国工商银行 现金支票存根 10406112 00742323 附加信息 ———————— ———————— 出票日期 2011 年 5 月 27 日 收款人：西安市方便你公司 金额：3000 用途：购买办公用品 单位主管 赵理华 会计 张光明	支票的正本部分已经交付给西安市方便你公司

表 1-2-9　购货普通发票

陕西省西安市商业普通发票

发票代码：161010722151
发票号码：12919128

陕国税西字（11）商业三联
2011 年 5 月 27 日

发 票 联

购货单位（人）	名称	西安同仁有限公司	地址	西安朱雀路 1171 号	金 额							第 二 联 发 票 联
品 名 规 格			单位	数量	单价	万	千	百	十	元	角	分	
A4 打印纸			包	30	60.00		1	8	0	0	0	0	
签字笔			支	120	10.00		1	2	0	0	0	0	
合计（大写）	⊗ 叁仟零佰零拾零元零角零分					¥	3	0	0	0	0	0	
销货单位	名称	西安方便你公司		纳税与识别号	610104735078449								
	地址	西安市科技一路 5 号		电话	029-88118833								
开票人：张峰彰					销货单位（章）								

表 1-2-10　西安同仁有限公司办公用品领用单

办公用品领用单

2011 年 5 月 27 日　　　　　　　编号：20110527

领用部门	办公室	用途	办公	
物品名称	单价	数量	金额	备注
A4 打印纸	60.00	30	1 800.00	
签字笔	10.00	120	1 200.00	
合　计			¥3 000.00	

审批人：　　　　领用人：　　　发货：宋玉

分析： 依据企业会计核算基础权责发生制的要求，本期发生的费用本期负担，计入当期损益。会计人员根据支票存根、发票和办公用品领用单作如下处理：

借：管理费用——办公费　　　　　　　　　　　　　　　　3 000
　　贷：银行存款　　　　　　　　　　　　　　　　　　　　　　　　　3 000

【例 1-14】2011 年 5 月 31 日收到开户银行——中国工商银行转来的基本存款账户对账单，对账单余额 615 000 元（表 1-2-11）。同日，西安同仁有限公司银行存款日记账余额 540 000 元（表 1-2-12）。

表 1-2-11　中国工商银行存款对账单

户名：西安同仁有限公司　　　　　　　　　　　　　　　　账号：3700019029000500578

2011 年		凭证号码	摘要	借方	贷方	借或贷	余额
月	日						
5	1	略	期初			贷	654 700
	10		收回货款		56 500	贷	711 200
	16		收回货款		234 000	贷	945 200
	20		提现	80 000			
	20		开出本票	10 000		贷	855 200
	21		开出汇票	100 000		贷	755 200
	25		收回余额		29 800	贷	785 000
	25		汇兑	120 000			
	25		支信息费	40 000		贷	625 000
	26		支付货款	10 000		贷	615 000
	27		支付货款	3 000		贷	612 000
	30		收回货款		3 000	贷	615 000
	31		本月合计	363 000	323 300	贷	615 000

表 1-2-12　银行存款日记账

户名：中国工商银行　　　　　　　　　　　　　　　　　　账号：3700019029000500578

2011 年		凭证		摘要	结算凭证		借方	贷方	借或贷	余额
月	日	字	号		种类	号码				
5	1	略	略	期初	略	略			借	654 700
	15			销售收款			117 000		借	771 700
	16			收回欠款			234 000		借	1 005 700
	20			提现				80 000		
	20			开出本票				10 000	借	915 700
	21			开出汇票				100 000	借	815 700
	25			购货付款				175 500		
	25			收回余额			29 800			
	25			汇兑				120 000	借	550 000
	26			支付欠款				10 000	借	540 000
	27			购办公品				3 000	借	537 000
	30			收回余额			3 000		借	540 000
	31			本月合计			383 800	498 500	借	540 000

提示

> 银行存款对账单的记账方向与企业银行存款日记账的登记方向是相反的。因为企业银行存款的增加，意味着开户银行负债的增加；另外，期末无论企业银行存款日记账余额是否与银行对账单余额相等，均应根据银行存款的种类，编制银行存款余额调节表。
>
> 经财务人员对本月发生的业务逐笔核对，发现以下不符事项（即未达账项）：
>
> 1）企业 5 月 15 日销售商品收到转账支票 117 000 元，并登记银行存款日记账的增加，支票已送存银行，但开户银行尚未登记入账（即为在途存款）。
>
> 2）企业 5 月 25 日开出转账支票 175 500 元购买材料，并登记银行存款日记账的减少，但对方尚未到银行办理进账手续，开户银行尚未登记入账。
>
> 3）企业 5 月 10 日委托开户银行代收大华公司货款 56 500 元。开户行已收到并登记企业存款的增加，但企业尚未收到银行收款通知单，尚未登记入账。
>
> 4）根据协议开户银行 5 月 25 日代企业支付本月电信费 40 000 元，开户行已支付并登记企业存款的减少，但企业尚未收到银行付款通知单，尚未登记入账。

分析：每月末企业必须与其开户行进行对账，以查明实际存款数额。由于记账错误、票证的传递和记账时间不同，常常使双方账面余额不一致，所以就必须进行核对调整。核对调整时先按照错账更正处理的方法更正错账，之后再通过编制银行存款余额调节表进行未达账项的调整。

根据分析编制银行存款余额调节表，见表 1-2-13。

表 1-2-13　银行存款余额调节表

开户行：中国工商银行（账号 37000190290005000578）　　　　2011 年 5 月 31 日　　　　金额单位：元

项　　目	金额	项　　目	金额
企业银行存款日记账余额	540 000	银行对账单余额	615 000
加：银行已收，企业未收	56 500	加：企业已收，银行未收	117 000
减：银行已付，企业未付	40 000	减：企业已付，银行未付	175 500
调节后的银行存款余额	556 500	调节后的银行存款余额	556 500

会计主管：张光明　　　复核：关公　　　编制：刘明　　　出纳：王华

提示

> 调节后的银行存款余额反映的只是企业在银行的实际存款数额，即企业实际可动用的存款数额是 556 500 元。企业不得依据银行存款余额调节表登记银行存款日记账。

 理论要点

一、银行存款的概念

银行存款是指企业存放在银行或其他金融机构的货币资金。企业应当根据业务需要，按照规定在其所在地银行开设账户，运用所开设的账户，进行存款、取款及各种收支转账业务的结算。

二、银行存款账户的类别

根据《人民币银行结算账户管理办法》的规定，企业可以在银行开设基本存款账户、一般存款账户、专用存款账户和临时存款账户四大类账户，其区别见表 1-2-14。

表 1-2-14　银行存款账户的类别

基本存款账户	一般存款账户	专用存款账户	临时存款账户
企业因办理日常转账结算和现金收付需要而开立的银行结算账户是企业的主要存款账户。按规定一个企业只能开设一个基本存款账户	企业因借款或其他结算需要，在基本存款账户以外的银行营业机构开立的银行结算账户。该账户可以办理现金的缴存，但不得办理现金支取	企业按照法律、行政法规和规章，对其特定用途资金进行专项管理和使用而开立的银行结算账户	企业因临时性需要并在规定期限内使用而开立的银行结算账户

> **知识点**
>
> 企业在银行开户须持有企业法人营业执照（正本）、组织机构代码证（正本）、纳税登记证（国税、地税）、银行开户法人授权委托书、法人身份证、银行开户经办人身份证、单位公章、财务专用章、法人私章。再填写开户单位银行结算账户申请表和单位银行结算账户管理协议，提交给开户银行，经中国人民银行当地分支机构批准后取得开户许可证。

三、银行存款账务处理设置的账户

总账："银行存款"账户属资产类账户，主要用来核算企业银行存款的增减变动。借方登记银行存款的增加，贷方登记银行存款的减少，期末借方余额反映企业银行存款的实有数，见图 1-2-1。

借　　　　　　　　　　银行存款　　　　　　　　　　贷	
期初余额	
本期银行存款增加额	本期银行存款减少额
本期借方发生额合计	本期贷方发生额合计
期末余额：银行存款实有数	

图 1-2-1　"银行存款"账户

明细账：根据开户银行、存款种类设置银行存款日记账，进行明细核算。

登记依据：根据银行存款收款凭证和现金付款凭证登记银行存款的增加，根据银行存款付款凭证登记银行存款的减少。

四、银行存款的管理

银行存款的管理严格按照中国人民银行的有关规定进行。

五、银行存款业务的账务处理

银行存款业务的账务处理见表1-2-15。

表1-2-15 银行存款业务的账务处理

银行存款增加的处理	银行存款减少的处理
银行存款增加的原因主要有销售商品、提供劳务收到的价款，将现金送存银行，收到前欠货款，收到押金或赔款等。 借：银行存款 　贷：主营业务收入 　　　其他业务收入 　　　应交税费——应交增值税（销项税额） 　　　库存现金 　　　其他应付款 　　　应收账款（或预收账款）等	银行存款减少的原因主要有购买材料物资、接受劳务支付的价款，从银行提取现金，支付前欠货款，支付大额费用，支付押金或赔款等。 借：原材料（或库存商品） 　　应交税费——应交增值税（进项税额） 　　库存现金 　　管理费用（或财务费用、销售费用） 　　其他应收款 　　应付账款（或预付账款）等 　贷：银行存款

六、银行存款清查的处理

由于银行存款的特殊性，每月月末企业无法通过实地盘点法查清企业的实际存款数额。只能通过与开户银行核对账目进行清查，做到账实相符。

核对时首先排除双方记账错误（如企业银行存款日记账有记录错误，应当用正确的方法先进行更正），之后将企业银行存款日记账与银行对账单本期的发生额逐笔进行核对，查找未达账项。

未达账项是指企业与银行之间，由于凭证传递或记账时间不同，造成一方已入账而另一方尚未入账的款项。

如企业已收，银行未收（企收银未收）：企业日记账余额大于对账单余额；

如企业已付，银行未付（企付银未付）：企业日记账余额小于对账单余额；

如银行已收，企业未收（银收企未收）：对账单余额大于企业日记账余额；

如银行已付，企业未付（银付企未付）：对账单余额小于企业日记账余额。

无论哪种情况发生，都会使双方账面余额不一致。那么就要求企业会计人员按月、按账户类别编制银行存款余额调节表，使调节后的双方账面余额达到一致，以真实反映企业在银行的实际存款数额。

19

> **提示**
>
> 月末无论企业银行存款日记账余额是否与银行对账单余额相符，都应编制银行存款余额调节表；银行存款余额调节表只是用来反映企业在银行的实际存款数额，并不能做为原始凭证，更正银行存款记录。

任务 1.3　其他货币资金业务

工作任务

　　企业到本地或外地采购材料物资或支付有关费用，为了保证资金的安全，通常会使用银行本票、银行汇票、信用卡等结算方式。这就形成了会计上的其他货币资金。请根据西安同仁有限公司以下交易或事项进行账务处理。

　　【例 1-15】 2011 年 5 月 20 日向开户银行填交银行本票申请书（表 1-3-1），要求从"银行存款"账户中划拨 10 000 元，开具银行本票一张。银行已受理并办妥银行本票（表 1-3-2）。

表 1-3-1　银行本票申请书

表 1-3-2　中国工商银行本票

分析：企业需要开具银行本票时，先填写银行本票申请书，待银行办妥后，才能据以购买材料物资或支付费用。当银行办妥，企业取得银行本票后，表明企业的货币资金总额没有变化，只是形式发生变化。所以，会计人员根据银行盖章退回的银行本票申请书存根联作如下处理：

借：其他货币资金——银行本票　　　　　　　　　　　　　　　　10 000

　　贷：银行存款　　　　　　　　　　　　　　　　　　　　　　　10 000

【例1-16】 2011年5月22日用5月20日办妥的银行本票从西安大明有限公司购买办公用品（表1-3-3），办公用品已交付使用（表1-3-4）。

表1-3-3　机打普通发票

<table>
<tr><td colspan="9" style="text-align:center">陕西省国家税务局通用机打发票　　发票代码：169867453091</td></tr>
<tr><td colspan="9" style="text-align:center">发 票 联</td></tr>
<tr><td colspan="5">开票日期　　　　　　　　2011年5月22日</td><td colspan="4">发票号码：06532431</td></tr>
<tr><td rowspan="2">收票单位
（人）</td><td>名称</td><td colspan="3">西安同仁有限公司</td><td colspan="2">纳税人识别号</td><td colspan="2">610198719754012</td></tr>
<tr><td>地址、电话</td><td colspan="3">西安市朱雀路 029-85637788</td><td colspan="2">查询码</td><td colspan="2">169867453091</td></tr>
<tr><td colspan="2">货物或应税劳务名称</td><td>规格</td><td>型号</td><td>单位</td><td>数量</td><td>单价</td><td colspan="2">金额</td></tr>
<tr><td colspan="2">打号机</td><td></td><td></td><td>个</td><td>1</td><td>6 000.00</td><td colspan="2">6 000.00</td></tr>
<tr><td colspan="2">黑板</td><td></td><td></td><td>张</td><td>1</td><td>4 000.00</td><td colspan="2">4 000.00</td></tr>
<tr><td colspan="5">合计人民币（大写）⊗壹万元整</td><td colspan="4">¥10 000.00</td></tr>
<tr><td rowspan="2">销货
单位</td><td>名称</td><td colspan="3">西安大明有限公司</td><td colspan="2">纳税人识别号</td><td colspan="2">61011323789512</td></tr>
<tr><td>地址、电话</td><td colspan="3">西安市丰汇路 029-88663399</td><td colspan="2">开户行及账号</td><td colspan="2">中国工商银行丰汇路支行
2700019029000500263</td></tr>
<tr><td colspan="4">开票人：张马力</td><td colspan="5">销货单位盖章</td></tr>
</table>

表1-3-4　办公用品领用单

<table>
<tr><td colspan="5" style="text-align:center">西安同仁有限公司办公用品领用单</td></tr>
<tr><td colspan="3">2011年5月22日</td><td colspan="2">编号：20110523</td></tr>
<tr><td>领用部门</td><td>办公室</td><td>用途</td><td colspan="2">办公</td></tr>
<tr><td>物品名称</td><td>单价</td><td>数量</td><td>金额</td><td>备注</td></tr>
<tr><td>打号机</td><td>6 000.00</td><td>1</td><td>6 000.00</td><td></td></tr>
<tr><td>黑板</td><td>4 000.00</td><td>1</td><td>4 000.00</td><td></td></tr>
<tr><td colspan="3" style="text-align:center">合　计</td><td>¥10 000.00</td><td></td></tr>
<tr><td colspan="3">审批人：　　　领用人：</td><td colspan="2">发货：德里</td></tr>
</table>

分析：依据企业会计核算基础权责发生制的要求，本期发生的费用本期负担，计入当期损益。会计人员根据发票和办公用品领用单，作如下处理：

借：管理费用——办公费　　　　　　　　　　　　　　　　　　　10 000

　　贷：其他货币资金——银行本票　　　　　　　　　　　　　　　10 000

【例1-17】 西安大明有限公司2011年5月22日销售一批乙商品给西安同仁有限公

21

司，开具的增值税专用发票上注明的货款为 8 547 元，增值税税额为 1 453 元。商品已经发出，价款收到西安同仁有限公司交来的银行本票，已办理入账（表 1-3-5）。该批商品的实际成本为 5 000 元。

提示

　　例 1-16 是西安同仁有限公司开出银行本票的处理，例 1-17 是西安大明有限公司收到西安同仁有限公司银行本票的处理。

表 1-3-5　中国工商银行进账单

中国工商银行进账单（回单）1

日期 2011 年 5 月 22 日

出票人	全　称	西安同仁有限公司	收款人	全　称	西安大明有限公司
	账　号	3700019029000500578		账　号	2700019029000500263
	开户银行	中国工商银行西安市朱雀路支行		开户银行	中国工商银行丰汇路支行
金额	人民币（大写）壹万元整				¥10 000.00
票据种类	银行本票	票据张数	1	中国工商银行西安市 朱雀路支行 2011.5.22 业务清讫	
票据号码	3265124				
	复核		记账		开户银行签章

　　分析：企业销售商品，商品已经发出，货款已经收到，符合销售商品收入确认的原则，应当确认收入，记入"主营业务收入"账户。对于开具的增值税专用发票上注明的增值税税额形成销项税额，记入"应交税费——应交增值税"账户。对于收到的银行本票企业只有送存银行办理进账手续后，才表示实际收到货款。会计人员根据银行存款进账单和销售发票的记账联，作如下处理：

　　借：银行存款　　　　　　　　　　　　　　　　　　　　　　　　10 000
　　　　贷：主营业务收入——乙商品　　　　　　　　　　　　　　　　8 547
　　　　　　应交税费——应交增值税（销项税额）　　　　　　　　　　1 453
　　同时根据商品出库单，结转已销商品的实际成本，作如下处理：
　　借：主营业务成本——乙商品　　　　　　　　　　　　　　　　　　5 000
　　　　贷：库存商品——乙商品　　　　　　　　　　　　　　　　　　5 000

 理论要点

一、银行本票的有关概念

银行本票的有关概念见表 1-3-6。

表 1-3-6　银行本票的有关概念

概念	适用范围	使用规定	使用期限	银行本票的办理
银行签发的，承兑自己在见票时无条件支付确定的金额给收款人或持票人的票据	单位和个人在同一票据交换区域需要支付的各种款项均可使用	可以用于转账，注明"现金"字样的可以用于支取现金。收款人可以将银行本票背书转让给被背书人	提示付款期限为自出票日起最长不得超过两个月	企业申请使用银行本票，应向银行填交银行本票申请书。出票银行受理并收到款项后签发银行本票，在本票上签章后交给申请企业，即办妥银行本票

二、银行本票账务处理设置的账户

总账："其他货币资金"账户属资产类账户，主要用来核算企业其他货币资金的增减变动。借方登记其他货币资金的增加，贷方登记其他货币资金的减少，期末借方余额反映企业持有的其他货币资金的实有数，见图 1-3-1。

借	其他货币资金	贷
期初余额		
本期其他货币资金的增加额	本期其他货币资金的减少额	
本期借方发生额合计	本期贷方发生额合计	
期末余额：其他货币资金实有数		

图 1-3-1　"其他货币资金"账户

明细账：根据其他货币资金[①]的内容，分别按照"银行本票"、"银行汇票"、"信用卡"、"信用证保证金"、"存出投资款"和"外埠存款"设置相应的明细账户。

三、银行本票账务的处理

银行本票账务的处理见表 1-3-7。

表 1-3-7　银行本票账务的处理

企业办妥银行本票，取得票据时	使用银行本票购买材料物资或支付费用	销售货物收到银行本票并办理银行入账手续
借：其他货币资金——银行本票 　　贷：银行存款	借：管理费用 　　库存商品（或原材料） 　　应交税费——应交增值税 　　　　　　（进项税额） 　　贷：其他货币资金——银行本票	借：银行存款 　　贷：主营业务收入 　　　　其他业务收入 　　　　应交税费——应交增值税（销项税额）

【例 1-18】　2011 年 5 月 21 日向开户银行填交银行汇票申请书（表 1-3-8），要求从"银行存款"账户中划拨 100 000 元，开具银行汇票一张。银行已受理并办妥银行汇票（表 1-3-9、表 1-3-10）。

---

① 其他货币资金是指企业除库存现金、银行存款以外的其他各种货币资金，主要包括银行本票存款、银行汇票存款、信用卡存款、信用证保证金存款、存出投资款和外埠存款等。

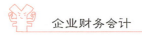

表 1-3-8　结算业务申请书

中国工商银行结算业务申请书（回单）　　　陕　No 05738641

申请日期 2011 年 5 月 21 日

业务种类：行内付款□　　　境内同业汇款□　　　银行汇票☑　　　银行本票□

申请人	名　称	西安同仁有限公司	收款人	名　称	山西省阳阳有限公司
	账　号	3700019029000500578		账　户	2300019351000504583
	联系电话	029-8567788		联系电话	035-66339911
	身份证件类型			汇入行名称	中国银行太原支行
	身份证件号			汇入行地点	山西省太原市

金额	人民币（大写）	壹拾万元整		百	十	万	千	百	十	元	角	分
			¥	1	0	0	0	0	0	0	0	0

扣款方式：转账☑　　现金□　　其他□	收费账号：3700019029000500578
现金汇款请填写 ｜ 国籍：　　职业：	用途：购货
支付密码：	附言：
申请人签章	核准：　　　　经办：

（申请人签章处盖章：西安同仁有限公司 财务专用章）

表 1-3-9　银行汇票

中国工商银行
银 行 汇 票

付款期限 壹 个 月			2	汇票号码 第 235216 号

签发日期（大写）　贰零壹壹年伍月贰拾壹日／　代理付款行：中国银行太原支行　行号：20135

收款人：山西省阳阳有限公司　　账号：2300019351000504583

出票金额　人民币（大写）　壹拾万元整

实际结算金额	人民币（大写）		千	百	十	万	千	百	十	元	角	分

申请人：西安同仁有限公司　　账号：3700019029000500578

出票行：朱雀　行号：30436

备注：＿＿＿＿＿＿

代理付款行签章

	密押	
	多余金额	

千	百	十	万	千	百	十	元	角	分

复核　　　经办　　　　　　　　　　　　　　复核　记账

（盖章：中国工商银行西安市朱雀路支行 业务专用章）

本汇票和解讫通知一并由汇款人自带，兑付行兑付票后此联作联行往账付出传票。

分析： 企业需要开具银行汇票时，先填写银行汇票申请书。待银行办妥后，才能据以购买材料物资或支付费用。当银行办妥，企业取得银行汇票后，表明企业的货币资金总额没有变化，只是形式发生变化。所以，会计人员根据银行盖章退回的银行汇票申请书存根联，作如下处理：

　借：其他货币资金——银行汇票　　　　　　　　　　　　　　　100 000
　　　贷：银行存款　　　　　　　　　　　　　　　　　　　　　　　　100 000

24

表 1-3-10　银行汇票（解讫通知）

付款期限 壹个月	中国工商银行 银 行 汇 票（解讫通知）		3	汇票号码 第 235216 号	本汇票和解讫通知一并由汇款人自带，兑付
签发日期　贰零壹壹年伍月贰拾壹日 （大写）		代理付款行：中国银行太原支行　行号：20135			行兑付票后此联作联行往账付出传票。
收款人　山西省阳阳有限公司		账号：23000193510000504583			

出票金额　人民币
（大写）　　壹拾万元整

实际结算金额　人民币 （大写）		千	百	十	万	千	百	十	元	角	分

申请人　西安同仁有限公司　　账号：3700019029000500578
出票行　朱雀　行号：30436

密押										
多余金额										
千	百	十	万	千	百	十	元	角	分	

备注：＿＿＿＿＿＿＿

代理付款行签章

复核　　　　经办　　　　　　　　　　　　　　　　　　　复核　　记账

【例 1-19】2011 年 5 月 31 日从阳阳公司购进一批 B 原材料（配件），取得的增值税专用发票上注明的货款为 60 000 元，增值税税额为 10 200 元（表 1-3-11）。原材料已经验收入库，价款通过银行汇票支付。银行汇票票面金额 100 000 元，剩余款项 29 800 元（表 1-3-12、表 1-3-13），退回开户银行，已入账（表 1-3-14）。

表 1-3-11　山西省增值税专用发票

1400052185　山西省增值税专用发票 发 票 联				No　01307011 开票日期：2011 年 5 月 31 日				
购货单位	名　　称：西安同仁有限公司 纳税人识别号：610198719754012 地址、电话：西安市朱雀路 1171 号　029-85637788 开户行及账号：中国工商银行西安市朱雀路支行 　　　　　　　3700019029000500578			密码区		（略）		
货物或应税劳务名称	规格型号	单位	数量	单价	金额	税率	税额	
B 配件 合　　计		件	500	120.00	60 000.00 ¥60 000.00	17%	10 200.00 ¥10 200.00	
价税合计人民币(大写)　柒万零贰佰元整				（小写）¥70 200.00				
销货单位	名　　称：山西省阳阳有限公司 纳税人识别号：145019871975400 地址、电话：太原市太百南路 111 号　0351-66339911 开户行及账号：中国银行太原市太百路支行 　　　　　　　23000193510000504583			备注				
收款人：　　　　　复核：　　　　　开票人：金鹰　　　　　销货单位：（章）								

表 1-3-12　银行汇票

付款期限 壹 个 月	中国工商银行 银行汇票		2	汇票号码 第 235216 号

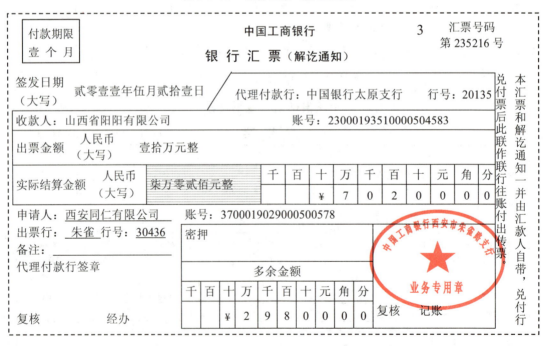

签发日期（大写）	贰零壹壹年伍月贰拾壹日	代理付款行：中国银行太原支行　　行号：20135
收款人：山西省阳阳有限公司		账号：23000193510000504583

出票金额　人民币（大写）　壹拾万元整

实际结算金额　人民币（大写）	柒万零贰佰元整	千	百	十	万	千	百	十	元	角	分
					¥	7	0	2	0	0	0	0

申请人：西安同仁有限公司　　账号：3700019029000500578

出票行：朱雀　行号：30436

备注：＿＿＿＿＿＿

凭票付款　　　密押

多余金额									
千	百	十	万	千	百	十	元	角	分
			¥	2	9	8	0	0	0	0

出票行盖章　　　复核　记账

本汇票和解讫通知一并由汇款人自带，兑付行兑付票后此联作联行往账付出传票。

表 1-3-13　银行汇票（解讫通知）

付款期限 壹 个 月	中国工商银行 银 行 汇 票 （解讫通知）		3	汇票号码 第 235216 号

签发日期（大写）	贰零壹壹年伍月贰拾壹日	代理付款行：中国银行太原支行　　行号：20135
收款人：山西省阳阳有限公司		账号：23000193510000504583

出票金额　人民币（大写）　壹拾万元整

实际结算金额　人民币（大写）	柒万零贰佰元整	千	百	十	万	千	百	十	元	角	分
					¥	7	0	2	0	0	0	0

申请人：西安同仁有限公司　　账号：3700019029000500578

出票行：朱雀　行号：30436

备注：＿＿＿＿＿＿

代理付款行签章　　　密押

多余金额									
千	百	十	万	千	百	十	元	角	分
			¥	2	9	8	0	0	0	0

复核　　　经办　　　复核　记账

本汇票和解讫通知一并由汇款人自带，兑付行兑付票后此联作联行往账付出传票。

表 1-3-14　银行汇票多余款收账通知

付款期限 壹 个 月	中国工商银行 银 行 汇 票（多余款收账通知）		4	汇票号码 第 235216 号

签发日期 （大写）贰零壹壹年伍月贰拾壹日	代理付款行：中国银行太原支行	行号：20135
收款人：山西省阳阳有限公司	账号：23000193510000504583	

出票金额	人民币 （大写）	壹拾万元整								
			千	百	十	万	千	百	十	元	角	分
实际结算金额	人民币 （大写）	柒万零贰佰元整			¥	7	0	2	0	0	0	0

申请人：西安同仁有限公司	账号：37000190290005 00578	
出票行：朱雀 行号：30436	密押	左列退回多余金额已 收入你账户内
备注：＿＿＿＿＿＿	多余金额	
凭票付款	千 百 十 万 千 百 十 元 角 分	
出票行盖章	¥ 2 9 8 0 0 0 0	

此联出票行结清多余款后交申请人

分析： 企业购进原材料验收入库，价款已经支付，符合原材料购进处理的原则，应当确认原材料购进，记入"原材料"账户。对于取得的增值税专用发票上注明的增值税税额可以抵扣形成进项税额，记入"应交税费——应交增值税"账户。会计人员根据购货发票、入库单作如下处理：

借：原材料——B 材料　　　　　　　　　　　　　　　　　60 000
　　应交税费——应交增值税（进项税额）　　　　　　　　10 200
　　　贷：其他货币资金——银行汇票　　　　　　　　　　　　70 200

对于银行汇票多余款项，银行自动转回企业开户行。会计人员根据银行汇票第四联（多余款收账通知）的作如下处理：

借：银行存款　　　　　　　　　　　　　　　　　　　　29 800
　　　贷：其他货币资金——银行汇票　　　　　　　　　　　　29 800

【例 1-20】 山西省阳阳有限公司是增值税一般纳税人，2011 年 5 月 31 日销售给西安同仁有限公司一批 B 商品，开具的增值税专用发票上注明的货款为 60 000 元，增值税税额为 10 200 元。商品已经发出，价款收到银行汇票，票面金额 100 000 元，实际结算金额 70 200 元，已入账（表 1-3-15）。该批商品的实际成本为 48 000 元。

27

▌**提示**

　　例 1-18 是西安同仁有限公司开出银行汇票给山西省阳阳有限公司，例 1-20 是山西省阳阳有限公司收到西安同仁有限公司的银行汇票。

表 1-3-15 中国银行进账单

中国银行进账单（回单）1

2011 年 5 月 31 日

出票人	全称	西安同仁有限公司	收款人	全称	山西省阳阳有限公司
	账号	3700019029000500578		账号	230001935100504583
	开户银行	中国工商银行西安市朱雀路支行		开户银行	中国银行太原市太白路支行
金额	人民币（大写）柒万零贰佰元整				¥70 200.00
票据种类	银行汇票	票据张数	2	中国银行太原市太白路支行 2011.5.31 业务清讫	
票据号码	235216				
	复核 记账				开户银行签章

分析： 企业销售商品，商品已经发出，货款已经收到，符合销售商品收入确认的原则，应当确认收入，记入“主营业务收入”账户。对于开具的增值税专用发票上注明的增值税税额形成销项税额，记入“应交税费——应交增值税”账户。会计人员根据收到的银行汇票及解讫通知单联填写银行存款进账单，送存银行入账，依据进账单回单和销售发票的记账联，作如下处理：

借：银行存款　70 200

　贷：主营业务收入——乙商品　60 000

　　　应交税费——应交增值税（销项税额）　10 200

同时根据商品出库单，结转已销商品的实际成本，作如下处理：

借：主营业务成本——乙商品　48 000

　贷：库存商品——乙商品　48 000

提示

西安同仁有限公司采购材料开出银行汇票的“出票金额”是 100 000 元。而山西省阳阳有限公司销售货物收到西安同仁有限公司银行汇票时，应在银行汇票“实际结算金额”栏中按实际发生额填写金额 70 200 元，并按此金额收取销售款项。对于多出的金额 29 800 元，应在银行汇票“多余金额”栏中填写，由银行退回西安同仁有限公司。

理论要点

一、银行汇票的有关概念

银行汇票的有关概念见表 1-3-16。

表 1-3-16　银行汇票的有关概念

概念	适用范围	使用规定	使用期限	银行汇票的办理
银行汇票是指由出票银行签发的，由其在见票时按照实际结算金额无条件支付给收款人或持票人的票据	单位和个人各种款项的结算均可使用银行汇票	银行汇票可以用于转账，注明"现金"字样的银行汇票可以用于支取现金。收款人可以将银行汇票背书转让给被背书人	银行汇票的提示付款期限为自出票日起一个月	企业申请使用银行汇票，应向银行填交银行汇票申请书。出票银行受理并收到款项后签发银行汇票，将银行汇票和解讫通知一并交给申请企业，即办妥银行汇票

二、银行汇票账务的处理

银行汇票账务的处理见表 1-3-17。

表 1-3-17　银行汇票账务的处理

向开户行申请，办妥银行汇票时	使用银行汇票购货或支付费用	销售货物收到银行汇票并办理银行入账手续
借：其他货币资金——银行汇票 　　贷：银行存款	借：管理费用 　　库存商品 　　原材料 　　应交税费——应交增值税 　　　　（进项税额） 　　贷：其他货币资金——银行汇票	借：银行存款 　　贷：主营业务收入 　　　　其他业务收入 　　　　应交税费——应交增值税（销项税额）

【例 1-21】2011 年 5 月 25 日派采购员到异地采购原材料，委托开户行汇款 120 000 元到采购地设立临时采购账户（表 1-3-18）。银行已办妥。

表 1-3-18　电汇凭证

中国工商银行电汇凭证（回单）1

☑普通　☐加急　　　　委托日期 2011 年 5 月 25 日

汇款人	全　称	西安同仁有限公司	收款人	全　称	西安同仁有限公司
	账　号	3700019029000500578		账　号	1900019024000500458
	汇出地点	西安	汇出行全称 中国工商银行西安市朱雀路支行	汇入地点	上海	汇入行全称 中国银行黄浦路支行

金额	人民币（大写）壹拾贰万元整	¥120 000.00

款项已汇入收款人指定地点，开立临时存款账户

（印章：中国工商银行西安市朱雀路支行　2011.5.25　业务清讫）

汇出行签章　　　　　复核　　记账

分析：企业需要到异地采购材料物资时，可以先派采购员前往，之后委托开户行将采购款项汇往外地，开立临时采购账户，以满足采购的需要。当银行办妥后，表明企业的货

币资金总额没有变化，只是形式发生变化。会计人员根据收到的银行汇款凭证回单联，作如下处理：

借：其他货币资金——外埠存款 　　　　　　　　　　　　　　　　　120 000
　　贷：银行存款 　　　　　　　　　　　　　　　　　　　　　　　　　120 000

【例1-22】2011年5月30日收到采购员送来的采购单据，购进C材料一批，取得的增值税专用发票上注明的货款为100 000元，增值税税额为17 000元。原材料已经验收入库。

分析：企业购进原材料验收入库，价款已经支付，符合原材料购进处理的原则，应当确认原材料购进，记入"原材料"账户。对于取得的增值税专用发票上注明的增值税税额可以抵扣形成进项税额，记入"应交税费——应交增值税"账户。会计人员根据采购员转来的购货发票、结算票据和入库单等，作如下处理：

借：原材料——C材料 　　　　　　　　　　　　　　　　　　　　　　100 000
　　应交税费——应交增值税（进项税额） 　　　　　　　　　　　　　　17 000
　　贷：其他货币资金——外埠存款 　　　　　　　　　　　　　　　　　117 000

【例1-23】2011年5月31日收到开户行收款通知，临时采购账户中的余额款项已经转回（表1-3-19）。

表1-3-19　信汇凭证

中国银行信汇凭证（收账通知）4

☑普通　□加急			委托日期 2011 年 5 月 31 日				
汇款人	全　称	西安同仁有限公司		收款人	全　称	西安同仁有限公司	
	账　号	19000019021000500458			账　号	37000019029000500578	
	汇出地点	上海	汇出行全称	中国银行黄浦路支行	汇入地点	西安	汇入行全称	中国工商银行西安市朱雀路支行
金额	人民币（大写）	叁仟元整				￥3 000.00	
款项已汇入收款人账户							
			汇入行签章			复核　　记账	

分析：企业原汇往外地采购资金120 000元已记入"其他货币资金——外埠存款"账户，实际采购支付117 000元，结余3 000元。会计人员根据银行转来的收账通知，冲减"其他货币资金——外埠存款"账户余额，作如下处理：

借：银行存款 　　　　　　　　　　　　　　　　　　　　　　　　　　3 000
　　贷：其他货币资金——外埠存款 　　　　　　　　　　　　　　　　　3 000

 理论要点

一、外埠存款的有关概念

外埠存款的有关概念见表1-3-20。

表 1-3-20　外埠存款的有关概念

概念	适用范围	使用规定
企业将款项汇往外地形成的临时性采购资金	单位异地采购材料物资时，为了保证资金的安全和结算及时性可采用此结算方式	企业将款项汇往外地时，应填写汇款委托书，委托开户银行办理汇款。汇入地银行以汇款单位的名义开立临时采购账户，该账户的存款不计利息、只付不收、付完清户。除了采购人员可以从中提取少量现金外，一律采用转账结算

二、外埠存款账务的处理

外埠存款账务的处理，见表 1-3-21。

表 1-3-21　外埠存款账务的处理

通过银行汇出采购款项时	收到采购人员转来供应单位发票账单等报销凭证	采购完毕收回余额已入账
借:其他货币资金——外埠存款 　贷：银行存款	借：库存商品（或原材料） 　　应交税费——应交增值税 　　　　　　（进项税额） 　贷：其他货币资金——外埠存款	借：银行存款 　贷：其他货币资金——外埠存款

提示

各种票据联次见表 1-3-22（此处的借方或贷方是指银行记录的方向。以中国银行为例）。

表 1-3-22　各种票据联次

名称	第一联	第二联	第三联	第四联	第五联	备注
增值税专用发票	记账联，销售方核算销售收入和增值税销项税额的凭证	抵扣联，购买方报送税务机关认证和留存备查的凭证	发票联，购货方核算采购成本和增值税进项税额的凭证			
货物运输业增值税专用发票	记账联，承运人记账凭证	抵扣联，受票方扣税凭证	发票联，受票方记账凭证	第四联至第六联由发票使用单位自行安排使用		
普通发票	存根联，销货方留存备查	发票联，购货方作为付款凭证	记账联，销售方作为销售凭证			也有采用一式两联
进账单	回单	贷方凭证	收账通知			也有一式两联
电汇凭证	回单	借方凭证	汇款依据			
信汇凭证	回单	借方凭证	汇款依据	收账通知		
托收凭证	回单	贷方凭证	借方凭证	收款通知	付款通知	

续表

名称	第一联	第二联	第三联	第四联	第五联	备注
银行结算业务申请书	银行留存	回单				适用：行内汇款、境内同业汇款、银行本票、银行汇票
银行汇票	出票行结清汇款时作汇出汇款借方凭证	代理付款行付款后作联行往账借方凭证附件	代理付款行兑付后随报单寄出票行，由出票行作多余款贷方凭证	出票行结清多余款后交申请人		
银行本票	出票行结清本票时作借方凭证					只有一联
商业承兑汇票	卡片，承兑人留存（付款单位）	持票人开户行随托收凭证寄付款人开户行作借方凭证附件	存根，签发单位存查			
银行承兑汇票	承兑银行支付票款时作付出传票	收款人开户行向承兑银行收取票款时作联行往来付出传票	收款人开户行随托收凭证寄付款行作借方凭证附件	存根，签发单位编制记账凭证依据		

练一练

根据本项目提供的资料，填列西安同仁有限公司 2011 年 5 月 31 日资产负债表"货币资金"项目的金额。

资产负债表"货币资金"项目应依据"库存现金"、"银行存款"和"其他货币资金"三个总账账户期末余额之和填列。

假定西安同仁有限公司 2011 年 5 月 1 日："库存现金"账户余额 3 000 元，"银行存款"账户余额 654 700 元，"其他货币资金"账户余额 5 000 元。

根据：

资产类账户期末余额＝资产类账户期初余额＋资产类账户本期借方发生额－资产类账户本期贷方发生额

2011 年 5 月 31 日有关账户记录见表 1-3-23、表 1-2-13 与表 1-3-24。

表 1-3-23　库存现金日记账

2011 年		凭证		摘要	借方	贷方	借或贷	余额
月	日	字	号					
5	1	略	略	期初			借	3 000
	5			销售收款	1 170		借	4 170
	18			收回借款余额	260		借	4 430
	20			提现	80 000			

续表

2011 年		凭证		摘要	借方	贷方	借或贷	余额
月	日	字	号					
	20			发放车间工资		80 000	借	4 430
	25			购买商品		1 170		
	25			购买办公用品		960	借	2 300
	31			盘点短款		118	借	2 182
5	31			本月合计	81 430	82 248	借	2 182

表 1-3-24　其他货币资金分类账

2011 年		凭证		摘要	借方	贷方	借或贷	余额
月	日	字	号					
5	1	略	略	期初			借	5 000
	20			开出银行本票	10 000		借	15 000
	21			开出银行汇票	100 000		借	115 000
	22			用本票购办公用品		10 000	借	105 000
	25			电汇采购款	120 000		借	225 000
	25			用汇票购买商品		70 200	借	154 800
	25			收回汇票余额		29 800	借	125 000
	30			支付采购款		117 000	借	8 000
	30			收回采购余额		3 000	借	5 000
5	31			本月合计	230 000	230 000	借	5 000

2011 年 5 月 31 日资产负债表"货币资金"项目为 547 182 元（2 182＋540 000＋5 000）。

项目 2
往来岗位业务

知识目标

◇ 了解往来岗位的内容。
◇ 掌握应收账款和应付账款、应收票据和应付票据、预收账款和预付账款、其他应收款和其他应付款的适用范围。
◇ 掌握应收账款和应付账款、应收票据和应付票据、预收账款和预付账款、其他应收款和其他应付款增减变动的会计处理。

能力目标

◇ 能够区分不同往来账户的应用范围。
◇ 能够识别哪些交易或事项会引起往来业务的增减变动。
◇ 能够独立胜任往来业务增减变动业务的会计处理。

态度目标

◇ 坚守企业会计准则，具有准确的职业判断能力，养成良好的职业习惯。
◇ 遇见问题举一反三，养成积极思考、认真负责的工作态度。
◇ 树立诚信、客观、公正、独立的工作作风。

任务 2.1　应收账款和应付账款业务

工作任务

在日常活动中为了保证资金运动的连续性，企业每天都要进行材料物资、商品的购销活动。小额购销多采用货币资金直接收付，但对于大额的购销活动多采用赊销、赊购的方式进行，这就形成了本项目的任务。例如，销售商品，商品已经发出，货款尚未收到，已办妥托收手续；再如，购买材料物资，已验收入库，货款尚未支付等。请根据西安同仁有限公司以下交易或事项进行账务处理。

【例 2-1】2011 年 6 月 5 日采用托收承付结算方式向郑州锦华有限公司销售一批甲商品，开具的增值税专用发票上注明的货款为 100 000 元，增值税税额为 17 000 元（表 2-1-1）。商品已经发出，款项尚未收到，已办理托收手续（表 2-1-2）。该批商品的实际成本为 60 000 元。

表 2-1-1　陕西增值税专用发票

6101152185	陕西增值税专用发票 记 账 联						No 01326011 开票日期：2011 年 6 月 5 日	
购货单位	名　　称：郑州锦华有限公司 纳税人识别号：410113395210000 地　址、电话：郑州市锦华路 5 号 开户行及账号：中国工商银行郑州锦华路支行 　　　　2600040580013200123					密码区	（略）	
货物或应税劳务名称	规格型号	单位	数量	单价	金额		税率	税额
甲商品		件	1 000	100.00	100 000.00		17%	17 000.00
合　　计					￥100 000.00			￥17 000.00
价税合计人民币 （大写）	⊗壹拾壹万柒仟元整					（小写）￥117 000.00		
销货单位	名　　称：西安同仁有限公司 纳税人识别号：610198719754012 地　址、电话：西安市朱雀路 1171 号　029-85637788 开户行及账号：中国工商银行西安路朱雀路支行 　　　　3700019029000500578					备注		
收款人：　　　　复核：　　　　开票人：安全　　　销货单位：（章）								

35

表 2-1-2 托收凭证（办妥回单）

托收凭证（回单）1

委托日期 2011 年 6 月 5 日

业务类型		委托收款（□邮划、□电划）托收承付（☑邮划、□电划）				
付款人	全称	郑州锦华有限公司	收款人	全称	西安同仁有限公司	
	账号	2600040580013200123		账号	3700019029000500578	
	地址	中国工商银行郑州锦华路支行		地址	中国工商银行西安市朱雀路支行	
金额		人民币（大写）壹拾壹万柒仟元整		¥117 000.00		
款项内容	货款	托收凭证名称	合同	附寄单据张数		2
商品发运情况		已发		合同名称号码	购销合同 456698752	
备注：		中国工商银行西安市朱雀路支行 2011.6.5 业务清讫	款项收妥日期			
		复核　　记账	年　月　日		收款人开户银行签章 年　月　日	

分析： 企业采用托收承付结算方式销售商品，在商品已经发出并且办妥托收手续后，符合销售商品收入确认的原则，应当确认收入。但是货款和增值税尚未收到，形成一项流动性债权，应记入"应收账款"账户的借方。会计人员根据托收承付受理回单及销售发票的记账联，作如下处理：

借：应收账款——郑州锦华有限公司　　　　　　　　　　　　　　　　117 000
　　贷：主营业务收入——甲商品　　　　　　　　　　　　　　　　　100 000
　　　　应交税费——应交增值税（销项税额）　　　　　　　　　　　 17 000
同时根据商品出库单，结转已销商品的实际成本，作如下处理：
借：主营业务成本——甲商品　　　　　　　　　　　　　　　　　　　60 000
　　贷：库存商品——甲商品　　　　　　　　　　　　　　　　　　　60 000

【例 2-2】 2011 年 6 月 15 日收到银行通知，收回郑州锦华公司货款及增值税，已入账（表 2-1-3）。

分析： 企业销售商品款未收时，表明流动性债权增加已记入"应收账款"账户的借方，当实际收回时应当冲减该债权。会计人员根据银行收账通知作如下处理：

借：银行存款　　　　　　　　　　　　　　　　　　　　　　　　　　117 000
　　贷：应收账款——郑州锦华有限公司　　　　　　　　　　　　　　117 000

表 2-1-3　托收凭证（收账通知单）

托收凭证（收账通知）4

委托日期 2011 年 6 月 5 日

业务类型		委托收款（□邮划、□电划）托收承付（☑邮划、□电划）			
付款人	全称	郑州锦华有限公司	收款人	全称	西安同仁有限公司
	账号	2600040580013200123		账号	3700019029000500578
	地址	中国工商银行郑州锦华路支行		地址	中国工商银行西安市朱雀路支行
金额		人民币（大写）壹拾壹万柒仟元整		¥117 000.00	
款项内容	货款	托收凭证名称	合同	附寄单据张数	2
商品发运情况		已发	合同名称号码		购销合同 456698752
备注：			款项收妥日期 2011.6.15		
		复核　记账	年　月　日		收款人开户银行签章 年　月　日

【例 2-3】　2011 年 6 月 16 日采用托收承付结算方式向兰州光辉有限公司销售一批乙商品，开具的增值税专用发票上注明的货款为 200 000 元，增值税税额为 34 000 元。同时以银行存款代兰州光辉有限公司垫付运杂费 6 000 元（表 2-1-4 和表 2-1-5）。商品已经发出，款项尚未收到，已办理托收手续（表 2-1-6）。

表 2-1-4　运费发票

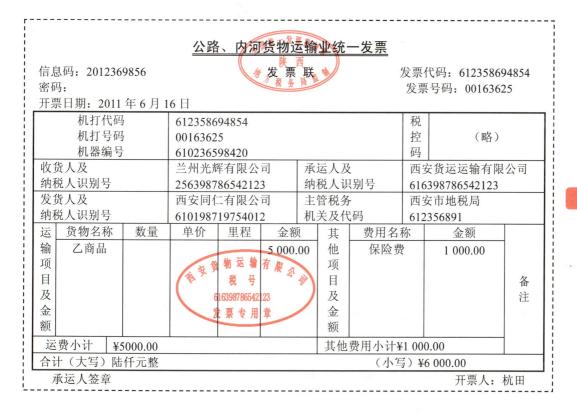

表 2-1-5　支票存根

<table>
<tr><td colspan="2" align="center">支 票 存 根</td></tr>
<tr><td>中国工商银行
转账支票存根
10426563
00757587

附加信息 _____

出票日期 2011 年 6 月 16 日</td><td>转账支票的正本部分已经交付给西安货运运输有限公司</td></tr>
<tr><td>收款人: 西安货运运输有限公司</td><td></td></tr>
<tr><td>金额: 6 000.00</td><td></td></tr>
<tr><td>用途: 代垫运杂费</td><td></td></tr>
<tr><td>单位主管 赵理华　会计 张光明</td><td></td></tr>
</table>

表 2-1-6　托收凭证（办妥回单）

<table>
<tr><td colspan="6" align="center">托收凭证（回单）1</td></tr>
<tr><td colspan="6" align="center">委托日期 2011 年 6 月 16 日</td></tr>
<tr><td colspan="2">业务类型</td><td colspan="4">委托收款（□邮划、□电划）托收承付（☑邮划、□电划）</td></tr>
<tr><td rowspan="3">付
款
人</td><td>全称</td><td>兰州光辉有限公司</td><td rowspan="3">收
款
人</td><td>全称</td><td>西安同仁有限公司</td></tr>
<tr><td>账号</td><td>360004058001320013</td><td>账号</td><td>3700019029000500578</td></tr>
<tr><td>地址</td><td>中国建设银行兰州黄河路支行</td><td>地址</td><td>中国工商银行西安市朱雀路支行</td></tr>
<tr><td colspan="2">金额</td><td>人民币（大写）贰拾肆万元整</td><td colspan="3">¥240 000.00</td></tr>
<tr><td colspan="2">款项内容</td><td>货款及代垫运杂费</td><td>托收凭证名称 合同</td><td colspan="2">附寄单据张数　3（合同、发票、代垫运费单）</td></tr>
<tr><td colspan="2">商品发运情况</td><td>已发</td><td>合同名称号码</td><td colspan="2">购销合同 456698579</td></tr>
<tr><td colspan="2">备注:</td><td></td><td>款项收妥日期</td><td colspan="2">收款人开户银行签章</td></tr>
<tr><td colspan="3">　　　　　复核　　记账</td><td>年　月　日</td><td colspan="2">年　月　日</td></tr>
</table>

分析: 企业采用托收承付结算方式销售商品,商品已经发出并且办妥托收手续,符合销售商品收入确认的原则,应当确认收入。但货款、增值税和代垫的运杂费尚未收到,一并形成流动性债权,应记入"应收账款"账户的借方。会计人员根据托收承付受理回单及销售发票的记账联、支票存根、代垫费用单,作如下处理:

借: 应收账款——兰州光辉有限公司　　　　　　　　　　　　　　　240 000
　　贷: 主营业务收入——乙商品　　　　　　　　　　　　　　　　　200 000
　　　　应交税费——应交增值税（销项税额）　　　　　　　　　　　　34 000
　　　　银行存款　　　　　　　　　　　　　　　　　　　　　　　　　6 000

【例 2-4】2011 年 6 月 18 日采用委托收款方式向西安明华有限公司销售一批甲商品,不含增值税的售价 100 000 元,由于是批量销售,西安同仁有限公司给予西安明华有限公司 10%的商业折扣（即九折销售）,双方适用的增值税税率为 17%。商品已经发出,发票已开具（表 2-1-7）,款未收已办理收款手续（同表 2-1-6）。双方同时约定付款条件是 2/10、1/20、n/30（即现金折扣）。该批商品的实际成本为 50 000 元。

表 2-1-7　陕西增值税专用发票

陕西增值税专用发票								
6101152185　　　记 账 联						No 01326591		
						开票日期：2011 年 6 月 18 日		
购货单位	名　　　称：西安明华有限公司 纳税人识别号：610113395210001 地址、电话：西安市黄河路 5 号 029-85637485 开户行及账号：中国建设银行西安黄河路支行 　　　　　　3800040580013200123					密码区	（略）	
货物或应税劳务名称	规格型号	单位	数量	单价	金额	税率	税额	
甲商品		件	1 000	90.00	90 000.00	17%	15 300.00	
合　　计					￥90 000.00		￥15 300.00	
价税合计人民币 （大写）	⊗壹拾万伍仟叁佰元整				（小写）￥105 300.00			
销货单位	名　　　称：西安同仁有限公司 纳税人识别号：610198719754012 地址、电话：西安市朱雀路 1171 号 029-85637788 开户行及账号：中国工商银行西安路朱雀路支行 　　　　　　3700019029000500578					备注	西安同仁有限公司 税　号 610198719754012 发票专用章	
收款人：　　　　复核：　　　　开票人：安全　　　　销货单位：（章）								

分析：企业采用赊销方式销售商品，商品已经发出并且办理托收收款手续，符合销售商品收入确认的原则，应当确认收入。但在销售时给予对方一定额度的商业折扣是不应当确认为收入的，应当直接扣除；对于同时给予的现金折扣，现行企业会计准则规定，发出商品确认收入时不考虑，等实际收回款项时再做处理。

企业应当确认的甲商品销售收入为 100 000－100 000×10%＝90 000（元）

开具的增值税专用发票注明的增值税税额为 90 000×17%＝15 300（元）

由于赊销商品款未收到，形成一项流动性债权，应记入"应收账款"账户的借方，会计人员根据托收承付受理回单及销售发票的记账联，作如下处理：

借：应收账款——西安明华有限公司　　　　　　　　　　　　　　　105 300

　　贷：主营业务收入——甲商品　　　　　　　　　　　　　　　　　90 000

　　　　应交税费——应交增值税（销项税额）　　　　　　　　　　　15 300

商业折扣、现金折扣的发生与已销商品的成本没有关系，故根据商品出库单，按照甲商品的实际成本结转，作如下处理：

借：主营业务成本——甲商品　　　　　　　　　　　　　　　　　　　50 000

　　贷：库存商品——甲商品　　　　　　　　　　　　　　　　　　　50 000

【例 2-5】2011 年 6 月 25 日收到银行通知，收回西安明华有限公司货款及增值税，已入账（表 2-1-8、表 2-1-9）。

表 2-1-8　中国建设银行电汇凭证

中国建设银行电汇凭证（收账通知）2

☑普通　□加急　　　　　委托日期 2011 年 6 月 25 日

汇款人	全　　称	西安明华有限公司			收款人	全　　称	西安同仁有限公司	
	账　　号	380004058001320012?				账　　号	3700019029000500578	
	汇出地点	西安	汇出行全称	中国银行黄河路支行		汇入地点	西安	汇入行全称	中国工商银行西安市朱雀路支行
金额	人民币（大写）壹拾万叁仟伍佰元整				￥103 500.00			
					汇入行签章		复核　　　记账	

表 2-1-9　西安同仁有限公司现金折扣计算表

现金折扣计算表

2011 年 6 月 25 日　　　　　　　　　　编号：20110605

客户	应收账款金额	信用期			实际收回金额（不考虑增值税）
		2/10	1/20	n/30	
西安明华有限公司	105 300	90 000×2%＝1 800			103 500
					103 500
合计	105 300	1 800			

经理：赵理华　　　　会计主管：张光明　　　　审核：关公　　　　制表：刘明

分析： 对于销售给西安明华有限公司的商品，企业在销售商品款未收时，按照扣除商业折扣后，但不考虑现金折扣的货款及增值税已记入"应收账款"账户的借方，当实际收回时应当冲减该债权，此时就要考虑现金折扣的条件。

企业 6 月 18 日销售款未收，6 月 25 日实际收回，即 10 天内收回，按条件应当给予 2% 的现金折扣。现金折扣实质上是一种理财行为，所以实际发生时应记入"财务费用"账户。具体处理时，是否考虑增值税要根据双方的协议。会计人员根据银行收账通知作出账务处理，见表 2-1-10。

表 2-1-10　现金折扣

假定现金折扣发生时不考虑增值税		假定现金折扣发生时考虑增值税	
借：银行存款	103 500	借：银行存款	105 300×98%
财务费用	1 800	财务费用	105 300×2%
贷：应收账款——西安明华有限公司	105 300	贷：应收账款——西安明华有限公司	105 300

【例 2-6】 假定 2011 年 6 月 30 日西安同仁有限公司收到银行通知，收回西安明华有限公司货款及增值税，已入账。

分析： 企业 6 月 18 日销售款未收，6 月 30 日实际收回，即超过 10 天，但未超过 20 天内收回，按条件应当给予 1% 的现金折扣。会计人员根据银行收账通知作出账务处理，见表 2-1-11。

表 2-1-11　现金折扣

假定现金折扣发生时不考虑增值税		假定现金折扣发生时考虑增值税	
借：银行存款	90 000×99%＋15 300	借：银行存款	105 300×99%
财务费用	90 000×1%	财务费用	105 300×1%
贷：应收账款——西安明华有限公司	105 300	贷：应收账款——西安明华有限公司	105 300

【例 2-7】假定 2011 年 7 月 24 日收到银行通知，收回西安明华有限公司货款及增值税，已入账。

分析：企业 2011 年 6 月 18 日销售款未收，2011 年 7 月 24 日实际收回，即超过双方约定的 20 天内可以享有现金折扣的条件，应当全额收回。会计人员根据银行收账通知作如下处理：

借：银行存款　　　　　　　　　　　　　　　　　　　　　　　　105 300

　　贷：应收账款——西安明华有限公司　　　　　　　　　　　　　105 300

【例 2-8】2011 年 6 月 30 日收到兰州光辉有限公司通知，由于兰州光辉有限公司发生火灾，可能无法及时支付所欠货款 240 000 元，公司决定计提坏账准备（表 2-1-12）。

表 2-1-12　西安同仁有限公司坏账准备计算表

坏账准备计算表

2011 年 6 月 30 日　　　　　　　　　　　　　　　　编号：20110601

"应收账款"账户余额		计提比例	"坏账准备"期初余额	应计提的坏账准备
明细账	1	2	3	4＝1×2±3
兰州光辉有限公司	240 000	5%	0	12 000
合　　计				12 000

经理：赵理华　　会计主管：张光明　　审核：关公　　制表：刘明

分析：企业销售商品时款未收，表明流动性债权增加已记入"应收账款"账户的借方，当债务人发生财务困难无法按期偿还时，债权人就要按照"谨慎性"会计信息质量要求，考虑计提坏账准备。

假定西安同仁有限公司经考虑认为原应收账款 240 000 元，估计收不回的可能性是 5%，即当期计提坏账 12 000 元。会计人员根据坏账准备计算表计提坏账准备，作如下处理：

借：资产减值损失——计提坏账准备　　　　　　　　　　　　　　　12 000

　　贷：坏账准备　　　　　　　　　　　　　　　　　　　　　　　　12 000

练一练

（1）2011 年 6 月 30 日"应收账款——兰州光辉有限公司"账户的账面价值是多少？

"应收账款——兰州光辉有限公司"账户的账面价值＝240 000－12 000

＝228 000（元）。

（2）2011 年 6 月 30 日资产负债表"应收账款"项目应填列的金额是多少？

理论要点

一、应收账款的概念

应收账款是指企业因销售商品或提供劳务等经营活动应收取的款项，主要包括企业销售商品或提供劳务等应向债务人收取的货款、增值税和代购货单位垫付的包装费、运杂费、保险费等。

二、应收账款的入账价值

应收账款按照实际发生额入账，包括价款（货款、增值税）和代垫的包装费、运杂费、保险费等。对于发生的商业折扣、现金折扣按照规定处理。

1. 商业折扣

商业折扣是企业为促进商品销售而给予的价格扣除，俗称打折销售。例如，企业为了鼓励客户多买商品可能规定，购买 10 件以上商品给予客户 10%的折扣，或买 10 件送 1 件等。

由于商业折扣在销售时即已发生，客户不需要付款，并且不构成最终成交价格。所以在附有商业折扣销售的情况下，应当按照扣除商业折扣后的金额确定销售商品收入的金额。

2. 现金折扣

现金折扣是指债权人为了鼓励债务人在规定的期限内付款而向债务人提供的债务扣除。现金折扣通常发生在以赊销方式销售商品的交易中。

现金折扣，一般用"折扣率/付款期限"表示。例如，"2/10、1/20、n/30"表示信用期限是 30 天，如果客户在信用期内付款则给予一定比例的付款折扣。"2/10"表示如果客户在 10 内付款，销货方可按商品售价给予客户 2%的折扣；"1/20"表示如果客户在超过 10 天，但在 20 天内付款，销货方可按商品售价给予客户 1%的折扣；"n/30"表示如果客户在 21~30 天付款，不能享有折扣，全额付款。

现金折扣实质上是一种理财行为，在实际发生现金折扣时，现行企业会计准则规定应将实际发生的现金折扣计入当期损益"财务费用"账户。

三、应收账款账务处理设置的账户

总账："应收账款"账户属资产类账户，主要用来核算企业销售商品、提供劳务应收账款的增减变动。借方登记应收账款的发生，贷方登记应收账款的收回以及无法收回转销的应收账款，期末余额一般在借方，反映企业尚未收回的应收账款。如果期末余额在贷方，则反映企业预收的账款，见图 2-1-1。

借	应收账款	贷
期初余额		
本期发生额	① 本期收回额	
	② 本期发生坏账	
本期借方发生额合计	本期贷方发生额合计	
期末余额：应收未收数	期末余额：预收账款数	

图 2-1-1 "应收账款"账户

明细账：根据债务人名称设置相应的明细账户。

四、应收账款业务的账务处理

应收账款业务的账务处理见表2-1-13。

表2-1-13　应收账款业务的账务处理

销售货物并代垫运杂费等，款项尚未收到，已办理收款手续时	实际收回货款已入账并发生现金折扣	应收账款收不回,实际发生坏账损失
借：应收账款 　　贷：主营业务收入（销售商品） 　　　　其他业务收入（销售材料） 　　　　应交税费——应交增值税 　　　　　　（销项税额） 　　　　银行存款（代垫运杂费等）	借：银行存款 　　财务费用 　　贷：应收账款	借：坏账准备 　　贷：应收账款

五、应收款项减值业务的账务处理

1. 应收款项减值损失的确认

企业的应收款项，包括应收账款、应收票据、其他应收款、预付账款、长期应收款等，可能会因购货单位或个人拒付、破产、死亡等原因无法收回。这些无法收回的应收款项就是坏账。因坏账而遭受的损失称为坏账损失。

现行企业会计准则规定,企业应当在资产负债表日对应收款项的账面价值进行检查，如果有客观证据表明应收款项收不回，即表明应收款项发生减值，应当按照"谨慎性"会计信息质量要求，计提资产减值损失，即计提坏账准备。

我国企业会计准则规定采用备抵法确定应收款项的减值。

2. 应收款项减值损失的计算

备抵法是指采用一定的方法按期估计坏账损失，计入当期费用，同时建立坏账准备，待实际坏账发生时，冲销已提坏账准备和相应的应收款项。

现行企业会计准则规定，企业应当在资产负债表日将应收款项的账面价值减记至预计未来现金流量的现值，计提坏账准备。对于短期应收款项，为简化处理，可不对其预计未来现金流量进行折现，根据经验确定应当计提的坏账准备。

3. 应收款项减值损失账务处理设置的账户

总账："坏账准备"账户属资产类账户，属于"应收账款"、"应收票据"、"预付账款"、"其他应收款"、"长期应收款"等账户的调整账户，主要用来核算企业应收款项的坏账准备计提、发生、转销等情况。贷方登记当期计提的坏账准备金额和已转销又收回的坏账金额，借方登记实际发生的坏账损失金额和冲减多提的坏账准备金额，期末余额一般在贷方，反映企业已经计提但尚未转销的坏账准备，见图2-1-2。

借	坏账准备	贷
	期初余额	
① 本期实际发生坏账	① 本期实际计提坏账	
② 本期冲减多提坏账	② 已转销又收回坏账金额	
本期借方发生额合计	本期贷方发生额合计	
	期末余额：已经计提但尚未转销的坏账准备	

图 2-1-2 "坏账准备"账户

明细账：可按应收款项的类别设置明细账户。

> **提示**
>
> 转销是指对于实际发生的坏账损失，从应收账款等账户的贷方予以结转，并冲减已计提的坏账准备。

4. 应收款项减值的处理

【例 2-9】2011 年 12 月 31 日对应收江民公司的账款进行减值测试，"应收账款"账户余额合计为 100 000 元，根据江民公司的资信状况确定应计提 10 000 元的坏账准备（表 2-1-14）。以前江民公司信用状况良好。

表 2-1-14　西安同仁有限公司坏账准备计算表

坏账准备计算表

2011 年 12 月 31 日　　　　　　　　编号：20111208

"应收账款"账户余额		计提比例	"坏账准备"期初余额	应计提的坏账准备
明细账	1	2	3	4＝1×2±3
江民公司	100 000	10%	0	10 000
合　计				10 000

经理：赵理华　　　会计主管：张光明　　　审核：关公　　　制表：刘明

分析：企业应当在每个资产负债表日对应收账款进行减值测试，如果收回的可能性有问题，应当计提减值准备。会计人员根据坏账准备计算表计提坏账准备，作如下处理：

借：资产减值损失——计提坏账准备　　　　　　　　　　　　　　10 000
　　贷：坏账准备　　　　　　　　　　　　　　　　　　　　　　　　　10 000

【例 2-10】2012 年 6 月 30 日应收江民公司的一笔代出口货款 40 000 元，因某些方面的原因无法收回，经本公司管理部门批准确认为坏账损失（表 2-1-15）。

表 2-1-15　西安同仁有限公司资产减值损失审批表

资产减值损失审批表

2012 年 6 月 30 日　　　　　　　　编号：201220611

项目	账面金额	已计提减值金额	实际损失金额	备注
应收账款——江民公司	40 000	0	40 000	经会议研究同意按照坏账损失处理
合　计	40 000	0	40 000	

经理：赵理华   会计主管：张光明   审核：关公   制表：刘明

分析：企业对于确实无法收回的应收账款，按照管理权限报经批准后确认为坏账损失，转销原"应收账款"账户余额，并冲减已计提的坏账准备。会计人员根据批准的资产减值损失审批表，作如下处理：

借：坏账准备   40 000
    贷：应收账款——江民公司   40 000

【例 2-11】2012 年 12 月 31 日对应收江民公司的账款进行减值测试时，应收账款余额合计为 120 000 元，根据江民公司的资信状况确定应计提 30 000 元的坏账准备。

分析：企业应当在每个资产负债表日对应收账款进行减值测试，如果收回的可能性较小，应当计提减值准备。会计人员首先计算本期应当计提的坏账准备，见图 2-1-3。

借	坏账准备		贷
		期初余额（2012 年年初）	10 000
本期发生坏账	40 000	本期实际计提的坏账	60 000
		期末余额（2012 年年末）	30 000

图 2-1-3 "坏账准备"账户

2012 年年末"坏账准备"账户的贷方余额应当为 30 000 元；

2012 年年初贷方余额是 10 000 元；

2012 年本期实际发生坏账损失（借方发生额）40 000 元；

那么，2012 年本期实际计提的坏账准备（贷方发生额）应当为 30 000＋40 000－10 000＝60 000 元。会计人员根据坏账准备计算表计提坏账准备，作如下处理：

借：资产减值损失——计提坏账准备   60 000
    贷：坏账准备   60 000

练一练 _____

(1) 2012 年 12 月 31 日"应收账款——江民公司"账户的账面价值是多少？
"应收账款——江民公司"账户的账面价值＝120 000－30 000＝90 000（元）。
(2) 2012 年 12 月 31 日资产负债表"应收账款"项目应填列的金额是多少？

【例 2-12】2013 年 2 月 14 日收回 2012 年已转销的江民公司的一笔货款 25 000 元，已入账。

分析：企业对于已确认为坏账损失的应收账款，已从"应收账款"账户转销并已冲减"坏账准备"账户。以后又收回时，为保持账户对应关系，首先按实际收回的金额恢复应收账款的账面并转回坏账准备，再作实际收回处理。会计人员根据银行存款入账通知，作如下处理：

借：应收账款——江民公司   25 000
    贷：坏账准备   25 000
借：银行存款   25 000
    贷：应收账款——江民公司   25 000

【**例 2-13**】2011 年 6 月 5 日从咸阳联盟有限公司购入一批 A 材料，取得的增值税专用发票上注明的货款为 100 000 元，增值税税额为 17 000 元，咸阳联盟有限公司代垫运费 2 000 元，装卸费 1 000 元。原材料已经入库（表 2-1-16、表 2-1-17），款项尚未支付。

表 2-1-16　西安同仁有限公司材料采购成本计算单

材料采购成本计算单

供货单位：咸阳联盟有限公司　　　　2011 年 6 月 5 日　　　　编号：20110608

材料类别：

原材料			买价	相关税费	采购费用		数量			单位采购成本	采购总成本
编号	名称	规格			运杂费	整理费	采购	入库	损耗		
	A 材料		100 000		2 000×93% ＋1 000		1 000	1 000		102.86	102 860
合　　计			100 000		2 860		1 000	1 000			102 860

会计主管：张光明　　　　审核：关公　　　采购：黄英　　　　制单：姚明明

表 2-1-17　西安同仁有限公司原材料入库单

原材料入库单

供货单位：咸阳联盟有限公司　　　　2011 年 6 月 5 日　　　　编号：20110608

材料类别：

原材料			单位	数量	单位成本	金额
编号	名称	规格				
A026	A 材料		千克	1 000	102.86	102 860.00
合　　　　计						102 860.00

主管：　　　记账：　　　　复核：　　　　制单：万千

分析：企业购入原材料已验收入库，即取得原材料的所有权，符合原材料购进的处理原则，应当确认购进。但价款尚未支付，形成一项流动性负债，应记入"应付账款"账户的贷方。

首先，依照实际支出计算原材料采购总成本：

原材料采购总成本＝100 000＋2 000×93%＋1 000＝102 860（元）

购进原材料可抵扣的增值税＝17 000＋2 000×7%＝17 140（元）

然后，会计人员根据购货发票、代垫费用单和入库单作如下处理：

借：原材料——A 材料　　　　　　　　　　　　　　　　　　102 860

　　应交税费——应交增值税（进项税额）　　　　　　　　　17 140

　　贷：应付账款——咸阳联盟有限公司　　　　　　　　　　120 000

【**例 2-14**】2011 年 6 月 15 日西安同仁有限公司通过信汇 120 000 元，支付咸阳联盟有限公司货款、增值税和代垫运杂费（表 2-1-18）。

表 2-1-18　中国工商银行信汇凭证

中国工商银行信汇凭证（回单）1								
☑普通　□加急			委托日期 2011 年 6 月 15 日					
付款人	全　称	西安同仁有限公司			收款人	全　称	咸阳联盟有限公司	
	账　号	3700019029000500578				账　号	2600040580013200321	
	汇出地点	西安	汇出行全称	中国工商银行西安市朱雀路支行		汇入地点　西安	汇入行全称	中国工商银行人民路支行
金额	人民币（大写）壹拾贰万元整					¥120 000.00		
						汇入行签章	复核　　记账	

中国工商银行西安市
朱雀路支行
2011.6.15
业务清讫

分析： 企业购买原材料款未付时，表明流动性债务增加已记入"应付账款"账户的贷方，当实际支付时应当冲减该债务。会计人员根据信汇回单作如下处理：

借：应付账款——咸阳联盟有限公司　　　　　　　　　　　　　120 000
　　贷：银行存款　　　　　　　　　　　　　　　　　　　　　　　120 000

【例 2-15】2011 年 6 月 18 日采用赊购方式从西安昊天有限公司购进一批 C 材料，取得的增值税专用发票上注明的货款为 80 000 元，增值税税额为 13 600 元，材料已经验收入库，款项尚未支付，双方同时约定付款条件是"2/10、1/20、n/30"，即现金折扣。

分析： 企业采用赊购方式购进原材料已验收入库，并取得购货发票，即取得原材料的所有权，符合原材料购进的处理原则，应当确认购进。

首先，依照实际支出计算原材料采购总成本，即 80 000 元。但是货款、增值税尚未支付，形成一项流动性负债，应记入"应付账款"账户的贷方。对于给予的现金折扣，现行企业会计准则规定，取得原材料确认购进时不予考虑，等实际支付款项时再作处理。然后，会计人员根据购货发票和入库单作如下处理：

借：原材料——C 材料　　　　　　　　　　　　　　　　　　　80 000
　　应交税费——应交增值税（进项税额）　　　　　　　　　　　13 600
　　贷：应付账款——西安昊天有限公司　　　　　　　　　　　　　93 600

【例 2-16】2011 年 6 月 25 日西安同仁有限公司通过银行（表 2-1-19）支付西安昊天有限公司货款及增值税（表 2-1-20）。

表 2-1-19　支票存根

支　票　存　根	
中国工商银行 转账支票存根 10426560 00757588 附加信息　　　　　　　　 　　　　　　　　　　　 出票日期 2011 年 6 月 25 日	转账支票的正本部分已经交付给运输公司
收款人：西安昊天有限公司	
金额：92 000.00	
用途：支付货款	
单位主管　赵理华　　会计　张光明	

表 2-1-20　西安同仁有限公司现金折扣计算表

现金折扣计算表

2011 年 6 月 25 日　　　　　　　　　编号：20110602

客户	应付账款金额	信用期			实际支付金额 （不考虑增值税）
		2/10	1/20	n/30	
西安昊天有限公司	93 600	80 000×2%＝1 600			92 000
合　　计	93 600	1 600			92 000

经理：赵理华　　　　会计主管：张光明　　　审核：关公　　　　制表：刘明

分析：对于从西安昊天有限公司购入的原材料，在收到原材料款未付时已记入"应付账款"账户的贷方，当实际支付时应当冲减该债务，如有现金折扣，此时应当予以考虑。

企业 6 月 18 日购进原材料款未支付，6 月 25 日实际支付，即 10 天内支付，按条件应当享有 2% 的现金折扣。具体处理时，是否考虑增值税要根据双方的协议。会计人员根据银行付款通知作出财务处理，见表 2-1-21。

表 2-1-21　现金折扣的处理

假定现金折扣发生时不考虑增值税	假定现金折扣发生时考虑增值税
借：应付账款——西安昊天 　　　　有限公司　　93 600 　贷：银行存款　　　　92 000 　　　财务费用　　　　1 600	借：应付账款——西安昊天 　　　　有限公司　　　　93 600 　贷：银行存款　　　93 600×98% 　　　财务费用　　　93 600×2%

练一练

假定 2011 年 6 月 30 日西安同仁有限公司通过银行支付西安昊天有限公司货款及增值税（考虑增值税）。那么，应记入"财务费用"账户的金额是多少？

48

【例 2-17】2011 年 6 月 30 日西安同仁有限公司确定应付东方公司货款 80 000 元，无法支付，应于转销。

分析：企业对于应付账款中无法支付的部分，应按其账面余额予以转销，记入 "营业外收入"账户。 会计人员根据应付账款转销单据作如下处理：

借：应付账款——东方公司　　　　　　　　　　　　　　　　　　　80 000
　　贷：营业外收入　　　　　　　　　　　　　　　　　　　　　　　　80 000

> **提示**
>
> 　　企业对于无法收回的应收账款称之为"坏账损失"，应当予以结转并冲减已计提的坏账准备；对于无法支付的应付账款称之为"利得"，应结转至"营业外收入"账户，具体处理见表 2-1-22。

表 2-1-22　坏账损失与利得的处理

实际发生无法收回的应收账款	实际发生无法支付的应付账款
借：坏账准备 　　贷：应收账款	借：应付账款 　　贷：营业外收入

 理论要点

一、应付账款的概念

应付账款是指企业因购买材料、商品或接受劳务等经营活动应支付的款项，主要包括企业购买材料、商品或接受劳务等应向债权人支付的货款、增值税和代垫的运杂费、包装费、保险费等。

二、应付账款的入账价值

应付账款按照实际发生额入账，包括货款、增值税和代垫的运杂费、包装费、保险费等。

三、应付账款账务处理设置的账户

总账："应付账款"账户属负债类账户，主要用来核算企业购买材料、商品或接受劳务应付账款的增减变动。贷方登记应付账款的发生，借方登记应付账款的偿还或结转无法支付的应付账款，期末余额一般在贷方，反映企业尚未支付的应付账款。如果期末余额在借方，则反映企业预付的账款，见图 2-1-4。

借	应付账款	贷
	期初余额	
① 本期支付额 ② 结转无法支付	本期发生额	
本期借方发生额合计	本期贷方发生额合计	
期末余额：预付账款数	期末余额：尚未支付数	

图 2-1-4　"应付账款"账户

明细账：根据债权人名称设置相应的明细账户。

四、应付账款账务的处理

应付账款账务的处理见表 2-1-23。

表 2-1-23   应付账款账务的处理

购买货物已验收入库，款项尚未支付时	实际支付并取得现金折扣时	结转无法支付的应付账款时
借：库存商品（或原材料） 　　应交税费——应交增值税（进项税额） 　贷：应付账款	借：应付账款 　贷：银行存款 　　　财务费用	借：应付账款 　贷：营业外收入

任务 2.2   应收票据和应付票据业务

工作任务

企业销售商品，商品已经发出，货款尚未收到，收到商业汇票；或企业购买材料物资，已验收入库，货款尚未支付，开出、承兑商业汇票。这些债权债务业务是如何确认、计量和报告的呢？请根据西安同仁有限公司以下交易或事项进行账务处理。

【例 2-18】2011 年 6 月 5 日向西安华阳有限公司销售一批甲商品，开具的增值税专用发票上注明的货款为 60 000 元，增值税税额为 10 200 元（表 2-2-1）。商品已经发出，款项未收，收到华阳公司出具的付款期限为 5 个月的商业承兑汇票（表 2-2-2）。该批商品的实际成本为 36 000 元。

表 2-2-1   陕西增值税专用发票

6100052478	陕西增值税专用发票 记　账　联				No 01302118 开票日期：2011 年 6 月 5 日		
购货单位	名　　称：西安华阳有限公司 纳税人识别号：610113395210236 地址、电话：西安市高新路 115 号 029-85637483 开户行及账号：中国工商银行西安市雁塔路支行 2500019029000500333				密码区	（略）	
货物或应税劳务名称	规格型号	单位	数量	单价	金额	税率	税额
甲商品		件	600	100.00	60 000.00	17%	10 200
合　计					￥60 000.00		￥10 200
价税合计人民币（大写）　⊗柒万零贰佰元整				（小写）￥70 200.00			
销货单位	名　　称：西安同仁有限公司 纳税人识别号：610198719754012 地址、电话：西安市朱雀路 1171 号　029-85637788 开户行及账号：中国工商银行西安市朱雀路支行 3700019029000500578				备注		
收款人：　　　复核：　　　开票人：安全　　　销货单位：（章）							

50

表 2-2-2 商业承兑汇票

商业承兑汇票 2

出票日期（大写）贰零壹壹年陆月零伍日　　汇票号码 00245236

付款人	全 称	西安华阳有限公司	收款人	全 称	西安同仁有限公司
	账 号	2500019029000500333		账 户	3700019029000500578
	开户银行	中国工商银行 西安市雁塔路支行		开户银行	中国工商银行 西安市朱雀路支行

出票金额	人民币（大写）柒万零贰佰元整	千	百	十	万	千	百	十	元	角	分
				¥	7	0	2	0	0	0	0

汇票到期日（大写）	贰零壹壹年壹拾壹月零伍日	付款人开户行	行号	56901
交易合同号码	256387225		地址	西安市雁塔路

本汇票已经承兑，到期无条件支付票款。 承兑人签章 承兑日期 2011 年 11 月 5 日	本汇票请予以承兑于到期日付款。 财务专用章 出票人签章

分析：企业销售商品，商品已经发出并且收到商业汇票，即取得索取货款的权利，符合销售商品收入确认的原则，应当确认收入。但是货款和增值税尚未收到，形成一项流动性债权，应记入"应收票据"账户的借方，会计人员根据收到的商业承兑汇票及销售发票的记账联，作如下处理：

借：应收票据——西安华阳有限公司　　　　　　　　　　　　　70 200
　　贷：主营业务收入——甲商品　　　　　　　　　　　　　　60 000
　　　　应交税费——应交增值税（销项税额）　　　　　　　　10 200

同时根据商品出库单，结转已销商品的实际成本，作如下处理：

借：主营业务成本——甲商品　　　　　　　　　　　　　　　　36 000
　　贷：库存商品——甲商品　　　　　　　　　　　　　　　　36 000

【例 2-19】2011 年 11 月 5 日将到期的西安华阳有限公司商业承兑汇票到银行办理收款，并收到银行通知款已收回（表 2-2-3）。

表 2-2-3 托收凭证（收账通知）

托收凭证（收账通知）4

委托日期 2011 年 11 月 05 日

业务类型	委托收款（□邮划、□电划）托收承付（☑邮划、□电划）			
付款人	全称	西安华阳有限公司	收款人	全称	西安同仁有限公司
	账号	2500019029000500333		账号	3700019029000500578
	地址	中国工商银行西安市雁塔路支行		地址	中国工商银行西安市朱雀路支行

金额	人民币（大写）柒万零贰佰元整		¥70 200.00 朱雀路支行 2011.11.5

款项内容	货款	托收凭证名称	商业承兑汇票	附寄单据张数	1
商品发运情况	已发	合同名称号码		购销合同 256987225
备注：		款项收妥日期		收款人开户银行签章
复核　记账		年 月 日		年 月 日

分析：企业销售商品款未收时，收到商业汇票表明流动性债权增加已记入"应收票据"账户的借方，当商业汇票到期、实际收回时应当冲减该债权。会计人员根据银行收账通知，作如下处理：

借：银行存款 70 200

  贷：应收票据——西安华阳有限公司 70 200

【例 2-20】假定西安同仁有限公司于 2011 年 11 月 5 日将到期的西安华阳有限公司商业承兑汇票到银行办理收款，因西安华阳有限公司无款支付，银行退票。

分析：企业销售商品款未收时，收到商业汇票，表明流动性债权增加已记入"应收票据"账户的借方，当商业汇票到期，实际收回时应当冲减该债权。

但是由于债务人无款支付，债权人也就无法收回，并且商业汇票是有一定的时间限制，超过规定的期限再以商业汇票形式存在的债权已经没有意义。所以会计人员根据银行退票在不改变债权总额的情况下，将已到期的"应收票据"账户余额结转至"应收账款"账户的借方，作如下处理：

借：应收账款——西安华阳有限公司 70 200

  贷：应收票据——西安华阳有限公司 70 200

【例 2-21】2011 年 10 月 25 日将 2011 年 8 月 25 日收到的朝阳公司开来的期限 3 个月的商业承兑汇票，票面价值为 58 500 元，背书转让（表 2-2-4）给咸阳联盟有限公司用于购买 A 材料，取得的增值税专用发票上注明的货款为 50 000 元，增值税税额为 8 500元，材料已验收入库。

表 2-2-4 商业承兑汇票背书

被背书人：西安联盟有限公司	背书人：西安同仁有限公司
被背书人签章 2011 年 10 月 25 日	背书人签章 2011 年 10 月 25 日

分析：企业可以将未到期的商业汇票背书转让换取原材料，即用债权购买材料物资，表明材料物资的增加和债权的减少。会计人员根据购货合同及材料验收单作如下处理：

借：原材料——A 材料 50 000

  应交税费——应交增值税（进项税额） 8 500

  贷：应收票据——朝阳公司 58 500

 理论要点

一、应收票据的概念

应收票据是指企业因销售商品或提供劳务等经营活动而收到的商业汇票。

商业汇票是一种由出票人签发的，委托付款人在指定日期无条件支付确定金额给收款人或持票人的票据。商业汇票分为商业承兑汇票和银行承兑汇票两种。

二、应收票据的入账价值

应收票据按照实际发生额入账，包括货款、增值税和代垫的包装费、运杂费、保险费等。

三、应收票据账务处理设置的账户

总账："应收票据"账户属资产类账户，主要用来核算企业销售商品或提供劳务收到的商业汇票的增减变动。借方登记收到的商业汇票的票面金额，贷方登记到期收回的商业汇票的票面金额和背书转让商业汇票的票面金额，期末余额在借方，反映企业持有尚未到期的商业汇票的票面金额，见图 2-2-1。

借	应收票据	贷
期初余额		
收到商业汇票	① 到期收回商业汇票 ② 背书转让商业汇票	
本期借方发生额合计	本期贷方发生额合计	
期末余额：尚未到期的商业汇票		

图 2-2-1 "应收票据"账户

明细账：根据开出、承兑商业汇票的单位设置相应的明细账户，并设置"应收票据备查簿"。

四、应收票据业务的账务处理

应收票据业务的账务处理见表 2-2-5。

表 2-2-5 应收票据业务的账务处理

销售货物并取得商业汇票时	到期兑收应收票据，已入账	到期应收票据无法收回，结转	将商业汇票背书转让用于购买货物，补付或补收差价款

借：应收票据
  贷：主营业务收入
    其他业务收入
    应交税费——应交
    增值税 （销项税额）
	借：银行存款
	  贷：应收票据
		借：应收账款
		  贷：应收票据
			借：原材料（或库存商品）
			    应交税费——应交增值税
			     （进项税额）
			  贷：应收票据
			    银行存款
			     （补差或在借方）

【例 2-22】2011 年 6 月 15 日开出并承兑一张面额 58 500 元的，期限 5 个月的银行承兑汇票（表 2-2-6），用于从西安昊天有限公司购入一批 C 材料，取得的增值税专用发票上注明的货款为 50 000 元，增值税税额为 8 500 元。原材料已经验收入库。另银行收取银行承兑汇票手续费用 29.25 元（表 2-2-7）。

表 2-2-6　银行承兑汇票

银行承兑汇票

10400052

出票日期（大写）贰零壹壹年陆月壹拾伍日

20724054

出票人全称	西安同仁有限公司	收款人	全　　称	西安昊天有限公司
出票人账号	3700019029000500578		账　　户	260004058001325496
付款行全称	中国工商银行西安市朱雀路支行		开户银行	中国工商银行西安市人民路支行

| 出票金额 | 人民币（大写）　伍万捌仟伍佰元整 | 千 | 百 | 十 | 万 | 千 | 百 | 十 | 元 | 角 | 分 |
| | | | | ¥ | 5 | 8 | 5 | 0 | 0 | 0 | 0 |

| 汇票到期日（大写） | 贰零壹壹年壹拾壹月壹拾伍日 | 付款行 | 行号 | 1256901 |
| 承兑协议号码 | 2569875 | | 地址 | 西安市雁塔路 |

本汇票请你行承兑，到期无条件付款。	本汇票已经承兑，到期日由本行付款。	密押
	承兑银行签章	
出票人签章	承兑日期 2011 年 11 月 15 日	复核　　记账

表 2-2-7　中国工商银行收费凭证

中国工商银行收费凭证

2011 年 6 月 15 日

编号：345876

| 户名 | 西安同仁有限公司 | 开户银行 | 中国工商银行西安市朱雀路支行 |
| 账户 | 3700019029000500578 | 收费种类 | 手续费 |

凭证（结算）种类		单　　价	千	百	十	元	角	分
银行承兑汇票				¥	2	9	2	5
复核				记账				

分析： 企业购入原材料验收入库，即取得原材料的所有权，符合原材料购进的处理原则，应当确认购进。但是货款、增值税尚未支付并开出银行承兑汇票，形成一项流动性债务，应记入"应付票据"账户的贷方，会计人员根据银行承兑汇票、购货发票和入库单，作如下处理：

借：原材料——C 材料　　　　　　　　　　　　　　　　　　50 000

　　应交税费——应交增值税（进项税额）　　　　　　　　　8 500

　　贷：应付票据——西安昊天有限公司　　　　　　　　　　58 500

对于银行收取的手续费用，开户行直接从企业账户中扣取，企业应当将其记入"财务费用"账户。会计人员根据银行收费凭证作如下处理：

借：财务费用——手续费　　　　　　　　　　　　　　　　29.25

　　贷：银行存款　　　　　　　　　　　　　　　　　　　29.25

【例 2-23】2011 年 11 月 15 日公司兑付已到期的银行承兑汇票（表 2-2-8）。

表 2-2-8　托收凭证（付款通知）

托收凭证（付款通知）5

委托日期 2011 年 11 月 15 日

业务类型	委托收款（□邮划、□电划）托收承付（☑邮划、□电划以）			
付款人	全称	西安同仁有限公司	收款人	全称	西安昊天有限公司
	账号	3700019029000500578		账号	2600040580013205496
	地址	中国工商银行西安市朱雀路支行		地址	中国工商银行西安市人民路支行
金额	人民币（大写）伍万捌仟伍佰元整		¥58 500.00	
款项内容	货款	托收凭证名称	银行承兑汇票	附寄单据张数
商品发运情况	已发		承兑协议号码	2569875
备注：			款项收妥日期	收款人开户银行签章
	复核　　记账		年　月　日	年　月　日

分析： 企业购买原材料款未支付时，开出商业汇票，表明流动性债务增加已记入"应付票据"的贷方，当实际支付时应当冲减该债务。会计人员根据银行付款通知，作如下处理：

　　借：应付票据——西安昊天有限公司　　　　　　　　　　　　　58 500
　　　　贷：银行存款　　　　　　　　　　　　　　　　　　　　　　　58 500

【例 2-24】假定 2011 年 11 月 15 日西安同仁有限公司签发给西安昊天有限公司的是商业承兑汇票，汇票到期，因本公司无款支付，银行退票。

分析： 企业购买材料款未支付时，开出商业汇票，表明流动性债务增加已记入"应付票据"账户的贷方，当实际支付时应当冲减该债务。

但是由于债务人无款支付，债权人也就无法收回，并且商业汇票是有一定的时间限制，超过规定的期限再以商业汇票形式存在的债务已经没有意义。所以，会计人员根据银行退票在不改变债务总额的情况下，将已到期的"应付票据"账户余额结转至"应付账款"账户的贷方，作如下处理：

　　借：应付票据——西安昊天有限公司　　　　　　　　　　　　　58 500
　　　　贷：应付账款——西安昊天有限公司　　　　　　　　　　　　58 500

提示

企业对于到期无法收回的应收票据不能称之为"坏账损失"，应将其账面余额结转至"应收账款"账户协商收回；对于到期无法支付的应付票据也不能称之为"利得"，应将其账面余额结转至"应付账款"账户协商支付。具体处理见表 2-2-9。

55

表 2-2-9　应付票据结转

到期无法收回的应收票据	到期无法支付的应付票据的结转，如为银行承兑汇票转入短期借款	
借：应收账款 　贷：应收票据	借：应付票据——商业承兑汇票 　贷：应付账款	借：应付票据——银行承兑汇票 　贷：短期借款

理论要点

一、应付票据的概念

应付票据是指企业因购买材料、商品或接受劳务等经营活动而开出、承兑的商业汇票，包括商业承兑汇票和银行承兑汇票两种。

二、应付票据账务处理设置的账户

总账："应付票据"账户属负债类账户，主要用来核算企业购买材料、商品或接受劳务开出、承兑的商业汇票的增减变动。贷方登记开出、承兑商业汇票的票面金额，借方登记到期支付的票面金额，期末余额在贷方，反映企业尚未到期的商业汇票的票面金额，见图2-2-2。

借	应付票据	贷
	期初余额	
支付商业汇票	开出商业汇票	
本期借方发生额合计	本期贷方发生额合计	
	期末余额：尚未到期的商业汇票	

图2-2-2　"应付票据"账户

明细账：根据债权人设置相应的明细账户，并设置应付票据备查簿。

三、应付票据业务的账务处理

应付票据业务的账务处理，见表2-2-10。

表2-2-10　应付票据业务的账务处理

购买货物开出商业汇票时	到期兑付应付票据	到期商业承兑汇票 无法支付，银行退票
借：原材料（或库存商品） 　　应交税费——应交增值税（进项税额） 　贷：应付票据	借：应付票据 　贷：银行存款	借：应付票据 　贷：应付账款

56

任务 2.3　预付账款和预收账款业务

工作任务

企业购销材料物资，可以以现金收付，也可以赊销赊购，还可以预收或预付。对于预收、预付债权债务业务应如何确认、计量和报告的呢？请根据西安同仁有限公司以下交易或事项进行账务处理。

【例 2-25】2011 年 6 月 18 日与北京华明有限公司签订采购合同（表 2-3-1），合同总价 100 000 元，按照双方约定西安同仁有限公司预付货款的 50%，验收货物后补付其余款项。当日通过银行已预付货款（表 2-3-2）。

表 2-3-1　购销合同

```
                        购销合同
    甲方：北京华明有限公司
    乙方：西安同仁有限公司
    根据《中华人民共和国经济合同法》及有关规定，为明确双方的权利和义务，经双方协商一致
签订本合同。
    甲方向乙方供应 D 材料 5 000 千克，每千克不含增值税售价 20 元。供货期一个月，签订合同时
预付货款的 50%，验收货物后付其余款项。
    ……
        甲方盖章                              乙方盖章
    2011 年 6 月 18 日                        2011 年 6 月 18 日
```

表 2-3-2　中国工商银行信汇凭证

中国工商银行信汇凭证（回单）1

☑普通　□加急　　　　委托日期 2011 年 6 月 18 日

汇款人	全称	西安同仁有限公司	收款人	全称	北京华明有限公司
	账号	370001902900500578		账号	601001902911550256
	汇出地点	陕西省西安市		汇入地点	北京市
汇出行名称		中国工商银行西安市朱雀路支行	汇入行名称		中国银行北京市崇文路支行

金额	人民币（大写）伍万元整	百	十	万	千	百	十	元	角	分
			¥	5	0	0	0	0	0	0

支付密码

附加信息及用途：

汇出行签章　　　　　　　　　复核　　　记账

分析： 企业预付货款时，并没有取得原材料的所有权，不符合原材料购进处理原则，不应当确认为购进。只能根据预付货款的金额，形成一项流动性债权记入"预付账款"账户的借方。会计人员根据银行信汇存根作如下处理：

借：预付账款——北京华明有限公司　　　　　　　　　　　　　　50 000
　　贷：银行存款　　　　　　　　　　　　　　　　　　　　　　　　　50 000

【例 2-26】2011 年 7 月 18 日收到华明有限公司发来的 D 材料，取得的增值税专用发票上注明的货款为 100 000 元，增值税税额为 17 000 元，材料验收无误入库，同时通过银行补付差价款 67 000 元。

分析： 企业预付货款时，作为流动性债权的增加已记入"预付账款"账户的借方，收到原材料时即取得原材料的所有权，应当确认为购进。并按照实际发生额冲减"预付账款"

57

账户。会计人员根据购货发票及原材料验收单作如下处理：

借：原材料 100 000

应交税费——应交增值税（进项税额） 17 000

　　贷：预付账款——北京华明有限公司 117 000

2011 年 6 月 18 日预付货款 50 000 元，2011 年 7 月 18 日实际收到货款总额 117 000 元，则需要补付货款 67 000 元。会计人员根据支付票据回单，作如下处理：

借：预付账款——北京华明有限公司 67 000

　　贷：银行存款 67 000

练一练

西安同仁有限公司 2011 年末对预付账款进行减值测试，应当计提坏账准备 5 000 元。

借：资产减值损失——计提坏账准备 5 000

　　贷：坏账准备 5 000

 理论要点

一、预付账款的概念

预付账款是指企业按照合同规定预付的款项。

二、预付账款账务处理设置的账户

总账："预付账款"账户属资产类账户，主要用来核算企业预付账款的增减变动。借方登记预付的款项和补付的款项，贷方登记实际收到的货款金额和退回的款项，期末余额一般在借方，反映企业已预付的款项。如果余额在贷方，反映的是尚未补付的款项，即应付账款，见图 2-3-1。

借	预付账款	贷
期初余额		
① 预付的款项	① 实际收到的货款	
② 补付的款项	② 退回的款项	
本期借方发生额合计	本期贷方发生额合计	
期末余额：预付的款项	期末余额：尚未补付的款项	

图 2-3-1 "预付账款"账户

明细账：根据供货单位名称设置相应的明细账户。

如果企业预付账款业务不多，也可以不设置本账户，直接通过"应付账款"账户核算。

三、预付账款业务的账务处理

预付账款业务的账务处理，见表 2-3-3。

表 2-3-3　预付账款业务的账务处理

通过银行预付货款时	收到预付货款的货物并验收入库	通过银行补付货款
借：预付账款 　　贷：银行存款	借：原材料 　　库存商品 　　应交税费——应交增值税进项税额） 　　贷：预付账款	借：预付账款 　　贷：银行存款 如退回多余款项，反方向处理

【例 2-27】2011 年 6 月 8 日与汉中蔡明有限公司签订供货合同，合同总价 500 000 元，增值税税率为 17%，双方约定汉中蔡明有限公司预付货款的 30%，待汉中蔡明有限公司验收货物后补付其余款项。6 月 12 日收到蔡明公司预付的货款（表 2-3-4）。

表 2-3-4　中国银行信汇凭证

中国银行信汇凭证（收账通知）2

☑普通　□加急　　　　委托日期 2011 年 6 月 8 日

汇款人	全称	汉中蔡明有限公司	收款人	全称	西安同仁有限公司
	账号	370001902900505689		账号	3700019029000500578
	汇出地点	陕西省汉中市		汇入地点	陕西省西安市
汇出行名称		中国银行汉中市东大街支行	汇入行名称		中国工商银行西安市朱雀路支行

金额　人民币（大写）　壹拾伍万元整　　¥ 1 5 0 0 0 0 0 0

支付密码

附加信息及用途：　　　　复核　　记账

汇入行签章

（印章：中国工商银行西安市朱雀路支行 2011.6.8 业务清讫）

分析：企业预收货款时，并没有发出商品，不符合销售商品收入确认的原则，不能确认收入。只能根据预收货款的金额，形成一项流动性负债记入"预收账款"账户的贷方。会计人员根据银行收款通知单，作如下处理：

借：银行存款　　　　　　　　　　　　　　　　　　　　　150 000
　　贷：预收账款——汉中蔡明有限公司　　　　　　　　　　150 000

【例 2-28】2011 年 6 月 28 日根据合同发出商品给汉中蔡明有限公司，开具的增值税专用发票上注明的货款为 500 000 元，增值税税额为 85 000 元，该批商品的实际成本为 300 000 元。尚未收到汉中蔡明有限公司补来的差价款。

分析：企业预收货款时，表明债务的增加已记入"预收账款"账户的贷方，只有发出商品时才符合销售商品收入确认的条件，应当确认收入并按实际发生额冲减"预收账款"账户。会计人员根据销售发票、出库单作如下处理：

借：预收账款—— 汉中蔡明有限公司　　　　　　　　　　　585 000
　　贷：主营业务收入　　　　　　　　　　　　　　　　　　500 000
　　　　应交税费——应交增值税（销项税额）　　　　　　　 85 000
借：主营业务成本　　　　　　　　　　　　　　　　　　　300 000
　　贷：库存商品　　　　　　　　　　　　　　　　　　　　300 000

【例2-29】2011年7月8日收汉中蔡明有限公司补付差价款435 000元，已入账。

分析： 企业收到补付的预收货款时，应当将"预收账款——汉中蔡明有限公司"账户的余额予以冲减（预收150 000元，实际销售585 000元，那么应当补收43 5000万元）。会计人员银行收款通知单，作如下处理：

借：银行存款　　　　　　　　　　　　　　　　　　　　　　　435 000
　　贷：预收账款——汉中蔡明有限公司　　　　　　　　　　　　　　435 000

 理论要点

一、预收账款的概念

预收账款是指企业按照合同规定向购货单位预收的款项。

二、预收账款账务处理设置的账户

总账："预收账款"账户属负债类账户，主要用来核算企业预收账款的增减变动。贷方登记预收的款项和补收的款项，借方登记实际发出的货款金额和退回的款项，期末余额一般在贷方，反映企业已预收的款项。如果余额在借方，反映的是尚未补收的款项，即应收账款，见图2-3-2。

借	预收账款	贷
		期初余额
① 实际发出的货款		① 预收的款项
② 退回的款项		② 补收的款项
本期借方发生额合计		本期贷方发生额合计
期末余额：尚未补收的款项		期末余额：预收的款项

图 2-3-2 "预收账款"账户

明细账：根据购货单位设置相应的明细账户。

如果企业预收账款业务不多，也可以不设置本账户，直接通过"应收账款"账户核算。

三、预收账款业务的账务处理

预收账款业务的账务处理，见表2-3-5。

表 2-3-5　预收账款业务的账务处理

通过银行预收货款并已入账	销售预收货款的货物，并结转已销货物的成本	通过银行补收货款并已入账
借：银行存款 　　贷：预收账款	借：预收账款 　　贷：主营业务收入 　　　　应交税费——应交增值税（销项税额） 借：主营业务成本 　　贷：库存商品	借：银行存款 　　贷：预收账款 如果退款，则反方向

任务 2.4　其他应收款和其他应付款业务

【工作任务】

　　企业除了购销商品或材料物资形成债权债务外，还有可能因其他业务形成债权债务，如收到或支付押金、差旅费的出借和报销等。对于这些债权债务业务应如何确认、计量和报告呢？请根据西安同仁有限公司以下交易或事项进行账务处理。

　　【例 2-30】2011 年 6 月 8 日与西安阳光有限公司签订租赁合同，租入西安阳光有限公司包装物一批，当日以银行存款支付该批包装物押金 10 000 元（表 2-4-1 和表 2-4-2）。

表 2-4-1　支票存根

表 2-4-2　收据

收 据

2011 年 6 月 8 日　　　　　　　　　　编号：098790

今收到：西安同仁有限公司

交来：包装物押金

人民币（大写）：壹万元整　　　¥10 000.00　　（收款单位盖章）

收款人：夏莲　　　　　交款人：王华

　　分析： 企业租入财产物资时只是取得了财产物资的使用权，并没有取得其所有权，故对租入的资产是不能做账的。但必须向出租方支付一定数额的押金，形成一项其他流动性债权应记入"其他应收款"账户的借方，会计人员根据押金收据和支票存根，作如下处理：

　　　借：其他应收款——西安阳光有限公司　　　　　　　　　　　　10 000

　　　　贷：银行存款　　　　　　　　　　　　　　　　　　　　　　　　10 000

【例2-31】2011年12月8日与西安阳光有限公司签订的租赁合同到期，退回包装物，并收回包装物押金10 000元，收到银行转账支票已入账。

分析： 企业支付押金时，已记入"其他应收款"账户的借方，收回时应当冲减，会计人员根据银行进账单，作如下处理：

借：银行存款　　　　　　　　　　　　　　　　　　　　　　10 000
　　贷：其他应收款——西安阳光有限公司　　　　　　　　　　　　10 000

【例2-32】西安同仁有限公司于2011年6月11日对外出租低值易耗品一批，租期3个月，每月租金3 000元，当月租金尚未收到。

分析： 企业出租资产属于让渡资产使用权，取得的收入应记入"其他业务收入"账户，但在没有实际收到款项时形成一项其他流动性债权应记入"其他应收款"账户的借方，会计人员根据租金收入计算表作如下处理：

借：其他应收款　　　　　　　　　　　　　　　　　　　　　3 000
　　贷：其他业务收入　　　　　　　　　　　　　　　　　　　　3 000

■ **练一练**

西安同仁有限公司通过银行发生以下业务，见表2-4-3，注意各业务间的区别。

表2-4-3　西安同仁有限公司业务情况

业务	分录	金额
销售商品时，代购货单位垫付运杂费2 000元	借：应收账款 　贷：银行存款	2 000 2 000
采购员报销差旅费4 500元，原借款4 000元，补付现金500元	借：管理费用 　贷：其他应收款 　　　库存现金	4 500 4 000 500
销售商品时，发生运杂费2 000元	借：销售费用 　贷：银行存款	2 000 2 000
采购商品时，销货单位垫付运杂费2 000元	借：库存商品 　贷：银行存款	2 000 2 000
采购材料时，发生运杂费2 000元	借：原材料 　贷:银行存款	2 000 2 000

 理论要点

一、其他应收款的概念

其他应收款是指企业除应收账款、应收票据、预付账款、应收股利、应收利息、长期应收款等以外的其他各种应收及暂付的款项。

二、其他应收款的内容

1）应收的各种赔款、罚款，如企业财产物资遭受损失应向责任人或保险公司收取的赔款。

2）应收的出租包装物租金。

3）应向职工收取的各种垫付款，如为职工垫付的水电费。

4）存出保证金，如租入包装物支付的押金。

5）其他各种应收、暂付款，如出借差旅费。

三、其他应收款账务处理设置的账户

总账："其他应收款"账户属资产类账户，主要用来核算企业其他应收款的增减变动。借方登记其他应收款的发生，贷方登记其他应收款的收回，期末借方余额反映企业尚未收回的其他应收款，见图 2-4-1。

借	其他应收款	贷
期初余额		
本期增加额	本期减少额	
本期借方发生额合计	本期贷方发生额合计	
期末余额：尚未收回数		

图 2-4-1　"其他应收款"账户

明细账：根据单位或个人的名称设置相应的明细账户。

四、其他应收款业务的账务处理

其他应收款业务的账务处理见表 2-4-4。

表 2-4-4　其他应收款业务的账务处理

支付暂付款时	收回或发生费用时
借：其他应收款 　　贷：银行存款 　　　　库存现金	借：管理费用 　　　银行存款 　　　库存现金 　　贷：其他应收款

【例 2-33】2011 年 6 月 5 日与西安通美有限公司签订租赁合同，出租给西安通美有限公司包装物一批，租期 3 个月，每月租金 1 500 元（表 2-4-5），当日通过银行收到本月租金及该批包装物押金 2 500 元（表 2-4-6），共计 4 000 元已入账（表 2-4-7、表 2-4-8）。

表 2-4-5　陕西省网络在线通用发票

陕西省网络在线通用发票（西安）

开票日期 2011 年 6 月 5 日　　　　　　　　　　发票代码：26100100015100714707
付款单位（个人）西安通美有限公司　　　　　　发票代码：00714707

行业类别	服务		机打票号	26100100015100714707	密
查询码	63747798230143532180		防伪码	18067209910474299769	码
项目				金额	区
租赁				1 500	
合计（大写）壹仟伍佰元整		610206776012519		小写¥1 500.00	
备注：					

收款单位税号：610206776012519　　　　　　开票人：王喜
收款单位（盖章有效）

表 2-4-6　普通收据

收 据

2011 年 6 月 5 日　　　　　No 23347

今收到：西安通美有限公司

交来：包装物押金

人民币（大写）：贰仟伍佰元整　　　　¥2 500.00　　（收款单位盖章）

收款人：王华　　　　　　交款人：张通美

表 2-4-7　中国工商银行转账支票

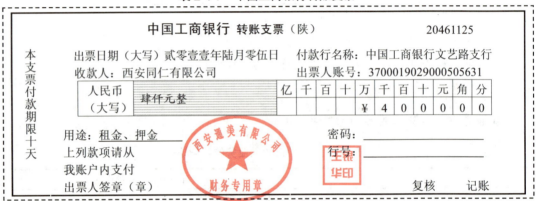

表 2-4-8　中国工商银行进账单

分析： 企业出租资产属于让渡资产使用权，取得的租金收入应记入"其他业务收入"账户，对于同时收到的押金形成一项其他流动性负债应记入"其他应付款"账户的贷方，会计人员根据银行进账单、押金收据作如下处理：

借：银行存款　　　　　　　　　　　　　　　　　　　　4 000

　　贷：其他应付款——西安通美有限公司　　　　　　　　　2 500

　　　　其他业务收入　　　　　　　　　　　　　　　　　　1 500

【例 2-34】2011 年 9 月 5 日与西安通美有限公司签订的租赁合同到期,收回包装物,并通过银行退回包装物押金 2 500 元。

分析:企业收到押金时,已记入"其他应付款"账户的贷方,退回时应当冲减,会计人员根据银行转账支票,作如下处理:

借:其他应付款——西安通美有限公司　　　　　　　　　　　　　2 500
　　贷:银行存款　　　　　　　　　　　　　　　　　　　　　　　　　2 500

【例 2-35】2011 年 6 月 18 日与惠明公司签订的租赁合同,租入惠明公司管理用设备,租期 6 个月,每月租金 2 000 元,按季支付。

分析:企业以经营租赁方式租入固定资产,支付的租金记入"管理费用"账户。但在尚未支付以前形成一项流动性负债,应记入"其他应付款"账户的贷方。会计人员根据租赁费用计算单,作如下处理:

借:管理费用——租赁费　　　　　　　　　　　　　　　　　　　2 000
　　贷:其他应付款——惠明公司　　　　　　　　　　　　　　　　　2 000

 理论要点

一、其他应付款的概念

其他应付款是指企业除应付账款、应付票据、预收账款、应付股利、应付利息、应付职工薪酬、应交税费、长期应付款等以外的其他各种应付及暂收的款项,如应付租入资产的租金、存入保证金等。

二、其他应付款账务处理设置的账户

总账:"其他应付款"账户属负债类账户,主要用来核算企业其他应付款的增减变动。贷方登记其他应付款的发生,借方登记其他应付款的支付,期末贷方余额反映企业尚未支付的其他应付款,见图 2-4-2。

借	其他应付款	贷
	期初余额	
本期减少额	本期增加额	
本期借方发生额合计	本期贷方发生额合计	
	期末余额:尚未支付数	

图 2-4-2　"其他应付款"账户

65

明细账:根据单位或个人的名称设置相应的明细账户。

三、其他应付款业务的账务处理

其他应付款业务的账务处理见表 2-4-9。

表 2-4-9　其他应付款业务的账务处理

收到暂收款时	退还暂收款时
借:银行存款(或库存现金) 　　贷:其他应付款	借:其他应付款 　　贷:银行存款(或库存现金)

项目 *3*

存货岗位业务

知识目标

- ✧ 了解存货岗位的内容。
- ✧ 掌握原材料、周转材料、委托加工物资、库存商品等不同存货的区别点。
- ✧ 掌握原材料、周转材料、委托加工物资、库存商品在实际成本法下增减变动及其结果的会计处理。

能力目标

- ✧ 能够区分不同存货业务。
- ✧ 能够识别哪些交易或事项会引起存货业务的增减变动。
- ✧ 能够独立胜任存货业务在实际成本法下增减变动及其结果的会计处理。

态度目标

- ✧ 坚守企业会计准则，具有准确的职业判断，养成良好的职业习惯。
- ✧ 养成善于思考、善于交流、善于沟通的工作态度。
- ✧ 树立独立分析、独立判断问题的工作作风。

任务 3.1　原材料收发存业务

工作任务

　　对于生产型企业而言，企业首先需要购入生产所需的材料物资以满足生产经营的需要，在企业材料物资出现剩余或不再需要时，可以对外销售，期末还须保证账实相符。那么如何对材料物资的购进、销售及其结存进行确认、计量和报告？请根据西安同仁有限公司以下交易或事项进行账务处理。

　　【例 3-1】2011 年 7 月 3 日从西安大联盟有限公司购入 A 材料 1 000 千克，每千克不含增值税的售价为 50 元，取得的增值税专用发票注明的增值税税额为 8 500 元，西安大联盟有限公司代垫运杂费 500 元（表 3-1-1），全部款项已用转账支票支付。西安同仁有限公司以现金支付材料入库前的挑选整理费用 460 元（表 3-1-2）。原材料到达，实际入库 980 千克，短少 20 千克属合理损耗（表 3-1-3、表 3-1-4）。

表 3-1-1　运费发票

公路、内河货物运输业统一发票

发 票 联

信息码：2012369839　　　　　　　　　　　发票代码：612358697920

密码：　　　　　　　　　　　　　　　　　　发票号码：00168949

开票日期：2011 年 7 月 3 日

机打代码 机打号码 机器编号	612358697920 00168949 610296298429					税控码	（略）		
收货人及 纳税人识别号	西安同仁有限公司 610198719754012					承运人及 纳税人识别号	西安货运运输有限公司 616398786542123		
发货人及 纳税人识别号	西安大联盟有限公司 610113395210056					主管税务 机关及代码	西安市地税局 612356891		
运输项目及金额	货物名称	数量	单位	里程	金额	其他项目及金额	费用名称	金额	备注
	货物	10			200.00		保险费 包装费	100.00 200.00	
	运费小计	¥200.00					其他费用小计	¥300.00	
合计（大写）伍佰元整						（小写）¥500.00			
承运人签章						开票人：白鹭			

表 3-1-2　西安同仁有限公司费用报销单

费用报销单

报销日期：2011 年 7 月 3 日　　　　　　　　　　　　　　　　编号：20110703

费用项目	类别	金额	审查意见	同意
材料入库前整理费		460.00		
			负责人（签章）	赵理华
			报销部门	采购部
			领款人	见附件
报销金额合计		460.00	附件一张	
核实金额（大写）：肆百陆拾元整			备注：计入材料采购成本	

会计：张光明　　　　　审核：关公　　　　　出纳：王华

表 3-1-3　西安同仁有限公司材料采购成本计算单

材料采购成本计算单

供货单位:西安大联盟有限公司　　　　2011 年 7 月 3 日　　　　编号：20110703
材料类别：

原材料			买价	相关税费	采购费用			数量			单位采购成本	采购总成本
编号	名称	规格			运杂费	整理费	其他	采购	入库	损耗		
	A 材料		50 000		200×93%+300	460.00		1 000	980	20	51.99	50 946
合　计			50 000		486	460		10 00	980	20		50 946

会计主管：张光明　　　　审核：关公　　　采购：黄英　　　制单：姚明明

表 3-1-4　西安同仁有限公司原材料入库单

原材料入库单

供应单位：西安大联盟有限公司　　　2011 年 7 月 3 日　　　编号：20110703
材料类别：

原材料			单位	数量	单位成本	金额
编号	名称	规格				
A024	A 材料		千克	980	51.99	50 946.00
合　　　　计						50 946.00

主管：　　　记账：　　　复核：　　　制单：万千

分析： 企业购入原材料验收入库，同时收到购货发票账单，即取得原材料的所有权，符合原材料购进的处理原则，应当确认为购进。会计上将发票账单和货物同时到达的购进业务称为"单到、货到"的核算。

首先，计算原材料实际采购总成本，依据企业取得原材料时实际支付的款项作为实际成本。

原材料实际采购总成本＝1 000×50＋200×93%＋300＋460＝50 946（元）

购进原材料可抵扣的增值税＝8 500＋200×7%＝8 514（元）

然后，会计人员根据购货发票、代垫费用清单、入库单、挑选整理费用单、支票存根等，作如下处理：

借：原材料——A 材料　　　　　　　　　　　　　　　　　　　　50 946

　　应交税费——应交增值税（进项税额）　　　　　　　　　　　 8 514

　　贷：银行存款　　　　　　　　　　　　　　　　　　　　　　　 59 000

　　　　库存现金　　　　　　　　　　　　　　　　　　　　　　　　　 460

【例 3-2】2011 年 7 月 8 日采用汇兑结算方式从通汇公司购入一批 B 材料，数量 500 千克。取得的增值税专用发票上注明的货款为 300 000 元，增值税税额为 51 000 元，另通汇公司代垫保险费 1 500 元。原材料尚未到达，正在运输途中。

分析： 企业购入原材料但尚未到达入库，而收到购货发票账单已经支付货款，即取得原材料的所有权，符合原材料购进的处理原则，应当确认为购进。只是原材料尚未到达，形成在途材料，记入"在途物资"账户的借方。会计上将购货发票账单先到而货物后到的购进业务称为"单到、货未到"的核算。

首先，计算原材料实际采购总成本，依据企业取得材料时实际支付的款项作为实际成本。

原材料实际采购总成本＝300 000＋1 500＝301 500（元）

购进原材料可抵扣的增值税＝51 000（元）

然后，会计人员根据购货发票、代垫费用清单、付款单据，作如下处理：

借：在途物资——汇通公司　　　　　　　　　　　　　　　　　　301 500

　　应交税费——应交增值税（进项税额）　　　　　　　　　　　51 000

　　贷：银行存款　　　　　　　　　　　　　　　　　　　　　　352 500

【例 3-3】2011 年 7 月 18 日收到从汇通公司购入的原材料，已验收入库。

分析： 企业购入原材料在单到付款而料未到时，对于未收到的原材料已记入"在途物资"账户的借方，在原材料实际到达验收入库时直接冲减在途材料。会计人员根据入库单，作如下处理：

69

借：原材料——B 材料　　　　　　　　　　　　　　　　　　　　301 500

　　贷：在途物资——汇通公司　　　　　　　　　　　　　　　　301 500

练一练

假定 2011 年 7 月 18 日 B 材料验收入库，实际收到 495 千克，短少 5 千克属运输途中的合理损耗，计算 B 材料采购总成本和单位采购成本各是多少。

【例 3-4】2011 年 7 月 19 日采用委托收款结算方式从西安昊天有限公司购入一批 C

材料，材料已经验收入库，但没有收到购货发票等账单。

分析： 企业购入原材料已经验收入库，但是没有收到购货发票账单，会计上称之为"货到、单未到"的核算。这时由于企业没有取得购货发票等原始凭证，无法确切证明验收入库原材料的真实性，也无法确定入库原材料的采购成本。所以现行企业会计准则规定，月内可以不做账。等到月末仍然没有收到购货发票等原始凭证时，为对账方便要求暂估入账，先记入"原材料"账户的借方，并形成一项流动性负债记入"应付账款"账户的贷方。下月初再反方向冲回，直到购货发票账单到达后再作处理。

故 7 月 31 日会计人员根据入库单，暂估其实际采购成本 80 000 元，作如下处理：

借：原材料——C 材料   80 000

贷：应付账款——暂估应付账款   80 000

2011 年 8 月 1 日会计人员根据上月暂估入库的原材料，冲减原账务，作如下处理：

借：应付账款——暂估应付账款   80 000

贷：原材料——C 材料   80 000

提示

原材料在实际成本法下购进时，不同情况的处理见表 3-1-5。

表 3-1-5   在实际成本法下购进原材料

单到、货到	单到、货未到	货到、单未到
借：原材料 　　应交税费——应交增值税 　　贷：银行存款 　　　　应付账款 　　　　应付票据 　　　　其他货币资金	借：在途物资 　　应交税费——应交增值税 　　贷：银行存款 　　　　应付账款 　　　　应付票据 　　　　其他货币资金	月末暂估入账 借：原材料 　　贷：应付账款 下月初冲回 借：应付账款 　　贷：原材料

【例 3-5】2011 年 8 月 10 日收到西安昊天有限公司寄来的发票账单，取得的增值税专用发票注明的货款为 80 000 元，增值税税额为 13 600 元，另西安昊天有限公司代垫包装费 1 000 元。全部款项已经通过银行支付。

分析： 企业对于"货到、单未到"的采购业务，在上月末先暂估入账，本月初已冲回，等实际收到购货发票账单时，按照正常购进业务进行处理。会计人员根据收到的购货发票、代垫费用清单、入库单、付款单据等，作如下处理：

借：原材料——C 材料   81 000

应交税费——应交增值税（进项税额）   13 600

贷：银行存款   94 600

【例 3-6】2011 年 7 月末自行生产完工一批 E 材料，实际生产成本 12 000 元（表 3-1-6），已验收入库。

分析： 对于自制的原材料，在生产完工时应根据生产成本计算单，计算出实际的生产成本，记入"原材料"账户的借方，并冲减"生产成本"账户。会计人员根据生产成本计算单、入库单，作如下处理：

借：原材料——E 材料   12 000

贷：生产成本——基本生产成本   12 000

表 3-1-6 西安同仁有限公司产品成本计算单

产品成本计算单

编号 20110706

产口名称：A 材料   2011 年 7 月 31 日   单位：元

项目	直接材料	直接人工	制造费用	合计
月初成本				
本月发生生产费用	6 000	4 000	2 000	12 000
生产费用合计	6 000	4 000	2 000	12 000
完工产品数量	200	200	200	200
月末在产品约当产量				
费用分配率	30	20	10	60
完工产品总成本	6 000	4 000	2 000	12 000
月末在产品成本				

财务主管：张光明   审核：关公   车间主管：蒋华明   制单：高敏

【例 3-7】2011 年 7 月根据发料凭证汇总表的记录（表 3-1-7），本月发出材料实际成本 350 000 元，其中生产产品领用 200 000 元，生产车间一般领用 80 000 元，企业管理部门领用 20 000 元，销售部门领用 50 000 元

表 3-1-7 西安同仁有限公司发料凭证汇总表

发料凭证汇总表

2011 年 7 月   编号 20110701

应借账户		应贷账户：原材料				
		A	B	C	E	合计
基本生产成本	1～10 日	30 000	20 000	10 000	5 000	65 000
	11～20 日	30 000	30 000	10 000	10 000	80 000
	21～31 日	20 000	10 000	10 000	15 000	55 000
	小计	80 000	60 000	30 000	30 000	200 000
制造费用	1～10 日	10 000	5 000	6 000	4 000	25 000
	11～20 日	10 000	5 000	8 000	3 000	26 000
	21～31 日	10 000	10 000	6 000	3 000	29 000
	小计	30 000	20 000	20 000	10 000	80 000
管理费用	1～10 日	10 000	5 000	5 000		20 000
	11～20 日					
	21～31 日					
	小计	10 000	5 000	5 000		20 000
销售费用	1～10 日			6 000	10 000	16 000
	11～20 日			8 000	10 000	18 000
	21～31 日			6 000	10 000	16 000
	小计			20 000	30 000	50 000
合计		120 000	8 5000	75 000	70 000	350 000

企业财务会计

提示

发料凭证汇总表是企业定期根据各部门原材料领料单（或原材料出库单）汇总编制而成的。

分析：企业发出原材料表明原材料的减少，应记入"原材料"账户的贷方，用于生产经营活动表明成本或费用的增加。会计人员根据发料凭证汇总表，作如下处理：

借：生产成本——基本生产成本	200 000
制造费用	80 000
管理费用	20 000
销售费用	50 000
贷：原材料——A 材料	120 000
——B 材料	85 000
——C 材料	75 000
——E 材料	70 000

【例 3-8】2011 年 7 月 26 日采用托收承付方式销售给汉中蔡明有限公司一批 A 材料，开具的增值税专用发票上注明的货款为 60 000 元，增值税税额为 10 200 元，材料已经发出并办妥收款手续（表 3-1-8）。该批原材料实际成本为 40 000 元（表 3-1-9）。

表 3-1-8　托收凭证

托收凭证（回单）1

委托日期 2011 年 7 月 26 日

业务类型		委托收款（□邮划、□电划）		手收承付（☑邮划、□电划）	
付款人	全称	汉中蔡明有限公司	收款人	全称	西安同仁有限公司
	账号	3700019029000505689		账号	3700019029000500578
	地址	中国银行汉中市东大街支行		地址	中国工商银行西安市朱雀路支行
金额	人民币（大写）柒万零贰佰元整			¥70 200.00	
款项内容	贷款	托收凭据名称	合同	附寄交单据	2 张（合同、发票）
商品发运情况		已发	合同名称号码		购销合同 45660057
备注：			款项收妥日期		收款人开户银行签章
		复核　　记账		年　月　日	年　月　日

表 3-1-9　西安同仁有限公司领料单

领料单

领料部门：销售部门　　　　　2011 年 7 月 26 日　　　　　编号：20110713

材料用途：销售　　　　　　　　　　　　　　　　　　　　　仓库：

材料类别	材料编号	材料名称	材料规格	单位	数量		单位成本	金额
					请领	实发		
材料	A021	A 材料		KG	400	400	100.00	40 000.00
合　　计					400	400		40 000.00

主管：　　　　　发料人：　　　　　　　　领料人：　　　　　　　制单：万千

分析：企业采用托收承付方式销售原材料，原材料发出并办理托收手续，符合销售商品收入确认的原则，应按照售价确认收入，记入"其他业务收入"账户。但款未收，形成一项流动性债权，记入"应收账款"账户的借方。会计人员根据托收单回单及销售发票的记账联，作如下处理：

借：应收账款——汉中蔡明有限公司　　　　　　　　　　　　　702 000
　　贷：其他业务收入——原材料　　　　　　　　　　　　　　60 000
　　　　应交税费——应交增值税（销项税额）　　　　　　　　10 200

同时根据原材料领料单，结转已销原材料的实际成本，作如下处理：

借：其他业务成本——原材料　　　　　　　　　　　　　　　40 000
　　贷：原材料——A 材料　　　　　　　　　　　　　　　　40 000

【例 3-9】2011 年 7 月 31 日财产清查中，盘亏 C 材料 800 元，盘盈甲库存商品 600 元，原因待查（表 3-1-10）。

表 3-1-10　西安同仁有限公司财产清查报告单

财产清查报告单

2011 年 7 月 31 日　　　　　　　　　　编号：20110703

类别	财产名称	单位	单价	数量		盘盈		盘亏		原因
				账存	实存	数量	金额	数量	金额	
原材料	C 材料	个	80.00	300	290			10	800.00	
库存商品	甲商品	件	60.00	500	510	10	600.00			
合　　计							600.00		800.00	备注

会计主管：张光明　　　审核：关公　保管：成名、万千　　　制单：刘明

分析：企业对于财产清查中的存货盘盈、盘亏在没有查明原因之前，应先记入"待处理财产损溢——待处理流动资产损溢"账户，等查明后再作处理。会计人员根据存货盘点报告单，作如下处理：

借：待处理财产损溢——待处理流动资产损溢　　　　　　　　800
　　贷：原材料——C 材料　　　　　　　　　　　　　　　　800

借：库存商品——甲商品　　　　　　　　　　　　　　　　600
　　贷：待处理财产损溢——待处理流动资产损溢　　　　　　600

73

【例 3-10】2011 年年末经有关部门批准，处理本年存货盘盈、盘亏。经查明盘亏原材料中 100 元属于计量收发差错，其余属于自然灾害损失；盘盈商品属于正常溢余（表 3-1-11）。

表 3-1-11　西安同仁有限公司财产物资盘盈盘亏审批表

财产物资盘盈盘亏审批表

2011 年 12 月 31 日　　　　　　　　　　编号：20111201

项　目	盘　盈	盘　亏	原　因	处 理 意 见
原 材 料		800.00	100.00 属计量差错 700.00 属灾害损失	经过会议研究决定： 按照会计规定处理
库存商品	600.00		属于正常溢余	
合　计	600.00	800.00		

负责人：赵理华　　　　会计主管：张光明　　　　制表：刘明

分析： 对于经过批准的存货盘盈、盘亏，应根据查明的原因分别处理。存货盘亏如属于合理损耗、收发计量差错、计价差错、一般经营损失等，则记入"管理费用"账户，属于自然灾害损失，则记入"营业外支出"账户；存货盘盈一般情况冲减"管理费用"账户。会计人员根据有关批准文件（财产物资盘盈盘亏审批表），作如下处理：

借：管理费用——其他费用　　　　　　　　　　　　　　　　　　　100
　　营业外支出——非常损失　　　　　　　　　　　　　　　　　　700
　　　贷：待处理财产损溢——待处理流动资产损溢　　　　　　　　　　800
借：待处理财产损溢——待处理流动资产损溢　　　　　　　　　　600
　　　贷：管理费用——其他费用　　　　　　　　　　　　　　　　　　600

提示

盘亏原材料是否考虑转出增值税，主要依据的是存货盘亏的原因，如因管理不善造成被盗、丢失、霉烂变质的损失，即非正常损失。应当将原购进材料时的进项税额予以转出。

 理论要点

一、存货的概念及其分类

1. 存货的概念

存货是指企业在日常活动中持有的以备出售的产品或商品、处在生产过程中的在产品、在生产过程或提供劳务过程中耗用的材料或物资等，主要包括材料、在产品、产成品或商品等。

存货是企业的流动资产，企业持有的主要目的是销售或耗用。

2. 存货的分类

1）存货按照经济内容不同，分为以下各项。

原材料是指企业在生产过程中经加工改变其形态或性质并构成产品主要实体的各种原料及主要材料、辅助材料、燃料、修理用备件（备品备件）、包装材料、外购半成品（外购件）等。

在产品是指正在制造尚未完工的生产物，包括正在各个生产工序加工的产品和已加工完毕但尚未检验或已检验但尚未办理入库手续的产品。

半成品是指经过一定生产过程并已检验合格交付半成品仓库保管，但尚未制造完工成为产成品，仍需进一步加工的中间产品。

产成品是指工业企业已经完成全部生产过程并已验收入库，可以按照合同规定的条件送交订货单位，或者可以作为商品对外销售的产品。企业接受来料加工制造的代制品和为外单位加工修理的代修品，制造和修理完成验收入库后，应视同企业的产成品。

商品是指商品流通企业外购或委托加工完成验收入库用于销售的各种商品。

包装物是指为了包装本企业的商品而储备的各种包装容器，如桶、箱、瓶、坛、袋等。其主要作用是盛装、装潢产品或商品。

低值易耗品是指不能作为固定资产管理的各种用具物品，如工具、管理用具、玻璃器皿、劳动保护用品以及在经营过程中周转使用的容器等。

委托代销商品是指企业委托其他单位代销的商品。

2）存货按照存放地点不同，分为以下各项。

库存存货是指已验收合格并入库的各种存货，如库存原材料和库存商品等。

在途存货是指企业已购入，但尚未到达验收入库的各种存货。

加工中的存货是指处于生产加工过程中的存货，如在产品、委托加工产品等。

3）存货按照其来源不同，主要分为以下各项。

外购存货是指企业从外部购入的存货，如企业外购的原材料等。

自制存货是指企业自行生产的存货，如企业生产的产品。

投资者投入的存货是指企业收到投资者以存货投入的资本，如收到投资者投入的原材料。

盘盈的存货是指企业在财产清查中存货的实际库存数大于账面库存数。

二、存货成本的确定

1. 存货采购成本的确定

存货的采购成本包括买价、相关税费、运杂费、途中的合理损耗、入库前的挑选整理费用和其他费用等。

1）买价是指企业购入材料或商品的发票账单上列明的价款，但不包括一般纳税人按照规定可以抵扣的增值税进项税额。

2）相关税费是指企业购买存货发生的进口关税、消费税、资源税和不能抵扣的增值税进项税额等应计入存货采购成本的税费。

3）运杂费是指包括运输费、装卸费、保险费、包装费、仓储费等。

> **提示**
>
> 一般纳税人购进或者销售货物以及在生产经营过程中支付的运输费用，按照运输费用结算单据上注明的运输费用金额的 7%计算进项税额。

4）途中合理损耗是指购进材料或商品时发生的正常损耗部分。

【例 3-11】某企业购入原材料 100 千克，支付价款 100 元。实际入库 80 千克，短少 20 千克属于购进中的合理损耗。

分析： 企业购入材料 100 千克，支付价款 100 元，即每千克平均买价 1 元。而实际入库 80 千克，价值仍然是 100 元，即每千克平均买价 1.25 元。也就是说合理损耗部分 20 千克，含在支付的价款 100 元中。

对于购进时发生的合理损耗在计入存货采购成本时，是通过改变购进入库存货的数量，但不改变存货采购总成本，只是提高了存货单位采购成本，即变量不变额，改变的只是单价。

5）入库前的挑选整理费用是指存货在入库前挑选整理过程中发生的人工、其他费用支出和挑选整理过程中所发生的数量损耗，并扣除回收的下脚废料价值。

对于入库后发生的挑选整理费用属于存货的保管费用，应记入"管理费用"账户。

6）其他费用是指除以上各项以外的可归属于存货采购成本的费用。

2. 存货加工成本的确定

存货的加工成本是指存货在加工过程中发生的追加费用，包括直接人工费用和制造费用。存货的加工成本不包括直接耗用的材料费用。

1）直接人工费用是指企业在生产产品过程中直接从事产品生产人员的职工薪酬，如生产工人的工资、奖金、津贴等。

2）制造费用是指企业为生产产品而发生的各项间接费用。如生产部门管理人员薪酬、生产车间固定资产折旧、办公费、水电费、机物料消耗、劳动保护费等。

> **提示**
>
> 存货的加工成本＝直接人工费用＋制造费用
> 存货的生产成本＝直接材料费用＋直接人工费用＋制造费用

3. 其他方式取得存货成本的确定

1）自制存货的成本应当由生产过程中发生的直接材料费用、直接人工费用和制造费用构成。

2）投资者投入存货的成本应当按照投资合同或协议约定的价值确定，但合同或协议约定价值不公允除外。在投资合同或协议约定价值不公允的情况下，应按照该项存货的公允价值作为其入账价值。

【例 3-12】西安大白杨有限公司由 A 和 B 共同出资设立，合同约定 A 投资者以原材料出资，投资各方约定原材料的价值 100 000 元。公司实际收到原材料时，该批原材料的市场价值只有 60 000 元。同时取得增值税专用发票，材料已入库。

分析： 此时，该投资合同或协议约定的原材料价值不公允，公司应按照该项存货的公允价值 60 000 元作为其入账价值。

借：原材料   60 000
  应交税费——应交增值税（进项税额）   10 200
   贷：实收资本   70 200

3）委托加工存货成本包括加工中实际耗用物资的成本、支付的加工费用及负担的运杂费、支付的税金等。

4）盘盈的存货应按其重置成本作为入账价值，并通过"待处理财产损溢"账户进行会计处理。

4. 存货发出成本的确定

企业应当根据各类存货的实物流转方式、企业管理的要求、存货的性质等实际情况，合理选择发出存货的计量方法，以合理确定发出存货的实际成本。

（1）先进先出法

先进先出法是指以先购进的存货应先发出（销售或耗用）的一种对发出存货计价的方法。

具体方法：收入存货时，逐笔登记收入存货的数量、单价和金额；发出存货时，按照先购进先发出的原则逐笔登记存货的发出成本和结存金额。

【例 3-13】西安同仁有限公司 2011 年 7 月 F 原材料的收发业务如下：

1）7 月 1 日库存原材料 100 千克，单位成本 10 元。

2）7 月 5 日购进 500 千克，购买单价 8 元，发生运杂费 200 元（即采购总成本 4 200 元，单位采购成本 8.4 元）。

3）7 月 15 日生产领用原材料 550 千克。

4）7 月 20 日购进 100 千克，购买单价 11 元，发生包装费用 25 元，实际入库 90 千克，短少属于合理损耗（即采购总成本 1 125 元，单位采购成本 12.5 元）。

5）7 月 25 日生产领用原材料 100 千克。

有关原材料明细账的登记过程见表 3-1-12。

表 3-1-12　原材料——F 材料明细账　　　　金额单位：元

2011 年		摘要	收　入			发　出			结　存		
月	日		数量	单价	金额	数量	单价	金额	数量	单价	金额
7	1	期初余额							100	10.00	1 000
	5	购进	500	8.40	4 200				100	10.00	1 000
									500	8.40	4 200
	15	领用				100	10.00	1000			
						450	8.40	3780	50	8.40	420
	20	购进	90	12.50	1 125				50	8.40	420
									90	12.50	1 125
	25	领用				50	8.40	420			
						50	12.50	625	40	12.50	500
7	31	本月合计	590		5 325	650		5 825	40	12.50	500

2011 年 7 月末，会计人员根据本月生产用原材料的领料单计算得出：

本月原材料发出总成本＝100×10＋450×8.4＋50×8.4＋50×12.5＝5 825（元）

　借：生产成本——基本生产成本　　　　　　　　　　　　　　　5 825

　　　贷：原材料——F 材料　　　　　　　　　　　　　　　　　　　　5 825

先进先出法的优点是可以随时结转存货发出成本。但缺点是工作量大，比较烦琐。主要适用于材料收发业务比较少的企业。并且在物价持续上升时，期末存货成本接近于市价，而发出成本偏低，会高估企业当期利润和库存存货价值。

（2）移动加权平均法

移动加权平均法是指以每次进货的成本加上原有库存存货的成本，除以每次进货数量加上原有库存存货数量，据以计算加权平均单位成本，作为下次进货前计算各次发出存货成本的一种方法。

具体做法如下：

存货单位成本＝（原有库存存货实际成本＋本次购进存货成本）
÷（原有库存存货数量＋本次购进存货数量）

本次发出存货成本＝本次发出存货数量×本次发货前存货的单位成本

本月月末库存存货成本＝月末库存存货数量×本月月末存货单位成本

【例3-14】西安同仁有限公司2011年7月F原材料的收发业务如下：

1）7月1日库存原材料100千克，单位成本10元。

2）7月5日购进500千克，购买单价8元，发生运杂费200元（即采购总成本4 200元，单位采购成本8.4元）。

7月5日购入后平均单位成本＝（1 000＋4 200）÷（100＋500）＝8.67（元）

3）7月15日生产领用原材料550千克。

7月15日发出成本＝550×8.67＝4768.5（元）

7月15日结存成本＝1 000＋4 200－4 768.5＝431.5（元）

4）7月20日购进100千克，购买单价11元，发生包装费用25元，实际入库90千克，短少属于合理损耗。（即采购总成本1125元，单位采购成本12.5元）

7月20日购进后平均单位成本＝（431.5＋1 125）÷（50＋90）＝11.12（元）

5）7月25日生产领用原材料100千克。

7月25日发出成本＝100×11.12＝1 112（元）

7月31日结存成本＝431.5＋1 125－1 112＝444.5（元）

有关原材料明细账的登记过程见表3-1-13。

表3-1-13　原材料——F材料明细账　　　　金额单位：元

2011年		摘要	收　入			发　出			结　存		
月	日		数量	单价	金额	数量	单价	金额	数量	单价	金额
7	1	期初余额							100	10.00	1 000.00
	5	购进	500	8.40	4 200				600	8.67	5 200.00
	15	领用				550	8.67	4 768.5	50	8.67	431.50
	20	购进	90	12.50	1 125				140	11.12	1 556.50
	25	领用				100	11.12	1 112	40	11.12	444.50
7	31	本月合计	590		5 325	650		5 880.5	40	11.12	444.50

2011年7月末，会计人员根据本月生产用原材料的领料单计算得出：

本月原材料发出总成本＝4 768.5＋1 112＝5 880.5（元）

借：生产成本——基本生产成本　　　　　　　　　　　　　　　　　　5 880.5

　　贷：原材料——F 材料　　　　　　　　　　　　　　　　　　　　　　5 880.5

移动加权平均法的优点是可以使企业及时了解存货的结存情况，计算的平均单位成本以及发出和结存的存货成本比较客观。但由于每次收货都要计算一次平均单价，缺点是计算工作量大。不适用于材料收发业务较多的企业。

（3）月末一次加权平均法

月末一次加权平均法是指以本月全部进货数量加上月初存货数量作为权数，去除当月全部进货成本加上月初存货成本，计算出存货的加权平均单位成本，以此作为基础计算本月发出存货的成本和期末存货成本的一种方法。

具体做法如下：

$$存货单位成本＝（月初存货实际成本＋本月购进存货总成本）$$
$$÷（月初存货数量＋本月购进存货总数量）$$
$$本月发出存货成本＝本月发出存货数量×存货单位成本$$
$$本月月末库存存货成本＝月末库存存货数量×存货单位成本$$

> **提示**
>
> 如有小数点误差，则应当倒挤月末库存存货成本。
> 月末库存存货成本＝月初存货实际成本＋本月购进存货总成本
> 　　　　　　　　－本月发出存货成本

【例 3-15】西安同仁有限公司 2011 年 7 月 F 原材料的收发业务如下：

1）7 月 1 日库存原材料 100 千克，单位成本 10 元。

2）7 月 5 日购进 500 千克，购买单价 8 元，发生运杂费 200 元（即采购总成本 4 200 元，单位采购成本 8.4 元）。

3）7 月 15 日生产领用原材料 550 千克。

4）7 月 20 日购进 100 千克，购买单价 11 元，发生包装费用 25 元，实际入库 90 千克，短少属于合理损耗（即采购总成本 1 125 元，单位采购成本 12.5 元）。

5）7 月 25 日生产领用原材料 100 千克。

有关原材料明细账的登记过程见表 3-1-14。

表 3-1-14　原材料——F 材料明细账　　　　　　　　　金额单位：元

2011年		摘要	收入			发出			结存		
月	日		数量	单价	金额	数量	单价	金额	数量	单价	金额
7	1	期初余额							100	10.00	1 000.00
	5	购进	500	8.40	4 200				100 500	10.00 8.40	1 000.00 4 200.00
	15	领用				550			50		
	20	购进	90	12.50	1 125				140		

续表

2011 年		摘要	收入			发出			结存		
月	日		数量	单价	金额	数量	单价	金额	数量	单价	金额
	25	领用				100			40		
7	31	本月合计	590		5 325	650	9.17	5 960.50	40	9.17	364.50

2011 年 7 月末加权平均单价＝（1 000＋4 200＋1 125）÷（100＋500＋90）＝9.17（元）

本月发出原材料总成本＝（550＋100）×9.17＝5 960.50（元）

月末结存原材料成本＝1000＋4 200＋1 125－5 960.50＝364.50（元）

借：生产成本——基本生产成本　　　　　　　　　　　　　　　　5 960.50

　　贷：原材料——F 材料　　　　　　　　　　　　　　　　　　　　　5 960.50

月末一次加权平均法的优点是只在月末一次计算加权平均单价，比较简单，有利于企业简化成本计算工作。但由于平时无法从账面上提供发出和结存存货的单价及金额，故缺点是不利于存货成本的日常管理工作。主要适用于材料收发业务比较多的企业。

（4）个别计价法

个别计价法是指按照各种存货逐一辨认各批发出存货和期末存货所属的购进批别，分别按其购进时所确定的单位成本计算各批发出存货和期末存货成本的方法。

个别计价法的优点是成本计算准确，符合实际情况，即存货的价值流转与实物流转相一致。但缺点是在存货收发频繁情况下，其发出成本分辨的工作量较大。主要适用于个别企业，如经营珠宝玉器、名人字画等贵重物品的单位。

三、原材料业务的账务处理

1. 原材料概念

原材料是指企业在生产过程中经加工改变其形态或性质并构成产品主要实体的各种原料及主要材料、辅助材料、燃料、修理用备件（备品备件）、包装材料、外购半成品（外购件）等。

2. 原材料账务处理设置的账户

（1）"原材料"账户

总账："原材料"账户属资产类账户，主要用来核算企业库存的各种原材料的增减变动。借方登记原材料的增加。贷方登记原材料的减少。期末借方余额反映企业库存原材料的实际成本，见图 3-1-1。

借	原材料	贷
期初余额		
原材料的增加额	原材料的减少额	
本期借方发生额合计	本期贷方发生额合计	
期末余额：库存的实际成本		

图 3-1-1 "原材料"账户

明细账：可按照材料的保管地点、材料的类别、品种和规格等进行明细核算。

（2）"在途物资"账户

总账："在途物资"账户属资产类账户，主要用来核算企业采用实际成本法购进，货款已经支付尚未验收入库的在途物资的增减变动。借方登记购入在途物资的增加。贷方登记到达验收入库的在途物资。期末借方余额反映企业在途物资的采购成本，见图 3-1-2。

借	在途物资	贷
期初余额		
在途物资的增加额	到达验收入库的在途物	
本期借方发生额合计	本期贷方发生额合计	
期末余额：在途物资的采购成本		

图 3-1-2 "在途物资"账户

明细账：可按照供货单位和物资品种进行明细核算。

3．原材料收发存业务的账务处理

原材料收发存业务的账务处理见表 3-1-15。

表 3-1-15 原材料收发存业务的账务处理

1．购进原材料："单到、货到"，货款通过银行支付或货款尚未支付	借：原材料 　　应交税费——应交增值税 　　　　（进项税额） 　　贷：银行存款 　　　　应付账款 　　　　应付票据	5．自行生产完原材料，已入库	借：原材料 　　贷：生产成本
2．购进原材料："单到、货未到"，货款通过银行支付或货款尚未支付	借：在途物资 　　应交税费——应交增值税 　　　　（进项税额） 　　贷：银行存款 　　　　应付账款 　　　　应付票据	6．生产经营管理耗用	借：生产成本（生产产品耗用） 　　制造费用（生产车间机物消耗用） 　　管理费用（企业管理耗用） 　　销售费用（销售部门耗用） 　　贷：原材料
3．购进原材料："货到、单未到"的处理	本月末暂估入账（不考虑增值税） 借：原材料 　　贷：应付账款下月初冲回 借：应付账款 　　贷：原材料	7．对外销售，款已收或款未收	借：银行存款 　　应收账款 　　贷：其他业务收入 　　　　应交税费——应交增值税 　　　　（销项税额） 借：其他业务成本 　　贷：原材料
4．接受投资者投入原材料，已入库	借：原材料 　　应交税费——应交增值税 　　　　（进项税额） 　　贷：实收资本	—	—

期末盘点的处理，见表 3-1-16。

表 3-1-16　期末盘点的处理

情　形	盘　亏	盘　盈
未查明原因	借：待处理财产损溢 　　贷：原材料 　　　　应交税费——应交增值税（进项税额转出）	借：原材料 　　贷：待处理财产损溢
查明原因 处理时	借：管理费用 　　其他应收款 　　营业外支出 　　贷：待处理财产损溢	借：待处理财产损溢 　　贷：管理费用
存货盘盈盘 亏处理原则	如为存货盘亏，属于合理损耗（定额内损耗）、收发计量计价差错、一般经营损失的，应记入"管理费用"账户；属于责任事故的，应当由责任单位或个人或保险公司负责赔偿，在未收到赔偿款前应记入"其他应收款"账户；属于自然灾害损失、非常损失等，应记入"营业外支出"账户	如为存货盘盈，一般冲减"管理费用"账户

提示

　　如果是被盗、丢失、霉烂变质引起的存货盘亏（即非常损失），要将原购进材料时增值税的进项税额作进项税额转出处理；如果是自然灾害导致的存货盘亏（如火灾、水灾、地震、海啸等），不考虑增值税的转出问题。

任务 3.2　周转材料购销存业务

工作任务

　　企业在生产过程中除耗用原材料用于产品生产外，还需要一些其他材料物资，如包装物、低值易耗品等，以保证产品的正常生产。请根据西安同仁有限公司以下交易或事项进行账务处理。

【例 3-16】2011 年 7 月 10 日采用托收承付方式购入生产用包装物，取得的增值税专用发票上注明的货款为 15 000 元，增值税税额为 2 550 元，款项通过银行已支付（表 3-2-1）。包装物已验收入库（表 3-2-2）。

表 3-2-1　托收凭证

托收凭证（付款通知）5

委托日期 2011 年 7 月 10 日

业务类型		委托收款（☑邮划、□电划）		托收承付（□邮划、□电划）		
付款人	全称	西安同仁有限公司	收款人	全称	西安纸箱有限公司	
	账号	3700019029000500578		账号	2600040580013298723	
	地址	中国工商银行西安市朱雀路支行		地址	中国工商银行西安市北关支行	
金额	人民币（大写）壹万柒仟伍佰伍拾元整				¥17 550.00	
款项内容	货款	托收凭证名称		附寄单据张数		1
商品发运情况	已发					
备注：			款项付款日期		付款人开户银行签章	
	复核　　记账		年　月　日		年　月　日	

（盖章：中国工商银行西安市北关储蓄所　2011.7.10　业务清讫）

表 3-2-2　西安同仁有限公司周转材料入库单

周转材料入库单

供应单位：西安纸箱有限公司　　　　2011 年 7 月 10 日　　　　编号：201107019

材料类别：周转材料

原材料			单　位	数　量	单位成本	金　额
编号	名称	规格				
	包装物		个	1000	15.00	15 000.00
合　　计						15 000.00

主管：　　　记账：　　　复核：　　　　　　制单：万千

分析： 企业购入生产用包装物，在包装物验收入库的同时，款项已经支付，即"货到、单到"的核算。对于购入的包装物应按其实际成本，记入"周转材料——包装物"账户。会计人员根据购货发票、验收单、付款单据等，作如下处理：

借：周转材料——包装物　　　　　　　　　　　　　　　　　15 000

　　应交税费——应交增值税（进项税额）　　　　　　　　　　2 550

　　贷：银行存款　　　　　　　　　　　　　　　　　　　　　　17 550

83

【例 3-17】2011 年 7 月 10 日生产车间领用一批包装物，用于产品生产，包装物实际成本 3 000 元（表 3-2-3）。

表 3-2-3　西安同仁有限公司领料单

领 料 单

领料部门：生产车间　　　　　　2011 年 7 月 10 日　　　　　　　　编号：20110710
材料用途：生产产品　　　　　　　　　　　　　　　　　　　　　　仓库：

材料类别	材料编号	材料名称	材料规格	单位	数量		单位成本	金额
					请领	实发		
周转材料		包装物		个	200	200	15.00	3 000.00
合计					200	200		3 000.00

主管：　　　　　　发料人：　　　　　　　　　领料人：马力　　　制单：万千

分析： 企业发出包装物用于产品生产，直接构成产品的生产成本，应将包装物的实际成本记入"生产成本"账户。会计人员根据出库单，作如下处理：

借：生产成本——基本生产成本　　　　　　　　　　　　　　　　3 000
　　贷：周转材料——包装物　　　　　　　　　　　　　　　　　　　　3 000

【例 3-18】2011 年 7 月 15 日销售部门从仓库领用一批包装物的实际成本为 1 500 元，用于商品销售（表 3-2-4）。

表 3-2-4　西安同仁有限公司领料单

领 料 单

领料部门：销售部门　　　　　　2011 年 7 月 15 日　　　　　　　　编号：20110715
材料用途：销售产品　　　　　　　　　　　　　　　　　　　　　　仓库：

材料类别	材料编号	材料名称	材料规格	单位	数量		单位成本	金额
					请领	实发		
周转材料		包装物		个	100	100	15.00	1 500.00
合计					100	100		1 500.00

主管：　　　　　　发料人：　　　　　　　　　领料人：龚孔荣　　　制单：万千

分析： 销售部门领用包装物，如果不单独计价，而是直接服务于商品销售，则形成一项费用，记入"销售费用"账户。会计人员根据出库单，作如下处理：

借：销售费用——包装费　　　　　　　　　　　　　　　　　　1 500
　　贷：周转材料——包装物　　　　　　　　　　　　　　　　　　　1 500

【例 3-19】2011 年 7 月 20 日采用托收承付方式销售商品时领用一批包装物对外销售，不含税售价 2 000 元，增值税税率 17%，包装物已经发出，款未收，已办妥托收。该批包装物实际成本 1500 元。

分析： 销售部门领用包装物，如果单独计价对外销售，则形成企业的销售商品收入，应记入"其他业务收入"账户。款未收，已办妥托收，则形成一项流动性债权，记入"应收账款"账户。会计人员根据销售发票、托收单回单，作如下处理：

借：应收账款——汉中蔡明有限公司　　　　　　　　　　　　　　　2 340

　　贷：其他业务收入　　　　　　　　　　　　　　　　　　　　　2 000

　　　　应交税费——应交增值税（销项税额）　　　　　　　　　　　340

同时根据出库单，结转已销包装物的实际成本，作如下处理：

借：其他业务成本　　　　　　　　　　　　　　　　　　　　　　　1 500

　　贷：周转材料——包装物　　　　　　　　　　　　　　　　　　1 500

【例 3-20】2011 年 7 月 25 日销售商品时领用一批包装物出租给西安通达有限公司，实际收到本月租金 1 800 元，已入账（表 3-2-5～表 3-2-7）。该批包装物的实际成本为 1 500 元。

表 3-2-5　陕西省网络在线通用发票

表 3-2-6　中国工商银行转账支票

表 3-2-7　中国工商银行进账单

中国工商银行进账单（回单）1

2011 年 7 月 25 日

出票人	全　　称	西安通达有限公司	收款人	全　　称	西安同仁有限公司
	账　　号	370001902000500532		账　　号	370001902900050 0578
	开户银行	中国工商银行 西安市高新路支行		开户银行	中国工商银行西安市朱雀路支行
金额	人民币（大写）壹仟捌佰元整		¥ 1 800.00		
票据种类	转账支票	票据张数	1		
票据号码	204061800074236				
	复核　　　记账			开户银行签章	

（印章：中国工商银行西安市朱雀路支行　2011.7.25　业务清讫）

分析： 企业销售商品时对外出租包装物，属于让渡资产使用权。对于取得的租金收入应记入"其他业务收入"账户。会计人员根据租金收入发票、进账单作如下处理：

借：银行存款 1 800
　　贷：其他业务收入 1 800

同时根据出库单，结转出租包装物的实际成本，作如下处理：

借：其他业务成本 1 000
　　贷：周转材料——包装物 1 000

练一练

西安同仁有限公司 2011 年 7 月 31 日"周转材料"账户余额是多少（不考虑7 月初账户余额）？

理论要点

一、周转材料的基本概念

1. 周转材料的概念

周转材料是指企业能够多次使用、逐渐转移其价值但仍保持原有形态不确认为固定资产的材料，包括包装物和低值易耗品等。

2. 周转材料账务处理设置的账户

总账："周转材料"账户属资产类账户，主要用来核算企业库存的各种周转材料的增减变动。借方登记周转材料的增加，贷方登记周转材料的减少。期末借方余额反映企业库存周转材料的实际成本，见图 3-2-1。

借	周转材料	贷
期初余额		
周转材料的增加额		周转材料的减少额
本期借方发生额合计		本期贷方发生额合计
期末余额：库存的实际成本		

图 3-2-1　"周转材料"账户

明细账：可按周转材料的种类，进行明细核算。

二、包装物业务的账务处理

1. 包装物的概念

包装物是指为了包装本企业商品而储备的各种包装容器，如桶、箱、瓶、坛、袋等。

2. 包装物的内容

1）生产过程中用于包装产品作为产品组成部分的包装物，如包装面粉的袋子。
2）随同商品出售，不单独计价的包装物，如超市鲜活柜台放置的塑料袋。
3）随同商品出售，单独计价的包装物，如超市结算柜台出售的包装袋。
4）出租或出借给购买单位使用的包装物，如食品厂使用的糕点周转箱等。

3. 包装物业务的账务处理

包装物业务的账务处理，见表3-2-8。

表3-2-8 包装物业务的账务处理

购入包装物已验收入库，并且通过银行支付款项	生产领用包装物构成产品生产成本	随同商品出售领用包装物，但不单独计价，作为销售费用	随同商品出售领用包装物，但单独计价，对外销售款已收
借：周转材料——包装物 应交税费——应交增值税 （进项税额） 贷：银行存款 应付账款 应付票据 预付账款	借：生产成本 贷：周转材料 ——包装物	借：销售费用 贷：周转材料 ——包装物	借：银行存款 贷：其他业务收入 应交税费——应交增值税（销项税额） 借：其他业务成本 贷：周转材料——包装物

包装物清查业务同原材料的处理，具体处理不再赘述。

三、低值易耗品业务的账务处理

1. 低值易耗品的概念

低值易耗品是指不能作为固定资产管理的各种用具物品，如生产工具、管理用具、玻璃器皿、劳动保护用品等。

2. 低值易耗品业务的账务处理

低值易耗品业务的账务处理见表3-2-9。

表 3-2-9　低值易耗品业务的账务处理

购进低值易耗品已验收入库，并通过银行支付款项	生产等部门领用低值易耗品
借：周转材料——低值易耗品 　应交税费——应交增值税（进项税额） 　贷：银行存款	借：制造费用 　管理费用 　销售费用 　贷：周转材料——低值易耗品

低值易耗品清查业务同原材料的处理，具体处理不在赘述。

任务 3.3　委托加工物资业务

工作任务

企业除了自行进行生产活动外，还可以将材料物资委托外单位进行加工处理，即业务外包。如何对委托加工物资业务进行确认、计量和报告？请根据西安同仁有限公司以下交易或事项进行账务处理。

【例 3-21】2011 年 7 月 1 日与西安万达有限公司签订委托加工协议，发出 A 材料委托加工为甲商品用于对外销售。A 材料实际成本 50 000 元（表 3-3-1），西安同仁有限公司支付加工物资往返运杂费 1 000 元（表 3-3-2 和表 3-3-3），支付西安万达有限公司加工费 5 000 元，取得的增值税专用发票注明增值税税额为 850 元（表 3-3-4），西安万达有限公司代收代交消费税 1 200 元（表 3-3-5 和表 3-3-6）。8 月 10 日加工完成收回甲商品，验收入库。

表 3-3-1　西安同仁有限公司领料单

领 料 单

领料部门：销售部门　　　2011 年 7 月 1 日　　　编号：20110701
材料用途：委托加工　　　　　　　　　　　　　　仓库：

材料类别	材料编号	材料名称	材料规格	单位	数量		单位成本	金额
					请领	实发		
		A 材料		个	500	500	100.00	50 000.00
合计					500	500		50 000.00

主管：　　　发料人：　　　领料人：龚孔荣　　　制单：万千

表 3-3-2　运费单据

公路、内河货物运输业统一发票
发票联

信息码：2012369831

发票代码：612358697957

密码：

发票号码：00168967

开票日期：2011 年 7 月 1 日

机打代码	612358697957	税控码	（略）
机打号码	00168967		
机器编号	610296298420		

| 收货人及纳税人识别号 | 西安万达有限公司
610198719754908 | 承运人及纳税人识别号 | 西安货运运输有限公司
616398786542123 |
| 发货人及纳税人识别号 | 西安同仁有限公司
610198719754012 | 主管税务机关及代码 | 西安市地税局
612356891 |

运输项目及金额	货物数量	数量	单价	里程	金额	其他项目及金额	费用名称	金额	备注
	货物	1			1 000.00				
运费	¥1 000.00					其他费用小计			

合计（大写）壹仟元整　　　　　　　　（小写）¥1 000.00

承运人签章　　　　　　　　　　　　　　　　　　　开票人：白鹭

表 3-3-3　中国工商银行转账支票存根

中国工商银行 转账支票存根 10426866 00757986 附加信息 出票日期 2011 年 7 月 1 日	转账支票的正本部分已经交付给运输公司
收款人：西安货运运输有限公司	
金　额：1 000.00	
用　途：运费	
单位主管　赵理华　会计　张光明	

表 3-3-4　陕西增值税专用发票

6105622458	陕西增值税专用发票		No　05210912				
	发票联						
				开票日期：2011 年 8 月 10 日			

购货单位	名　　称：西安同仁有限公司		密码区	（略）			
	纳税人识别号：610198719754012						
	地址、电话：西安市朱雀路支行 1171 号						
	029-85637788						
	开户行及账号：中国工商银行西安市朱雀路支行						
	3700019029000500578						

货物或应税劳务名称 加工费	规格型号	单位 件	数量 500	单价 10.00	金额 5 000.00	税率 17%	税额 850.00
合　　计					¥5 000.00		¥850.00

价税合计（大写）	⊗伍仟捌佰伍拾元整	（小写）¥5 850.00

销货单位	名　　称：西安万达有限公司	备注	税　号 610198719754908 发票专用章
	纳税人识别号：610198719754908		
	地址、电话：西安市南大街 115 号 029-84376678		
	开户行及账号：中国银行西安市南大街支行		
	3700019029000505024		

收款人：　　　　复核：　　　　开票人：孔新　　　　销货单位：（章）

表 3-3-5　中华人民共和国代扣代收税款凭证

代扣代收税款凭证

填制日期 2011 年 8 月 10 日

纳税人	全　　称	西安同仁有限公司			扣缴义务人	全　　称	西安万达有限公司	
	账　　号	3700019029000500578				账　　号	3700019029000505024	
	地　　址	西安市朱雀路 1171 号				地　　址	西安市南大街 115 号	
	经济类型					税款所属时期		

税种	纳税项目	课税数量	计税金额	税率或单位税额	扣除额	实缴金额
消费税						1 200.00
金额合计（大写）壹仟贰佰元整				1 200.00		

主管税务机关（盖章）	扣缴义务人（盖章）	填票人（章）	备注

表 3-3-6　中国工商银行转账支票存根

中国工商银行 转账支票存根 10426867 00757986 附加信息 _____ 出票日期 2011 年 8 月 10 日	转账支票的正本部分已经交付给西安万达有限公司
收款人：西安万达有限公司	
金额：7 050.00	
用途：加工费及代收代缴税金	
单位主管　赵理华　会计　张光明	

分析： 7 月 1 日企业发出原材料委托加工为商品，形成一项委托加工业务，应当将发出原材料的实际成本记入"委托加工物资"账户的借方。会计人员根据原材料出库单作如下处理：

借：委托加工物资——甲商品　　　　　　　　　　　　　　50 000
　　贷：原材料——A 材料　　　　　　　　　　　　　　　　50 000

对于加工过程中支付的发出原材料运杂费及收回商品的运杂费（即往来运杂费），应当计入委托加工物资成本中。会计人员根据往来运费单据作如下处理：

借：委托加工物资——甲商品　　　　　　　　　　　　　　1 000
　　贷：银行存款　　　　　　　　　　　　　　　　　　　　1000

8 月 10 日加工完成，对于支付的加工费计入委托加工成本；对于取得的增值税专用发票注明的增值税是可以抵扣的，形成进项税额；对于代收代交的消费税，因为加工收回商品对外出售，按照消费税法规定应当计入委托加工物资成本。会计人员根据发票、代收代交消费税、支票存根、入库单，作如下处理：

借：委托加工物资——甲商品　　　　　　　　　　　　　　6 200
　　应交税费——应交增值税（进项税额）　　　　　　　　　850
　　贷：银行存款　　　　　　　　　　　　　　　　　　　　7 050
借：库存商品——甲商品　　　　　　　　　　　　　　　　57 200
　　贷：委托加工物资——甲商品　　　　　　　　　　　　　57 200

甲商品的实际委托加工成本＝50 000＋1 000＋5 000＋1 200＝57 200（元）

【例 3-22】 2011 年 7 月 5 日与华美公司签订委托加工协议，发出 B 材料委托加工为 C 材料并继续用于生产应税消费品。B 材料实际成本 6 000 元，西安同仁有限公司支付加工物资往返运杂费 800 元，应付华美公司加工费 3 000 元，取得的增值税专用发票上注明的增值税税额为 510 元，华美公司代收代交消费税 500 元。7 月 20 日加工完成收回 C 材料，验收入库。

分析： 7 月 5 日企业发出一种原材料委托加工为另一种原材料，形成一项委托加工业务，应当将发出原材料的实际成本记入"委托加工物资"账户的借方。会计人员根据原材料出库单，作如下处理：

    借：委托加工物资——C 材料   6 000
      贷：原材料——B 材料   6 000

对于加工过程中支付的发出原材料运杂费及收回原材料的运杂费（即往来运杂费），应当计入委托加工物资成本中。会计人员根据往来运费单据，作如下处理：

    借：委托加工物资——C 材料   800
      贷：银行存款   800

7 月 20 日加工完成，对于应付的加工费计入委托加工物资成本；对于取得的增值税专用发票注明的增值税是可以抵扣的，形成进项税额；对于代收代交的消费税，因为加工收回原材料继续用于生产应税消费品，按照消费税法规定也可以抵扣。会计人员根据发票、代收代交消费税、验收单，作如下处理：

    借：委托加工物资——材料C   3 000
      应交税费——应交增值税（进项税额）   510
            ——应交消费税   500
      贷：应付账款——华美公司   4 010
    借：原材料——C 材料   9 800
      贷：委托加工物资——B 材料   9 800

C 材料的实际委托加工成本＝6 000＋800＋3 000＝9 800（元）

 理论要点

一、委托加工物资的概念

委托加工物资是指企业委托外单位加工的各种材料、商品等物资。

二、委托加工物资成本的构成

委托加工物资成本包括加工中实际耗用的材料成本、支付的加工费用、往返的运杂费和有关税金等。

委托加工过程中涉及的有关税金主要是增值税和消费税，处理原则见表 3-3-7。

表 3-3-7 委托加工过程中有关税金的处理原则

增 值 税	消 费 税
1. 加工应税项目，可抵扣； 2. 加工非税、免税项目不抵，计入加工成本	1. 加工收回直接销售，计入加工成本； 2. 加工收回继续生产应税消费品，可抵扣

三、委托加工物资账务处理设置的账户

总账："委托加工物资"账户属资产类账户，主要用来核算企业委托外单位加工的各种材料、商品等物资的增减变动。

借方登记发出委托加工物资的实际成本；支付的加工费、运杂费等；加工收回用于

直接销售，受托方代收代交的消费税。

贷方登记加工完成结转的实际成本。

期末借方余额反映企业委托外单位加工尚未完成物资的实际成本，见图 3-3-1。

借	委托加工物资	贷
期初余额		
① 发出委托加工物资的实际成本 ② 支付的加工费、运杂费等 ③ 加工收回用于直接销售，受托方代收代交的消费税	加工完成结转的成本	
本期借方发生额合计	本期贷方发生额合计	
期末余额：尚未加工完成的实际成本		

图 3-3-1 "委托加工物资"账户

明细账：可按加工合同、受托加工单位及加工物资的品种等进行明细核算。

四、委托加工业务的账务处理

委托加工业务的账务处理见表 3-3-8。

表 3-3-8 委托加工业务的账务处理

业务	加工收回，直接对外销售	加工收回，继续用于生产应税消费品
发出原材料	借：委托加工物资 　贷：原材料 　　　周转材料等	借：委托加工物资 　贷：原材料 　　　周转材料等
支付运杂费	借：委托加工物资 　贷：银行存款	借：委托加工物资 　贷：银行存款
支付加工费、增值税、代收代缴消费税	借：委托加工物资 　　应交税费——应交增值税 　　　　　　　（进项税额） 　贷：银行存款	借：委托加工物资 　　应交税费——应交增值税（进项税额） 　　　　　　——应交消费税 　贷：银行存款
加工完成，收回	借：库存商品 　贷：委托加工物资	借：原材料 　贷：委托加工物资

任务 3.4　库存商品购销存业务

工作任务

企业的存货除了原材料等需要进一步加工的物资外，还有一部分是已经加工完成可以直接对外销售的产成品或商品，企业利润的实现主要靠的就是销售商品收入。请根据西安同仁有限公司以下交易或事项进行账务处理。

【例 3-23】2011 年 7 月 31 日生产完工一批甲商品，实际生产成本 180 000 元，已验收入库。

　　分析：对于企业生产完工的产成品，在生产完工时应根据生产成本计算单，计算出实际的生产成本，记入"库存商品"账户的借方，并冲减"生产成本"账户。会计人员根据入库单，作如下处理：

　　　　借：库存商品——甲商品　　　　　　　　　　　　　　　　　180 000
　　　　　　贷：生产成本——基本生产成本　　　　　　　　　　　　　　180 000

　　【例3-24】2011年7月31日结转已销商品的实际成本为150 000元。

　　分析：企业销售商品可以随时结转已销商品成本，也可以期末采用月末一次加权平均法结转。会计人员根据出库单，作如下处理：

　　　　借：主营业务成本　　　　　　　　　　　　　　　　　　　　　150 000
　　　　　　贷：库存商品　　　　　　　　　　　　　　　　　　　　　　150 000

练一练

　　西安同仁有限公司2011年7月31日"库存商品"账户余额是多少（不考虑7月初账户余额）？

 理论要点

一、库存商品的概念

　　库存商品是指企业已完成全部生产过程并已验收入库、合乎标准规格和技术条件，可以按照合同规定的条件送交订货单位，或可以作为商品对外销售的产品以及外购或委托加工完成验收入库用于销售的各种商品。包括库存产成品、外购商品、存放在门市部准备出售的商品、发出展览的商品、寄存在外的商品、接受来料加工制造的代制品和为外单位加工修理的代修品（视同库存商品）。

　　如果是已经完成销售手续，但购买方在月末未提取的产品，不应作为企业的库存商品，而应作为代管商品单独处理，单独设置代管商品备查簿进行登记。

二、库存商品账务处理设置的账户

　　总账："库存商品"账户属资产类账户，主要用来核算企业库存的各种商品的增减变动。借方登记库存商品的增加，贷方登记库存商品的减少。期末借方余额反映企业库存商品的实际成本，见图3-4-1。

借　　　　　　　　　库存商品　　　　　　　　　贷	
期初余额	
库存商品的增加额	库存商品的减少额
本期借方发生额合计	本期贷方发生额合计
期末余额：库存商品的实际成本	

图3-4-1　"库存商品"账户

　　明细账：可按照库存商品的种类、品种和规格等进行明细核算。

三、库存商品业务的账务处理

库存商品业务的账务处理见表 3-4-1。

表 3-4-1　库存商品业务的账务处理

外购商品"货到、单到"货款通过银行支付或货款尚未支付	生产完工或委托加工收回入库	销售商品，结转已销商品的实际成本
借：库存商品 　　应交税费——应交增值税 　　　　（进项税额） 　　贷：银行存款 　　　　应付账款等	借：库存商品 　　贷：生产成本——基本生产成本 　　委托加工物资	借：主营业务成本 　　贷：库存商品

库存商品清查业务的账务处理同原材料的处理，具体处理不再赘述。

项目 4

固定资产和无形资产岗位业务

知识目标

✧ 了解固定资产与无形资产岗位的内容。
✧ 掌握固定资产增加、固定资产折旧、固定资产后续支出、固定资产处置、固定资产清查业务。
✧ 掌握无形资产增加、无形资产摊销及无形资产处置业务。
✧ 掌握固定资产、无形资产增减变动及其结果的会计处理。

能力目标

✧ 能够区分固定资产、无形资产业务。
✧ 能够识别哪些交易或事项会引起固定资产、无形资产业务的增减变动。
✧ 能够独立胜任固定资产、无形资产增减变动及其结果的会计处理。

态度目标

✧ 坚守企业会计准则，具有准确的职业判断能力，养成良好的职业习惯。
✧ 养成在学习中发现问题、分析问题、解决问题的工作能力。
✧ 养成积极主动，不畏困难的工作作风。

任务 4.1   固定资产增加业务

工作任务

在日常活动中，企业的生产经营离不开机器设备、仪器仪表、运输工器具、房屋建筑物等固定资产。对于从不同来源取得的固定资产如何确认、计量和报告，形成最终的会计信息？请根据西安同仁有限公司以下交易或事项进行账务处理。

【例 4-1】2011 年 5 月 31 日购入一台生产用 A 设备，取得的增值税专用发票上注明的设备买价为 200 000 元，增值税税额为 34 000 元（表 4-1-1），另西安同仁有限公司支付设备运费 500 元，保险费 100 元，包装费 200 元（表 4-1-2），款项均以银行存款支付。设备已交付生产车间使用（表 4-1-3）。

表 4-1-1   陕西增值税专用发票

6105622180 **陕西增值税专用发票**							No 05216013	
发 票 联							开票日期：2011 年 5 月 31 日	
购货单位	名 称：西安同仁有限公司 纳税人识别号：610198719754012 地址、电话：西安市朱雀路支行 1171 号 029-85637788 开户行及账号：中国工商银行西安市朱雀路支行 3700019029000500578					密码区	（略）	
货物或应税劳务名称	规格型号	单位	数量	单价	金额		税率	税额
A 设备		台	1	20 000.00	200 000.00		17%	34 000.00
合 计					¥200 000.00			¥34 000.00
价税合计（大写）	⊗贰拾叁万肆仟元整				（小写）¥234 000.00			
销货单位	名 称：西安大联盟有限公司 纳税人识别号：610113395210056 地址、电话：西安市西大街 345 号 开户行及账号：中国工商银行西安市 西大街支行 2600040580013200321					备注	西安大联盟有限公司 税 号 610113395210056 发票专用章	
收款人： 复核： 开票人：					销货单位：（章）			

97

表 4-1-2　运费票据

公路、内河货物运输业统一发票

发 票 联

信息码：2012369867

密码：

开票日期：2011 年 5 月 31 日

发票代码：612358697048

发票号码：00168854

机打代码 机打号码 机器编号	612358697048 00168854 610296298490				税控码	（略）	
收货人及 纳税人识别号	西安同仁有限公司 610198719754012				承运人及 纳税人识别号	西安货运运输有限公司 616398786542123	
发货人及 纳税人识别号	西安大联盟有限公司 610113395210056				主管税务 机关及代码	西安市地税局 612356891	
运输项目及金额	货物名称	数量	单价	里程	金额	其他项目及金额	费用名称	金额
	货物	1			500.00		保险费	100.00
							包装费	200.00
运费小计	¥500.00					其他费用小计：¥300.00		
合计（大写）捌佰元整						（小写）¥800.00		

承运人签章　　　　　　　　　　　　　　　　　　　开票人：白鹭

表 4-1-3　西安同仁有限公司固定资产验收单

固定资产验收单

2011 年 5 月 31 日　　　　　　　　　　　　　　　　　　编号：20110508

名称	规格	型号	单位	入账成本（原价）				预计使用年限	来源
				买价	运杂费	安装费用	合计		
设备			台	200 000	500×93%+300		200 765	5	外购
合　　计				200 000	765		200765	备注	
验收部门		使用部门	资产管理部门			财会部门			

分析： 企业购入生产设备交付使用，同时收到发票账单支付款项，即取得设备的所有权，符合资产购进处理原则，应当确认为一项固定资产购进，记入"固定资产"账户。

首先，计算固定资产实际入账成本，依据企业取得固定资产时实际支付的款项作为实际成本。

固定资产实际入账成本(原价)＝200 000＋500×93%＋100＋200＝200 765（元）

购买设备可抵扣的增值税＝34 000＋500×7%＝34 035（元）

对于取得的增值税专用发票上注明的增值税是可以抵扣的，应记入"应交税费——应交增值税（进项税额）"账户。

然后，会计人员根据发票、费用清单、验收单、付款单据等，作如下处理：

借：固定资产——生产用固定资产（甲设备）   200 765
  应交税费——应交增值税（进项税额）   34 035
   贷：银行存款   234 800

【例 4-2】2011 年 6 月 1 日用银行存款购入一台需要安装的生产用丁机器，取得的增值税专用发票上注明的机器买价为 150 000 元，增值税税额为 25 500 元，另付包装费、保险费等 2 000 元。机器已交付安装。

分析：企业购入生产机器，同时支付购入款项，即取得其所有权，符合资产购进处理原则，应当确认为一项固定资产购进。

但对于需要安装才能使用的固定资产，首先应将购入过程发生的支出记入"在建工程"账户的借方，形成一项固定资产安装工程，等安装完成后再结转至"固定资产"账户，形成可供使用的固定资产。对于取得的增值税专用发票上注明的增值税是可以抵扣的，记入"应交税费——应交增值税（进项税额）"账户。

会计人员根据购货发票、安装工程开工单、付款单据等，作如下处理：

借：在建工程——安装工程   152 000
  应交税费——应交增值税（进项税额）   25 500
   贷：银行存款   177 500

【例 4-3】在安装丁机器过程中，以银行存款支付安装费 30 000 元，耗用原材料 20 000 元。

分析：企业对于固定资产在安装过程中发生的各种支出，直接记入"在建工程"账户的借方，这些支出构成固定资产入账成本的一部分。会计人员根据安装费用单据、领料单、支票存根等票据，作如下处理：

借：在建工程——安装工程   50 000
   贷：银行存款   30 000
    原材料   20 000

【例 4-4】2011 年 6 月 30 日丁机器安装完成，验收合格交付生产车间使用。

分析：企业对于固定资产在安装过程中发生的各种支出，已记入"在建工程"账户的借方，当固定资产安装完成达到预定可使用状态时，"在建工程"账户借方发生额的合计数即为固定资产的实际入账成本。

固定资产实际入账成本（原价）＝152 000＋50 000＝202 000（元）

会计人员根据安装工程决算验收单等票据，作如下处理：

借：固定资产——生产用固定资产（丁机器）   202 000
   贷：在建工程——安装工程   202 000

【例 4-5】2011 年 7 月 1 日一次性从东方公司购入 3 台不同型号且具有不同生产能力的设备甲、乙、丙，取得增值税专用发票上注明设备买价合计为 1 000 000 元，增值税税额为 170 000 元。另西安同仁有限公司支付 3 台设备包装费共计 30 000 元。假如当前市场设备甲、乙、丙的公允价值分别为 500 000 元、600 000 元、400 000 元。以上款项均通过银行存款支付。3 台设备已交付生产使用。

分析：企业为了降低采购成本，可以采用一揽子购进法购入固定资产，即以低于市场价格一次性付款同时购入多台设备。

依据企业会计准则规定，固定资产入账时，应当按照固定资产的类别和项目进行明细核算。而对于以一笔款项同时购入多项没有单独标价的固定资产，企业应当按照各项固定资产公允价值为比例对购进总成本进行分配，分别确定各项固定资产的入账成本。对于取得的增值税专用发票上注明的增值税是可以抵扣的，记入"应交税费——应交增值税（进项税额）"账户。

首先，确认购入固定资产的总成本 1 000 000＋30 000＝1 030 000（元），

其次，分别确认甲、乙、丙设备价值分配比例：

$$甲设备应分配的固定资产价值比例 = \frac{500\ 000}{500\ 000 + 400\ 000 + 600\ 000} \times 100\% = 33.3\%$$

$$乙设备应分配的固定资产价值比例 = \frac{600\ 000}{500\ 000 + 600\ 000 + 400\ 000} \times 100\% = 40\%$$

$$丙设备应分配的固定资产价值比例 = \frac{400\ 000}{500\ 000 + 600\ 000 + 400\ 000} \times 100\% = 26.7\%$$

最后，确定甲、乙、丙设备的各自入账成本：

甲设备的入账成本（原价）＝1 030 000×33.3%＝342 990（元）

乙设备的入账成本（原价）＝1 030 000×40%＝412 000（元）

丙设备的入账成本（原价）＝1 030 000×26.7%＝275 010（元）

会计人员根据购货发票、设备验收单、设备价值分配计算表等有关票据，作如下处理：

借：固定资产——生产用固定资产（甲设备）　　　　342 990
　　　　　　——生产用固定资产（乙设备）　　　　412 000
　　　　　　——生产用固定资产（丙设备）　　　　275 010
　　应交税费——应交增值税（进项税额）　　　　　170 000
　　贷：银行存款　　　　　　　　　　　　　　　　　　1 200 000

【例 4-6】2011 年 7 月 1 日公司决定自行建造厂房一幢，当日购入为工程准备的各种物资，取得的增值税专用发票上注明的货款为 200 000 元，增值税额为 34 000 元，全部用于工程建设；7 月 10 日工程领用物资；7 月 15 日工程领用企业生产用原材料实际成本为 50 000 元，原购买原材料时的增值税进项税额为 8 500 元；7 月 20 日领用本企业生产的甲产品一批，实际成本为 80 000 元，税务部门确定的计税价格为 100 000，产品适用的增值税税率为 17%；7 月工程人员工资等薪酬为 100 000 元；7 月以银行存款支付的其他费用共计 20 000 元。2011 年 9 月 30 日工程完工并达到预定可使用状态，验收合格（表 4-1-4）。

表 4-1-4　项目竣工验收报告单

2011 年 9 月 30 日				编号：20110901	
项目名称	厂房		批准日期		
项目性质	自营		完成日期	2011 年 9 月 30 日	
合同金额			追加金额		
承建单位			承包方（建造）负责人		
预算价			决算价	509 500.00	
结构类型			建筑面积		
验收意见	验收合格，同意使用。				
验收单位		施工单位	资产管理部门	财会部门	张光明

分析： 企业自行建造固定资产，形成一项基建工程。依据现行企业会计准则规定，应通过"在建工程"账户核算，为建造该项固定资产达到预定可使用状态前所发生的必要支出。待工程完工达到预定可使用状态时，再从"在建工程"账户将全部工程总成本结转至"固定资产"账户，计算出固定资产的实际入账成本。

1）购入工程物资时应通过"工程物资"账户专门核算，对于取得的增值税专用发票上注明的增值税，因工程物资用于建造厂房属于增值税非税项目，依据现行税法规定，不得抵扣，计入工程物资的采购成本。7 月 1 日会计人员根据购货发票、验收单、支票存根等票据，作如下处理：

　　借：工程物资　　　　　　　　　　　　　　　　　　　　　234 000
　　　　贷：银行存款　　　　　　　　　　　　　　　　　　　　　　　234 000

2）工程领用物资形成一项基建工程，工程物资的成本应记入"在建工程"账户的借方。7 月 10 日会计人员根据领料单等票据，作如下处理：

　　借：在建工程——建筑工程　　　　　　　　　　　　　　　234 000
　　　　贷：工程物资　　　　　　　　　　　　　　　　　　　　　　　234 000

3）一般纳税人购进的货物改变用途用于建造厂房，其原购进时已记入"应交税费——应交增值税"账户借方的进项税额不得抵扣，应当从"应交税费——应交增值税"账户的贷方予以转出。对于建造厂房领用的原材料，应将原材料的实际成本和应负担的增值税进项税额合计数计入"在建工程"账户的借方。7 月 15 日会计人员根据原材料出库单，作如下处理：

　　借：在建工程——建筑工程　　　　　　　　　　　　　　　　58 500
　　　　贷：原材料　　　　　　　　　　　　　　　　　　　　　　　　50 000
　　　　　　应交税费——应交增值税（进项税额转出）　　　　　　　　8 500

4）工程领用本企业生产的产品，按照现行税法的规定属于视同销售行为，应当按照产品的计税价格计算增值税的销项税额。但由于产品并没有流出企业，现行企业会计准则规定不应确认收入，只需按照产品的成本结转，即应将产品的实际成本和销项税额的合计数记入"在建工程"账户的借方。

应计入在建工程的成本＝80 000＋100 000×17%＝97 000（元）。

7月20日会计人员根据领料单、增值税计算单等票据，作如下处理：

借：在建工程——建筑工程　　　　　　　　　　　　　　　97 000

　　贷：库存商品　　　　　　　　　　　　　　　　　　　80 000

　　　　应交税费——应交增值税（销项税额）　　　　　　17 000

5）工程人员工资等薪酬构成工程成本，直接记入"在建工程"账户的借方。7月末会计人员根据工资费用分配表等票据，作如下处理：

借：在建工程——建筑工程　　　　　　　　　　　　　　100 000

　　贷：应付职工薪酬　　　　　　　　　　　　　　　　100 000

6）支付的其他工程费用构成工程成本，直接记入"在建工程"账户的借方。7月末会计人员根据有关支付票据、支票存根等，作如下处理：

借：在建工程——建筑工程　　　　　　　　　　　　　　　20 000

　　贷：银行存款　　　　　　　　　　　　　　　　　　　20 000

7）工程完工达到预定可使用状态。9月末会计人员根据"在建工程"账户借方发生额合计数计算工程总成本，即为固定资产的入账成本（原价）509 500 元（234 000＋58 500＋97 000＋100 000＋20 000），作如下处理：

借：固定资产——生产用固定资产（厂房）　　　　　　　509 500

　　贷：在建工程——建筑工程　　　　　　　　　　　　509 500

▌提示

现行税法对与固定资产有关增值税处理的规定见表4-1-5。

表4-1-5　现行税法对与固定资产有关增值税处理的规定

生产用、动产（机器、设备、仪器、工具等）	非生产用固定资产及不动产
① 购入、投入等增值税可抵扣；	① 购入、投入等增值税不得抵扣；
② 购入工程物资增值税可抵扣；	② 购入工程物资增值税不得抵扣；
③ 工程领用原材料不做进项税额转出；	③ 工程领用原材做进项税额转出；
④ 工程领用库存商品不做销项税额；	④ 工程领用库存商品做销项税额；
⑤ 销售生产用固定资产计算销项税额	⑤ 销售不计算增值税，要计算营业税

102

【例4-7】2011年7月11日公司决定将一幢厂房的建造工程出包给陕西建筑有限公司承建，建造中西安同仁有限公司按照出包工程进度，依照合同规定通过银行向陕西建筑有限公司支付工程进度款80 000元。2011年10月31日工程完工并达到预定可使用状态，收到建筑公司有关工程结算单据，通过银行补付工程款40 000元（表4-1-6）。

表 4-1-6　建筑业统一发票

建筑业统一发票（自开）

发 票 联

发票代码：614784127931
发票代码：00168907

开票日期：2011 年 10 月 31 日

机打代码	614784127931		税控码	（略）	
机打号码	00168907				
机器编号	610296298350				
付款方名称	西安同仁有限公司	纳税人识别号	610198719754012	是否为总承包人	
收款方名称	陕西建筑有限公司	纳税人识别号	610113395805000	是否为分包人	
工程项目名称	工程项目编号	结算项目	金额	完税凭证编号代扣代缴税款	
厂房		正程	120 000.00		
合计金额（大写）壹拾贰万元整			¥120 000.00		
备注：			主管税务机关及代码		
开票人：白文华		开票单位：（签章）			

分析：企业通过出包方式建造固定资产，形成一项基建工程。依据现行企业会计准则规定，应通过"在建工程"账户核算，为建造该项固定资产达到预定可使用状态前所发生的必要支出。待工程完工达到预定可使用状态时，再从"在建工程"账户将全部工程总成本结转至"固定资产"账户，计算出固定资产的入账成本。

1）按工程进度支付工程款项时，会计人员根据支票存根等有关票据，作如下处理：

借：在建工程——建筑工程　　　　　　　　　　　　　　　　　80 000

　　贷：银行存款　　　　　　　　　　　　　　　　　　　　　　　80 000

2）补付工程款时，会计人员根据支票存根等有关票据，作如下处理：

借：在建工程——建筑工程　　　　　　　　　　　　　　　　　40 000

　　贷：银行存款　　　　　　　　　　　　　　　　　　　　　　　40 000

3）工程完工并达到预定可使用状态时，会计人员根据"在建工程"账户借方发生额合计数计算工程总成本，即为固定资产入账成本（原价）80 000＋40 000＝120 000（元），作如下处理：

借：固定资产——生产用固定资产（厂房）　　　　　　　　　120 000

　　贷：在建工程——建筑工程　　　　　　　　　　　　　　　　120 000

【例 4-8】2011 年 5 月 31 日收到投资者投入生产设备一台，投资各方确认的价值为 100 000 元，取得增值税专用发票上注明的设备价款为 100 000 元，增值税税额为 17 000 元。设备已交付生产车间使用，并办理完有关投资手续。

分析：对于投资者投入的生产用固定资产，应当按照投资各方确认的价值记入"固定资产"账户的借方，取得的增值税专用发票上注明的增值税是可以抵扣的，记入"应交税费——应交增值税（进项税额）"账户。会计人员根据增值税专用发票、投资协议、设备验收单等票据，作如下处理：

借：固定资产——生产用固定资产（设备）　　　　　　　　　100 000

应交税费——应交增值税（进项税额）　　　　　　　　17 000
贷：实收资本——大通公司　　　　　　　　　　　　　　　　　　117 000

练一练

　　根据本项目提供的资料，计算西安同仁有限公司 2011 年年末"固定资产"账户的余额（不考虑年初余额）。余额表示什么？

 理论要点

一、固定资产的概念及其特征

1. 固定资产的概念

固定资产是指同时具有以下特征的有形资产：
1）为生产商品、提供劳务、出租或经营管理而持有的。
2）使用寿命超过一个会计年度。

2. 固定资产的特征

1）企业持有固定资产的目的，是为生产商品、提供劳务、出租或经营管理的需要，而不像商品一样对外出售，这一特征是固定资产区别于商品等流动资产的重要标志。
2）企业使用的固定资产的期限较长，使用寿命一般超过一个会计年度。这一特征表明企业固定资产的收益期超过一年，能在一年以上的时间里为企业创造经济利益。

二、固定资产的确认条件

现行企业会计准则规定，固定资产在同时满足以下两个条件时，才能予以确认。

1. 与该固定资产有关的经济利益很可能流入企业

资产最基本的特征是预期能给企业带来经济利益；如果某一项目预期不能给企业带来经济利益，就不能确认为企业的资产。

对固定资产的确认来说，如果某一固定资产预期不能给企业带来经济利益，就不能确认为企业的固定资产。

在实务工作中，首先需要判断该项固定资产所包含的经济利益是否很可能流入企业。如果该项固定资产包含的经济利益不是很可能流入企业，那么，即使其满足固定资产确认的其他条件，企业也不应将其确认为固定资产；如果该项固定资产包含的经济利益很可能流入企业，并同时满足固定资产确认的其他条件，那么，企业应将其确认为固定资产。

2. 该固定资产的成本能够可靠地计量

成本能够可靠地计量，是资产确认的一项基本条件。

固定资产作为企业资产的重要组成部分，要予以确认，为取得该固定资产而发生的支出也必须能够可靠地计量。如果固定资产的成本能够可靠地计量，并同时满足其他确认条件，就可以加以确认；否则，企业不应加以确认。企业在确定固定资产成本时，有时需要根据所获得的最新资料，对固定资产的成本进行合理的估计。例如，企业对于已达到预定可使用状态的固定资产，在尚未办理竣工决算前，需要根据工程预算、工程造价或者工程实际发生的成本等资料，按估计价值确定固定资产的成本，待办理竣工决算后，再按实际成本调整原来的暂估价值。

在实务中，对于固定资产进行确认时，还需要注意以下两个问题：

1）固定资产的各组成部分具有不同使用寿命或者以不同方式为企业提供经济利益，适用不同折旧率或折旧方法的，应当分别将各组成部分确认为单项固定资产。

2）与固定资产有关的后续支出，满足固定资产确认条件的，应当计入固定资产成本；不满足固定资产确认条件的，应当在发生时计入当期损益。

三、固定资产的分类

企业的固定资产种类繁多、规格不一，为加强管理，便于组织会计核算，有必要对其进行科学、合理的分类。根据不同的管理需求和核算要求以及不同的分类标准，可以对固定资产进行不同的分类，见表 4-1-7。

表 4-1-7　固定资产的分类

按经济用途分类		综 合 分 类
生产经营用固定资产	非生产经营用固定资产	1．生产经营用固定资产； 2．非生产经营用固定资产； 3．租出的固定资产（指在经营租赁方式下出租给外单位使用的固定资产）； 4．不需用固定资产； 5．未使用固定资产； 6．土地（指过去已经估价单独入账的土地。企业取得的土地使用权，按照现行企业会计准则规定，应作为无形资产管理，不再作为固定资产管理）； 7．融资租入固定资产（指企业以融资租赁方式租入的固定资产，应视同自有固定资产进行管理）
直接服务于企业生产、经营过程的各种固定资产，如生产经营用的房屋、建筑物、机器、设备、器具、工具等	不直接服务于生产、经营过程的各种固定资产，如职工宿舍等使用用的房屋、设备和其他固定资产等	

由于企业的经营性质不同，经营规模各异，对固定资产的分类不可能完全一致。但在实际工作中，企业大多采用综合分类的方法作为编制固定资产目录，进行固定资产核算的依据。

四、固定资产账务处理设置的账户

1．"固定资产"账户

总账："固定资产"账户属资产类账户，主要用来核算企业固定资产原价的增减变动。借方登记增加的固定资产原价，贷方登记减少的固定资产原价，期末借方余额反映企业现有固定资产的原价，见图 4-1-1。

借	固定资产	贷
期初余额		
本期增加固定资产原价	本期减少固定资产原价	
本期借方发生额合计	本期贷方发生额合计	
期末余额：现有固定资产原价		

图 4-1-1 "固定资产"账户

明细账：按照固定资产的类别和项目进行明细核算，并设置固定资产备查簿和固定资产卡片账。

2. "累计折旧"账户

总账："累计折旧"账户属资产类账户，属于"固定资产"的调整账户，主要用于核算企业固定资产累计折旧的增减变动。贷方登记固定资产折旧的计提额，借方登记固定资产减少转出的折旧额，期末贷方余额反映企业固定资产折旧的累计计提额，见图 4-1-2。

借	累计折旧	贷
	期初余额	
本期转出的折旧额	本期计提的折旧额	
本期借方发生额合计	本期贷方发生额合计	
	期末余额：累计计提的折旧额	

图 4-1-2 "累计折旧"账户

明细账：按照固定资产的类别和项目进行明细核算。

3. "工程物资"账户

总账："工程物资"账户属资产类账户，主要用来核算企业为在建工程而准备的各种物资实际成本的增减变动。借方登记购入工程物资的实际成本，贷方登记领用工程物资的实际成本，期末借方余额反映企业为在建工程准备的各种物资的实际成本，见图 4-1-3。

借	工程物资	贷
期初余额		
本期购入工程物资实际成本	本期领用工程物资实际成本	
本期借方发生额合计	本期贷方发生额合计	
期末余额：工程物资实际成本		

图 4-1-3 "工程物资"账户

4. "在建工程"账户

总账："在建工程"账户属资产类账户，主要用来核算企业基建、更新改造等在建工程支出的增减变动。借方登记各项在建工程的实际支出，贷方登记完工工程转出的实际成本，期末借方余额反映企业尚未达到预定可使用状态在建工程的实际成本，见图 4-1-4。

借	在建工程	贷
期初余额		
① 工程耗用的物资、原材料、产成品 ② 工程人员薪酬 ③ 其他工程费用	完工结转的实际工程成本	
本期借方发生额合计	本期贷方发生额合计	
期末余额：尚未完工工程的成本		

图 4-1-4 "在建工程"账户

明细账：按照"建筑工程"、"安装工程"等进行明细核算。

5. "固定资产清理"账户

总账："固定资产清理"账户属资产类账户，主要用来核算企业出售、报废、毁损、对外投资等原因转出的固定资产价值及在清理过程中发生收支的增减变动。

借方登记：①转出固定资产的账面价值；②清理过程中发生的相关税费；③其他清理费用。

贷方登记：①出售固定资产的价款；②残料估计价值；③残料变价收入；④保险或过失赔款。

期末借方余额反映企业尚未清理完毕的固定资产清理净损失；如果期末余额在贷方则反映企业尚未清理完毕的固定资产清理净收益，见图 4-1-5。

借	固定资产清理	贷
期初余额		
① 转出固定资产的账面价值 ② 清理过程中发生的相关税费 ③ 其他清理费用	① 出售固定资产的价款 ② 残料估计价值 ③ 残料变价收入 ④ 保险或过失赔款	
本期借方发生额合计	本期贷方发生额合计	
期末余额：尚未清理完毕的净损失	期末余额：尚未清理完毕的净收益	

图 4-1-5 "固定资产清理"账户

明细账：按照被清理的固定资产项目进行明细核算。

提示

107

① 固定资产账面净值＝固定资产原价－累计折旧。

② 固定资产账面价值＝固定资产原价－累计折旧－固定资产减值准备。

③ 固定资产清理完毕后的净损失转入"营业外支出"账户；如果是净收益，则转入"营业外收入"账户。结转净损益后"固定资产清理"账户不再有余额。

五、固定资产增加业务的账务处理

1. 外购固定资产

1）外购固定资产入账成本（原价）的确定。企业外购固定资产应按实际支付的购买价款、相关税费、使固定资产达到预定可使用状态前所发生的可归属于该项资产的运输费、装卸费、安装费和专业人员服务费等，作为固定资产的入账成本（原价）。

2）外购固定资产业务处理（生产用、动产）见表4-1-8。

表4-1-8　外购固定资产业务处理

购入不需要安装，直接交付使用固定资产	购入需要安装，交付使用固定资产（生产用、动产）
借：固定资产 　　应交税费——应交增值税 　　　　（进项税额） 　　贷：银行存款 　　　　应付账款 　　　　应付票据 　　　　预付账款	① 购入需安装的固定资产时，按实际支付的购买价款、运输费、装卸费和其他相关税费等 借：在建工程 　　应交税费——应交增值税（进项税额） 　　贷：银行存款、应付账款、应付票据、预付账款等 ② 发生安装费用等支出 借：在建工程 　　贷：银行存款、原材料、应付职工薪酬等 ③ 安装完毕达到预定可使用状态时，按其实际成本结转 借：固定资产 　　贷：在建工程

2. 自行建造固定资产

1）自行建造固定资产入账成本的确定。企业自行建造固定资产，应按建造该项固定资产达到预定可使用状态前所发生的必要支出，作为固定资产的入账成本（原价）。分为两种建造方式：自营工程和出包工程。

自营工程是指企业自行组织工程物资采购、自行组织施工人员施工的建筑工程和安装工程。

出包工程是指企业通过招标等方式将工程项目发包给建造承包商，由建造承包商组织施工的建筑工程和安装工程。

企业无论采用自营工程还是出包工程建造固定资产，对于建造过程中发生的各种费用均应通过"在建工程"账户进行会计处理。

2）自营工程业务的账务处理（假定是不动产工程）见表4-1-9。

表4-1-9　自营工程业务的账务处理

购入工程物资，验收入库	工程领用工程物资	在建工程领用本企业原材料	在建工程领用本企业生产的产成品	自营工程发生的其他费用
借：工程物资 　　贷：银行存款 　　　　应付账款	借：在建工程 　　贷：工程物资	借：在建工程 　　贷：原材料 　　　　应交税费 　　　　——应交增值税 　　　　（进项税额转出）	借：在建工程 　　贷：库存商品 　　　　应交税费 　　　　——应交增值税 　　　　（销项税额）	借：在建工程 　　贷：银行存款 　　　　应付职工薪酬

最后，自营工程达到预定可使用状态时，按照工程实际成本结转。

借：固定资产
    贷：在建工程

3）出包工程业务的账务处理见表 4-1-10。

表 4-1-10   出包工程业务的账务处理

按合理估计的发包工程进度和合同 规定向建造承包商结算的进度款	工程完成时按合同 规定补付的工程款	工程达到预定可使用状态时， 按照工程实际成本结转

借：在建工程
    贷：银行存款
	借：在建工程
	    贷：银行存款
		借：固定资产
		    贷：在建工程

任务 4.2   固定资产折旧业务

工作任务

固定资产是企业的一项劳动手段，一经使用从其形态上看会由新变旧，从其价值上看会发生价值的流失，固定资产这种由于使用价值上的变化会计上称之为固定资产折旧。那么如何确认、计量和报告折旧？请根据西安同仁有限公司以下交易或事项进行账务处理。

【例 4-9】2011 年 12 月固定资产计提折旧见表 4-2-1：车间厂房计提折旧 30 000 元，机器设备计提折旧 250 000 元；管理部门房屋建筑物计提折旧 12 000 元，运输工具计提折旧 16 000 元；销售部门房屋建筑物计提折旧 15 000 元，运输工具计提折旧 36 000 元。

表 4-2-1   西安同仁有限公司固定资产折旧计算表

固定资产折旧计算表

2011 年 12 月 31 日　　　　　　　　　　　　　　编号：20111201

使用部门	名称	原价	月折旧率	折旧额
生产车间	厂房	1 000 000	3%	30 000
	机器	5 000 000	5%	250 000
企业管理	办公楼	1 200 000	1%	12 000
	车辆	400 000	4%	16 000
销售部门	营业大楼	1 500 000	1%	15 000
	汽车	900 000	4%	36 000
合　计				359 000

会计主管：张光明　　　　　审核：关公　　　　　制单：李玲芳

分析： 固定资产应当按月计提折旧，并且按照固定资产的用途分别计入有关资产成本或费用。车间机器设备和厂房计提的折旧记入"制造费用"账户，厂部管理部门计提的折旧记入"管理费用"账户，销售部门计提的折旧记入"销售费用"账户。会计人员根据固定资产折旧计算表，作如下处理：

借：制造费用——折旧费	280 000
管理费用——折旧费	28 000
销售费用——折旧费	51 000
贷：累计折旧	359 000

 理论要点

一、固定资产折旧的概念

折旧是指在固定资产使用寿命内，按照确定的方法对应计折旧额进行系统分摊。

应计折旧额是指应当计提折旧的固定资产的原价扣除其预计净残值后的金额。已计提减值准备的固定资产，还应当扣除已计提的固定资产减值准备累计金额。即

应计折旧额＝固定资产原价－固定资产预计净残值－固定资产减值准备

二、影响固定资产折旧的因素

1）固定资产原价，是指固定资产的入账成本。

2）预计净残值，是指假定固定资产预计使用寿命已满处置该项资产取得的收入扣除预计处置费用后的金额，即预计净残值＝预计残值收入－预计清理费用。

3）固定资产减值准备，是指固定资产已计提的减值准备累计金额。

4）固定资产的使用寿命，是指使用固定资产的预计期间，或者该固定资产所能生产产品或提供劳务的数量。

三、固定资产计提折旧的范围

现行企业会计准则规定，除以下情况外，企业应当对所有固定资产计提折旧：

1）已提足折旧仍继续使用的固定资产。

2）单独计价入账的土地。

实务中，固定资产折旧的具体范围见表 4-2-2。

表 4-2-2　固定资产折旧的具体范围

应当计提折旧的固定资产	不应当计提折旧的固定资产
① 正在使用的固定资产（包括闲置的）； ② 融资租入的固定资产； ③ 经营性租出的固定资产； ④ 大修理中的固定资产； ⑤ 季节性使用、停用期间的固定资产； ⑥ 已达到预定使用状态尚未办理竣工决算手续的固定资产	① 已提足折旧仍继续使用的固定资产； ② 单独计价入账的土地； ③ 经营租入的固定资产； ④ 更新改造停止使用的固定资产

四、固定资产计提折旧的原则

1）固定资产应当按月计提折旧，当月增加的固定资产，当月不计提折旧，从下月起计提折旧；当月减少的固定资产，当月仍计提折旧，从下月起不计提折旧。

2）固定资产提足折旧后，不论能否继续使用，均不再计提折旧；提前报废的固定资产，也不再补提折旧。提足折旧，是指已经提足该项固定资产的应计折旧额。

3）已达到预定可使用状态但尚未办理竣工决算的固定资产，应当按照估计价值确定其成本，并计提折旧；待办理竣工决算后，再按实际成本调整原来的暂估价值，但不需要调整原已计提的折旧额。

五、固定资产折旧方法

1. 选择固定资产折旧方法应考虑的因素

企业应当根据与固定资产有关的经济利益的预期实现方式，合理选择固定资产折旧方法。

2. 固定资产折旧的方法

固定资产的折旧方法包括年限平均法、工作量法、双倍余额递减法和年数总和法等。

（1）年限平均法

年限平均法又称直线法，是指将固定资产的应计折旧额均衡地分摊到固定资产预计使用寿命内的一种方法。采用这种方法计算的每期折旧额相等。其计算公式为

年折旧率＝(1－预计净残值率)÷预计使用寿命(年)×100%

月折旧率＝年折旧率÷12

月折旧额＝固定资产原价×月折旧率

【例 4-10】2011 年末购入生产用设备采用年限平均法计提折旧。该项固定资产的原价为 100 000 元，预计残值收入为 8 000 元，预计清理费用 3 000 元，预计使用寿命为 5 年（表 4-2-3）。

分析：一般来讲，每期期末企业应当对固定资产计提折旧，以便将固定资产的价值分期计入使用当期成本或费用中。

依据公式计算：

固定资产预计净残值率＝(8 000－3 000)÷100 000×100%＝5%

表 4-2-3　计提折旧的计算

折旧率的计算		折旧额的计算	
年折旧率 ＝（1－预计净残值率） ÷预计使用寿命（年） ＝（1－5%）÷5 ＝19%	月折旧率 ＝年折旧率÷12 ＝19%÷12 ＝1.583 3%	年折旧额 ＝年折旧率×固定资产原价 ＝19%×100 000 ＝19 000（元）	月折旧额 ＝月折旧率×固定资产原价 ＝1.583 3%×100 000 ＝1 583.3（元）

（2）工作量法

工作量法是指根据实际工作量计算每期应提折旧额的一种方法。其计算公式如下：

单位工作量折旧额＝固定资产原价×(1－预计净残值率)÷预计总工作量

月折旧额＝该项固定资产当月工作量×单位工作量折旧额

【例 4-11】2011 年末购入生产用设备采用工作量法计提折旧。该项固定资产的原价为 100 000 元，预计净残值为 5 000 元，预计使用寿命为 5 年，预计 5 年总运行 2 000 000 小时，各年实际运行 400 000、350 000、450 000、400 000、400 000 小时。

分析：一般来讲，每期期末企业应当对固定资产计提折旧，以便将固定资产的价值分期计入使用当期成本或费用中。

单位小时折旧额＝(100 000－5 000)÷2 000 000＝0.047 5

具体计算见表 4-2-4。

表 4-2-4　工作量法每年应提折旧　　　　　　　　　　　单位：元

单位时间折旧额	年 折 旧 额
0.047 5	第 1 年应提折旧额＝400 000×0.047 5＝19 000
0.047 5	第 2 年应提折旧额＝350 000×0.047 5＝16 625
0.047 5	第 3 年应提折旧额＝450 000×0.047 5＝19 000
0.047 5	第 4 年应提折旧额＝400 000×0.047 5＝21 375
0.047 5	第 5 年应提折旧额＝400 000×0.047 5＝19 000
累计计提折旧额	95 000

（3）双倍余额递减法

双倍余额递减法是指在不考虑固定资产预计净残值的情况下，根据每期期初固定资产原价减去累计折旧后的金额和双倍的直线法折旧率计算固定资产折旧的一种方法。其计算公式为

$$年折旧率＝2÷预计使用寿命(年)×100\%$$
$$月折旧率＝年折旧率÷12$$
$$月折旧额＝每月月初固定资产账面净值×月折旧率$$

【例 4-12】2011 年年末购入生产用设备采用双倍余额递减法法计提折旧。该项固定资产的原价为 100 000 元，预计净残值为 5 000 元，预计使用寿命为 5 年。

分析：一般来讲，每期末企业应当对固定资产计提折旧，以便将固定资产的价值分期计入使用当期成本或费用中。

首先，计算固定资产双倍年折旧率，年折旧率＝$\frac{2}{5}$×100%＝40%。

其次，具体计算见表 4-2-5。

表 4-2-5　双倍余额递减法每年应提折旧　　　　　　　　　单位：元

账 面 净 值	年 折 旧 额
第 1 年年初账面净值 100 000	第 1 年应提折旧额＝100 000×40%＝40 000
第 2 年年初账面净值 100 000－40 000＝60 000	第 2 年应提折旧额＝60 000×40%＝24 000
第 3 年年初账面净值 60 000－24 000＝36 000	第 3 年应提折旧额＝36 000×40%＝14 400
第 4 年年初账面净值 36 000－14 400＝21 600	第 4 年、第 5 年应提年折旧额＝（21 600－5 000）÷2＝8 300
累计计提折旧额	40 000＋24 000＋144 000＋8 300＋8 300＝95 000

提示

　　由于双倍余额递减法理论上不考虑固定资产的预计净残值，而实际固定资产存在净残值，所以在实际计算固定资产折旧时，现行企业会计准则规定，在固定资产使用寿命到期前两年内，将固定资产的账面净值扣除预计净残值后的净值平均摊销。

（4）年数总和法

年数总和法又称年限合计法，是指将固定资产的原价减去预计净残值后的余额，乘以一个逐年递减的分数计算每年的折旧额，这个分数的分子代表固定资产尚可使用寿命，分母代表预计使用寿命逐年数字总和。其计算公式为

$$年折旧率＝(预计使用寿命－已使用年限)÷[预计使用寿命$$
$$×(预计使用寿命＋1)÷2]×100\%$$

或

$$年折旧率＝尚可使用年限÷预计使用寿命的年数总和×100\%$$
$$月折旧率＝年折旧率÷12$$
$$月折旧额＝(固定资产原价－预计净残值)×月折旧率$$

【例 4-13】2011 年末购入生产用设备采用年数总和法计提折旧。该项固定资产的原价为 100 000 元，预计净残值为 5 000 元，预计使用寿命为 5 年。

分析：一般来讲，每期末企业应当对固定资产计提折旧，以便将固定资产的价值分期计入使用当期成本或费用中。

具体计算见表 4-2-6。

表 4-2-6　年数总和法每年应提折旧　　　　　　　　单位：元

年 折 旧 率	年 折 旧 额
第 1 年折旧率＝5÷(5＋4＋3＋2＋1)＝5/15	第 1 年应提折旧额＝（100 000－5 000）×5/15＝31 666.67
第 2 年折旧率＝4÷(5＋4＋3＋2＋1)＝4/15	第 2 年应提折旧额＝（100 000－5 000）×4/15＝25 333.33
第 3 年折旧率＝3÷(5＋4＋3＋2＋1)＝3/15	第 3 年应提折旧额＝（100 000－5 000）×3/15＝19 000
第 4 年折旧率＝2÷(5＋4＋3＋2＋1)＝2/15	第 4 年应提折旧额＝（100 000－5 000）×2/15＝12 666.67
第 5 年折旧率＝1÷(5＋4＋3＋2＋1)＝1/15	第 5 年应提折旧额＝（100 000－5 000）×1/15＝6 333.33
累计计提折旧额	31 666.67＋25 333.33＋19 000＋12 666.67＋6 333.33＝95 000

113

3. **固定资产折旧期末复核**

企业至少应当于每年年度终了，对固定资产的使用寿命、预计净残值和折旧方法进行复核。使用寿命预计数与原先估计数有差异的，应当调整固定资产使用寿命。预计净残值预计数与原先估计数有差异的，应当调整预计净残值。与固定资产有关的经济利益预期实现方式有重大改变的，应当改变固定资产折旧方法。固定资产使用寿命、预计净残值和折旧方法的改变应当作为会计估计变更进行处理。

六、固定资产折旧业务的账务处理

借：制造费用
　　管理费用
　　销售费用
　　贷：累计折旧

练一练

1）2011 年 12 月 20 日购入机器入账成本 15 万元，可用 4 年，预计净残值 0.8 万元。如果企业采用双倍余额递减法计提折旧，2012 年应提折旧是多少？2012 年 12 月 31 日资产负债表"固定资产"项目的金额填列多少？

2）2012 年 6 月 15 日购入机器入账成本 15 万元，可用 4 年，预计净残值 0.8 万元。如果企业采用双倍余额递减法计提折旧，2012 年应提折旧是多少？2012 年 12 月 31 日资产负债表"固定资产"项目的金额填列多少？

3）2012 年 6 月 30 日购入机器入账成本 15 万元，可用 4 年，预计净残值 0.8 万元。如果企业采用双倍余额递减法计提折旧，第三年应提折旧是多少？第三年年末资产负债表"固定资产"项目的金额填列多少？

4）假定以上练习改用年数总和法计提折旧，结果是多少？

任务 4.3　固定资产后续支出业务

工作任务

固定资产在使用过程中，由于各种原因会造成局部损坏，企业为了延长固定资产的使用寿命，提高固定资产的使用效率，有必要对其进行更新改造或修理等。会计上如何对更新改造或修理支出进行确认、计量和报告？请根据西安同仁有限公司以下交易或事项进行账务处理。

【例 4-14】2010 年 12 月购置一台设备，入账成本 600 000 元，预计使用年限为 6 年，累计已计提折旧 110 000 元。2012 年 1 月，因市场发生变化企业决定对这一设备进行更新改造，以提升其生产能力。改造历时 4 个月，改造中领用原材料实际成本 15 000 元，领用产成品实际成本 12 000 元，以银行存款支付其他改造支出 29 000 元，按期改造完成交付使用（表 4-3-1）。

表 4-3-1　西安同仁有限公司固定资产更新改造清单

固定资产更新改造清单

2012 年 4 月 30 日　　　　　　　　　　　编号：20120101

资产管理部门		资产科		资产使用部门	车间	预计使用年限	已使用年限
						6	1
名称	型号	规格	单位	原价	累计折旧	减值准备	账面价值
设备				600 000	110 000		490 000
改造支出		改造收入		改造后价值	预计净残值	改造后预计使用年限	改造原因
56 000				546 000	6 000	7	效能降低
施工部门				验收部门		资产理部门	财会部门
备注							

制单：李玲芳

分析： 企业对设备进行更新改造、修理等支出，目的是延长其使用寿命、提高其生产能力，对此支出会计上称之为固定资产的后续支出。依据现行企业会计准则规定，对于固定资产的后续支出，如果满足固定资产确认条件（即符合固定资产确认的两个条件），应当将其支出资本化，计入固定资产成本；如果不满足固定资产确认条件，应当费用化，记入当期损益"管理费用"账户。

企业对设备进行更新改造，一般改造支出比较大，改造发生的时间也较长，满足固定资产确认条件，应将其改造支出计入固定资产成本，所以企业对固定资产的更新改造形成一项基建工程。更新改造时首先将设备的账面价值转入"在建工程"账户的借方，之后发生的改造支出记入"在建工程"账户的借方。待固定资产更新改造工程完工达到预定可使用状态时，再从"在建工程"账户将全部工程总成本结转至"固定资产"账户，计算出更新改造后固定资产的入账成本。

1) 设备更新改造时，会计人员依据固定资产的账面价值作如下处理：

借：在建工程——建筑工程　　　　　　　　　　　　　　　　　　　490 000
　　累计折旧　　　　　　　　　　　　　　　　　　　　　　　　　110 000
　　　贷：固定资产——生产用固定资产（设备）　　　　　　　　　　　600 000

2) 工程领用原材料，会计人员根据出库单作如下处理：

借：在建工程——建筑工程　　　　　　　　　　　　　　　　　　　　15 000
　　　贷：原材料　　　　　　　　　　　　　　　　　　　　　　　　　15 000

3) 工程领用产成品，会计人员根据出库单作如下处理：

借：在建工程——建筑工程　　　　　　　　　　　　　　　　　　　　12 000
　　　贷：库存商品　　　　　　　　　　　　　　　　　　　　　　　　12 000

4）以银行存款支付工程费用，会计人员根据发票、支票存根等作如下处理：

借：在建工程——建筑工程　　　　　　　　　　　29 000
　　贷：银行存款　　　　　　　　　　　　　　　　29 000

5）工程完成达到预定可使用状态，会计人员根据"在建工程"账户借方发生额合计数计算工程总成本，即为改造完成后固定资产的入账成本 490 000＋15 000＋12 000＋29 000＝546 000（元），作如下处理：

借：固定资产——生产用固定资产（设备）　　　　546 000
　　贷：在建工程——建筑工程　　　　　　　　　　546 000

【例 4-15】公司对厂部的一栋房屋进行日常修理，修理过程中领用原材料一批，实际成本为 9 000 元，原材料购入时增值税的进项税额为 1 530 元，应支付维修人员的工资为 8 000 元。

分析：依据现行企业会计准则的规定，企业对固定资产进行日常修理发生的后续支出，是不满足固定资产确认条件的，应在费用发生时直接计入当期损益。

一般纳税人购进的货物改变用途用于修理不动产，其原购进时已记入"应交税费——应交增值税"账户借方的进项税额不得抵扣，应当从"应交税费——应交增值税"账户的贷方予以转出。对于修理厂部房屋领用的原材料，应将原材料的实际成本和应负担的增值税进项税额合计数记入"管理费用"账户的借方。会计人员根据出库单、人工费用分配单等相关费用票据，作如下处理：

借：管理费用——修理费　　　　　　　　　　　　18 530
　　贷：原材料　　　　　　　　　　　　　　　　　9 000
　　　　应付职工薪酬　　　　　　　　　　　　　　8 000
　　　　应交税费——应交增值税（进项税额转出）　1 530

 理论要点

一、固定资产后续支出的概念

固定资产的后续支出是指固定资产在使用过程中发生的更新改造支出、修理费用等。

二、固定资产后续支出处理的原则

1）固定资产的后续支出，满足固定资产确认条件（即符合固定资产确认的两个条件），应当资本化，计入固定资产成本，如有被替换的部分，应同时将被替换部分的账面价值从该固定资产原账面价值中扣除。

2）固定资产的后续支出，不满足固定资产确认条件的，应当费用化，在发生时计入当期损益。

三、固定资产后续支出业务的账务处理

固定资产后续支出业务的账务处理见表 4-3-2。

表 4-3-2　固定资产后续支出业务的账务处理

符合资本化条件的后续支出	不符合资本化条件的后续支出
① 将固定资产账面价值结转至在建工程 借：在建工程 　　累计折旧 　　固定资产减值准备 　　贷：固定资产 ② 发生各种支出 借：在建工程 　　贷：原材料（或库存商品、 　　　　应付职工薪酬、银行存款等） ③ 固定资产达到预定可使用状态 借：固定资产 　　贷：在建工程	借：管理费用（包括修理生产车间） 　　销售费用 　　其他业务成本 　　贷：原材料 　　　　银行存款 　　　　应付职工薪酬

任务 4.4　固定资产处置业务

工作任务

　　企业在生产经营活动过程中，可能将不适用或不需用的固定资产对外出售，或报废，或毁损或对外投资等处置固定资产。对于这些固定资产处置业务会计如何确认、计量和报告？请根据西安同仁有限公司以下交易或事项进行账务处理。

　　【例 4-16】2012 年 1 月 31 日出售一座办公楼，原价为 300 000 元，累计计提折旧 100 000 元。实际出售价格为 220 000 元，款项已通过银行收回，适用的营业税 5%。办理完出售手续（表 4-4-1 和表 4-4-2）。

　　分析：企业日常活动是购销货物，对于取得的货物收入应记入"主营业务收入"或"其他业务收入"账户。但对于出售固定资产这种资产处置行为，现行企业会计准则规定属于非日常活动，取得的收入不能作为主营或其他业务收入入账，只能根据其出售净收益或净损失记入"营业外收入——非流动资产处置利得"或"营业外支出——非流动资产处置损失"账户。会计人员根据出售时开具的有关凭证，作如下处理：

　　1）首先将固定资产的账面价值结转至"固定资产清理"账户的借方。

借：固定资产清理　　　　　　　　　　　　　　　　　　　　　　　200 000
　　累计折旧　　　　　　　　　　　　　　　　　　　　　　　　　100 000
　　贷：固定资产——生产用固定资产（办公楼）　　　　　　　　　　　300 000

　　2）对于取得的出售收入记入"固定资产清理"账户的贷方。

借：银行存款   220 000
　　贷：固定资产清理   220 000

3）对于出售应交的营业税 11 000 元（220 000×5%）应记入"固定资产清理"账户的借方。

借：固定资产清理   11 000
　　贷：应交税费——应交营业税   11 000

4）最后将出售净收益结转记入"营业外收入——非流动资产处置利得"账户。

出售净收益＝220 000－（300 000－100 000）－220 000×5%＝9 000（元）

借：固定资产清理   9 000
　　贷：营业外收入——非流动资产处置利得   9 000

表 4-4-1　销售不动产统一发票

销售不动产统一发票（代开）

发票号码：614784134231
发票代码：00168263

开票日期：2012 年 1 月 31 日

机打代码 机打号码 机器编号	614784134231 0016263 610296298118	税控码		（略）
付款方名称	西安吉利有限公司	身份证号/组织机构 代码/纳税人识别号		610198719754263
收款方名称	西安同仁有限公司	身份证号/组织机构 代码/纳税人识别号		610198719754012
不动产 项目名称	不动产 项目名称	销售的不动产 楼牌号	建筑面积（　） 套内面积（　） （单位：m²）	单价 （单位：元/m²）	金额 （元）	款项性质	1. 预售定金 2. 预收购房款 3. 购房款 4. 其他（请注明）
	办公楼				220 000		购房款
合计金额（大写）贰拾贰万元整							¥220 000
税率、税额		完税凭证号码			主管税务 机关及代码	税　号 610198719754012	
备注：		主管税务机关					

开票人：白华　　　　　开票单位签章：　　　　　收款方签章：

表 4-4-2　西安同仁有限公司固定资产处置清理清单

固定资产处置清理清单

2012 年 1 月 31 日　　　　　　　　　　　编号：20120101

资产管理部门		资产科		资产使用部门	管理部门	预计使用年限	已使用年限
						30	5
名称	型号	规格	单位	原价	累计折旧	减值准备	账面价值
办公楼				300 000	100 000		200 000
处置原因			出售				
清理收入			清理支出			清理税费	清理净损溢
出售	变（估）价	赔款	费用	人工	其他	增值税	营业税	营业外收入	营业处支出
220 000							11 000	9 000	
施工部门			资产管理部门			财会部门	
备注							

制单：李玲芳

【例 4-17】出售一台旧设备，设备原价为 250 000 元，累计计提折旧 240 000 元。出售时开具增值税专用发票上注明的货款为 6 000 元，增值税额为 1 020 元。设备已经发出，款项已通过银行收回。

分析：企业出售设备，属于固定资产处置行为，取得的收入照样不能作为主营或其他业务收入入账，只能根据其出售净收益或净损失记入"营业外收入——非流动资产处置利得"或"营业外支出——非流动资产处置损失"账户，并且按照现行增值税法规定，出售设备或机器等生产用固定资产应当计算交纳增值税的销项税额。会计人员根据出售时开具的有关凭证，作如下处理：

1）首先将固定资产的账面价值结转至"固定资产清理"账户的借方。

借：固定资产清理　　　　　　　　　　　　　　　　　　　　　　　　10 000
　　累计折旧　　　　　　　　　　　　　　　　　　　　　　　　　　240 000
　　贷：固定资产——生产用固定资产（设备）　　　　　　　　　　　250 000

2）对于取得的出售收入记入"固定资产清理"账户的贷方。

借：银行存款　　　　　　　　　　　　　　　　　　　　　　　　　　7 020
　　贷：固定资产清理　　　　　　　　　　　　　　　　　　　　　　6 000
　　　　应交税费——应交增值税（销项税额）　　　　　　　　　　　1 020

3）最后将出售净损失结转记入"营业外支出——非流动资产处置损失"账户。

出售净收益＝6 000－(250 000－240 000)＝－4 000（元）

借：营业外支出——非流动资产处置损失　　　　　　　　　　　　　　4 000
　　贷：固定资产清理　　　　　　　　　　　　　　　　　　　　　　4 000

119

【例 4-18】将一台无法正常使用的设备，经批准报废。该设备原价为 186 000 元，累计计提折旧 160 000 元。在清理设备过程中，又以银行存款支付清理费用 4 300 元，设备残料变卖收入为 5 000 元，款已收入账。

分析： 企业设备报废，属于处置固定资产行为。首先将报废的固定资产账面价值转入"固定资产清理"账户的借方；其次对于发生的清理费用记入"固定资产清理"账户的借方，而对于清理中残料变卖收入则冲减"固定资产清理"账户；最后清理完毕将"固定资产清理"账户的余额转入"营业外收入——其他"账户或"营业外支出——非常损失"账户。会计人员根据相关票据作如下处理：

1）首先将固定资产的账面价值结转至"固定资产清理"账户的借方。

借：固定资产清理	26 000	
累计折旧	160 000	
贷：固定资产——生产用固定资产（设备）		186 000

2）对于发生清理费用记入"固定资产清理"账户的借方。

借：固定资产清理	4 300	
贷：银行存款		4 300

3）对于取得的残料变价收入记入"固定资产清理"账户的贷方。

借：银行存款	5 000	
贷：固定资产清理		5 000

4）结转固定资产报废净损失至"营业外支出"账户的借方。

借：营业外支出——非常损失	25 300	
贷：固定资产清理		25 300

【例 4-19】2012 年 6 月 30 日因遭受水灾毁损一座仓库，该仓库原价为 400 000 元，累计计提折旧 100 000 元。仓库残值估计价值为 5 000 元，已办理入库手续，另发生清理人工费用 2 000 元，经保险公司核定应赔偿损失 150 000 元，尚未收到赔款。

分析： 企业仓库毁损，属于固定资产处置行为。首先将毁损的固定资产账面价值转入"固定资产清理"账户的借方；其次将收回的残料入库并冲减"固定资产清理"账户，对于清理人工费用记入"固定资产清理"账户的借方，而对于没有收到的保险赔偿损失款应冲减"固定资产清理"账户。最后清理完毕将"固定资产清理"账户余额转入"营业外支出——非常损失"账户。会计人员根据相关票据，作如下处理：

1）首先将固定资产的账面价值结转至"固定资产清理"账户的借方。

借：固定资产清理	300 000	
累计折旧	100 000	
贷：固定资产——生产用固定资产（仓库）		400 000

2）取得的残料入库并冲减"固定资产清理"账户。

借：原材料	5 000	
贷：固定资产清理		5 000

3）发生的清理人工费用记入"固定资产清理"账户的借方。

借：固定资产清理 2 000
　　贷：应付职工薪酬 2 000

4）确定应收保险公司赔偿的损失款并冲减"固定资产清理"账户。

借：其他应收款——保险公司 150 000
　　贷：固定资产清理 150 000

5）结转毁损固定资产发生的损失时。

借：营业外支出——非常损失 147 000
　　贷：固定资产清理 147 000

 理论要点

一、固定资产处置概念

固定资产处置包括固定资产的出售、报废、毁损、对外投资、非货币性资产交换、债务重组等。

二、固定资产处置业务的账务处理

固定资产处置业务的账务处理见表 4-4-3。

表 4-4-3　固定资产处置业务的账务处理

1．结转固定资产的账面价值 借：固定资产清理 　　累计折旧 　　固定资产减值准备 　　贷：固定资产	4．应收保险公司或过失人赔偿的损失款 借：其他应收款 　　贷：固定资产清理
2．发生的清理费用、税金等 借：固定资产清理 　　贷：银行存款 　　　　应付职工薪酬 　　　　应交税费——应交营业税	5．结转清理净损失 借：营业外支出 　　贷：固定资产清理
3．收回出售固定资产的价款、残料入库、变价收入等 借：银行存款 　　原材料 　　其他应收款 　　贷：固定资产清理	6．如为贷方余额，则为净收益 借：固定资产清理 　　贷：营业外收入

121

任务 4.5　固定资产清查业务

工作任务

　　企业应定期或至少每年年末对固定资产进行清查盘点，以确保固定资产的真实性。如果固定资产盘盈或盘亏，会计如何确认、计量和报告？请根据西安同仁有限公司以下交易或事项进行账务处理。

　　【例 4-20】2012 年年末进行财产清查时发现短缺一台打印机，该打印机原价为 5 000元，累计计提折旧 3 000 元（表 4-5-1）。经过批准计入当期损益。

表 4-5-1　西安同仁有限公司财产清查报告单

财产清查报告单

2012 年 12 月 31 日　　　　　　　　　　编号：20121203

类别	财产名称	单位	原价	累计折旧	减值准备	盘盈		盘亏		原因
						数量	金额	数量	金额	
固定资产	打印机	台	5 000	3 000				1	2 000	
合　　计			5 000	3 000					2 000	备注

会计主管：张光明　　　　　审核：关公　　　　　制单：向明

　　分析：企业对于固定资产的盘亏，在没有查明原因前应将固定资产的账面价值转入"待处理财产损益"账户的借方。报经批准后根据批准再做进一步的处理。会计人员根据固定资产盘点报告单，作如下处理。

　　1）发现盘亏时：

　　借：待处理财产损益——待处理固定资产损溢　　　　　　　　　　　　　 2 000

　　　　累计折旧　　　　　　　　　　　　　　　　　　　　　　　　　　　 3 000

　　　　贷：固定资产——非生产用固定资产（打印机）　　　　　　　　　　　 5 000

　　2）会计人员根据有关批准文件（财产物资盘盈盘亏审批表），作如下处理：

　　借：营业外支出——非常损失　　　　　　　　　　　　　　　　　　　　 2 000

　　　　贷：待处理财产损益——待处理固定资产损溢　　　　　　　　　　　　 2 000

　　【例 4-21】2012 年年末财产清查中发现生产车间盘盈设备一台，其重置价值为100 000 元，估计八成新。经过批准处理。

　　分析：现行企业会计准则规定，财产清查中盘盈的固定资产属于前期会计差错，应当按照会计差错更正的有关规定进行处理。首先将该固定资产的重置价值减去估计的折旧记入"以前年度损益调整"账户的贷方，经过批准后再调整前期的留存收益，即将"以前年度损益调整"账户余额的 10% 转入"盈余公积——法定盈余公积"账户，90% 转入"利润分配——未分配利润"账户。会计人员根据固定资产盘点报告单和财产物资盘盈盘亏审批表，作如下业务的账务处理。

　　1）盘盈固定资产时，依据重置价值扣除估计的折旧后，增加固定资产账面价值。

　　借：固定资产——生产用固定资产（设备）　　　　　　　　　　80 000
　　　　贷：以前年度损益调整　　　　　　　　　　　　　　　　　　　80 000

　　2）经批准处理盘盈固定资产，调整留存收益，作如下处理：

　　借：以前年度损益调整　　　　　　　　　　　　　　　　　　　80 000
　　　　贷：盈余公积——法定盈余公积　　　　　　　　　　　　　　8 000
　　　　　　利润分配——未分配利润　　　　　　　　　　　　　　72 000

 理论要点

一、固定资产清查的目的和方法

　　固定资产在使用过程中，由于客观或人为的原因，会出现固定资产账实不符。为了保证企业固定资产的安全完整，应定期或不定期对固定资产进行清查。

　　企业于每年编制年度财务报告前，应当对固定资产进行全面的清查。平时，可根据需要进行局部的清查。

　　在清查前，会计人员和固定资产的管理人员应将各自负责的有关固定资产的账簿记录核对准确。固定资产的清查方法采用实地盘点法，即把固定资产卡片与实物进行核对。对于盘盈、盘亏的固定资产，应填写盘存记录。清查结束后，应根据盘点的记录，编制固定资产盘盈盘亏报告表，作为固定资产清查业务的账务处理的依据。并应及时查明原因，按照规定程序报批处理。

二、固定资产清查业务的账务处理

　　固定资产清查业务的账务处理见表 4-5-2。

表 4-5-2　固定资产清查业务的账务处理

盘盈的固定资产		盘亏的固定资产	
尚未查明原因前	借：固定资产 　　贷：以前年度损益调整	尚未查明原因前	借：待处理财产损溢 　　　累计折旧 　　　固定资产减值准备 　　贷：固定资产
经过批准处理	借：以前年度损益调整 　　贷：盈余公积——法定盈余公积 　　　　利润分配——未分配利润	经过批准处理	借：其他应收款 　　　营业外支出 　　贷：待处理财产损溢

任务 4.6　无形资产业务

工作任务

　　在企业的生产经营活动中，为了提高企业的管理水平或产品的质量或其他目的，企业可能会购入或自行开发专利权、非专利技术、商标权等无形资产。并且随着无形资产的使用其价值也会发生不断的变化。也可能随着生产经营活动的变化，企业不再需要某项无形资产，发生无形资产的处置。会计如何确认、计量和报告无形资产？请根据西安同仁有限公司以下交易或事项进行账务处理。

　　【例 4-22】2011 年 1 月 15 日购入一宗土地使用权，实际支付的买价为 200 000 元，另支付土地使用权证等相关费用 10 000 元，款项均以银行存款支付，并办理土地使用权证。土地使用年限为 50 年。

　　分析：企业购入的土地使用权，属于无形资产，应当专户核算。应将购入过程中发生的实际支出记入"无形资产"账户的借方。会计人员根据购入票据、支票存根等，作如下业务的账务处理：

借：无形资产——土地使用权　　　　　　　　　　　　　　　　　　　210 000
　　贷：银行存款　　　　　　　　　　　　　　　　　　　　　　　　　210 000

　　企业取得一宗土地使用权后，在使用过程中无形资产的价值会发生损耗，会计上称之为无形资产摊销。现行企业会计准则规定，使用寿命有限的无形资产应当从其取得当月起，在其使用寿命内摊销。所以，每期末企业应当根据"无形资产——土地使用权"的使用寿命和用途摊销，将摊销的金额记入当期损益"管理费用"账户的借方，并记入"累计摊销"账户的贷方，表明无形资产账面价值的减少（表 4-6-1）。

表 4-6-1　西安同仁有限公司无形资产摊销计算表

无形资产摊销计算表

2012 年 1 月 31 日　　　　　　　　　　　　编号：20120103

使用部门	名称	入账成本	预计残值	使用年限	月摊销额
生产车间					
企业管理	土地使用权	210 000		50	350
销售部门					
出租					
合　计					350

会计主管：张光明　　　审核：关公　　　制单：李玲芳

2011 年 1 月应摊销的无形资产＝210 000÷50÷12＝3 500（元）

会计人员根据无形资产摊销计算表，作如下账务处理：

借：管理费用——其他费用　　　　　　　　　　　　　　　　　　350

　　贷：累计摊销　　　　　　　　　　　　　　　　　　　　　　　　350

【例 4-23】2011 年 2 月 9 日购入一项生产用专利权，支付的买价为 85 000 元，相关费用为 5 000 元，款项均以银行存款支付。该专利权法律保护年限为 10 年，尚可使用 6 年。

分析：企业购入的专利权，属于无形资产，应当专户核算。应将购入过程中发生的实际支出记入"无形资产"账户的借方。会计人员根据购入票据、支票存根等，作如下业务的账务处理：

借：无形资产——专利权　　　　　　　　　　　　　　　　　　90 000

　　贷：银行存款　　　　　　　　　　　　　　　　　　　　　　　90 000

企业取得一项专利权后，在使用过程中其价值会逐渐变化。所以，应当从取得当月起进行摊销。由于该专利权法律保护年限为 10 年，而企业实际尚可使用只有 6 年，按照"谨慎性"会计信息质量要求，企业只能在 6 年内摊销完毕。对于生产用无形资产，应将摊销的金额记入当期成本"制造费用"账户的借方，并记入"累计摊销"账户的贷方，表明无形资产账面价值的减少。

2011 年应摊销的无形资产＝90000÷6÷12×11＝13 750（元）

会计人员根据无形资产摊销计算表，作如下账务处理：

借：制造费用　　　　　　　　　　　　　　　　　　　　　　　13 750

　　贷：累计摊销　　　　　　　　　　　　　　　　　　　　　　　13 750

练一练

　　1）根据本项目提供的资料，计算 2011 年年末西安同仁有限公司"无形资产"账户的余额是多少？"累计摊销"账户的余额是多少？

　　2）计算 2011 年 12 月 31 日资产负债表"无形资产"填列的金额是多少？

【例 4-24】公司决定自行研究、开发一项非专利技术，截至 2011 年 12 月 31 日，累计发生研发支出 80 000 元，其中材料费用 10 000 元，人工费用 40 000 元，其他费用 30 000 元。经测试，该项研发活动完成了研究阶段，从 2012 年 1 月 1 日开始进入开发阶段，在开发阶段共发生支出 50 000 元（假定全为人工费用），其中 40 000 元符合资本化条件。2012 年 6 月 30 日，开发阶段结束，最终开发出一项非专利技术达到预定用途。经有关专家鉴定该非专利技术的使用寿命无法确定（表 4-6-2）。

表 4-6-2　西安同仁有限公司无形资产研发支出清单

无形资产研发支出清单

2012 年 6 月 30 日　　　　　　　　　　　　编号：20120602

资产管理部门		技术部	研发部门		生产车间	资本化支出	费用化支出
研发支出	材料费用	10 000	开发支出	材料费用			
	人工费用	40 000		人工费用	50 000	40 000	10 000
	其他费用	30 000		其他费用			
	小计	80 000		小计	50 000	40 000	10 000
验收部门			技术部门		财会部门		
备注：							

制单：李玲芳

分析：企业研发的非专利技术，属于无形资产。

按照现行企业会计准则规定，企业自行研究、开发无形资产，分为两个阶段：一是研究阶段，二是开发阶段。

对于研究阶段发生的所有支出，先记入"研发支出——费用化支出"账户的借方，然后每期末再结转至"管理费用"账户。

对于开发阶段发生的所有支出属于资本化支出的（即符合无形资产的有关规定条件），先记入"研发支出——资本化支出"账户的借方，待开发完成再将"研发支出——资本化支出"账户的借方发生额合计数转入"无形资产"账户的借方，最终形成研发无形资产的入账成本；如属于费用化支出的，仍先记入"研发支出——费用化支出"账户的借方，然后每期末再结转至"管理费用"账户。

会计人员根据非专利技术研发过程中的相关票据，作如下处理：

1）对于截至 2011 年 12 月 31 日发生的研究阶段支出

借：研发支出——费用化支出　　　　　　　　　　　　　　　　80 000
　　贷：原材料　　　　　　　　　　　　　　　　　　　　　　　　10 000
　　　　应付职工薪酬　　　　　　　　　　　　　　　　　　　　　40 000
　　　　银行存款　　　　　　　　　　　　　　　　　　　　　　　30 000

2）2011 年 12 月 31 日结转研究支出

借：管理费用——研究费用　　　　　　　　　　　　　　　　　80 000
　　贷：研发支出——费用化支出　　　　　　　　　　　　　　　　80 000

3）对于 2012 年开发阶段发生的支出

借：研发支出——资本化支出　　　　　　　　　　　　　　　　40 000
　　　　　　　——费用化支出　　　　　　　　　　　　　　　　10 000
　　贷：应付职工薪酬　　　　　　　　　　　　　　　　　　　　50 000

4）2012 年 6 月 30 日开发完成达到预定用途，形成无形资产

借：管理费用——研究费用　　　　　　　　　　　　　　　　　10 000

贷：研发支出——费用化支出   10 000
借：无形资产——非专利技术   40 000
    贷：研发支出——资本化支出   40 000

5）2012 年末企业应对自行开发的非专利技术进行摊销。但是由于该项非专利技术的使用寿命不确定，无法确定摊销期限。所以现行企业会计准则规定，对于使用寿命不确定的无形资产不摊销，但年末应当进行减值测试。

【例 4-25】2012 年 10 月 1 日将企业自有的无形资产——专利权出租给了西安通达有限公司，该无形资产账面成本为 36 000 元，每月租金为 5 000 元，按月收取，适用的营业税税率为 5%。每月该无形资产应摊销的金额为 300 元。双方约定的租赁期限为 3 年，专利权的使用年限为 10 年（表 4-6-3）。

表 4-6-3 西安同仁有限公司应交营业税计算表

应交营业税计算表

所属时间 2012 年 10 月 1 日至 10 月 31 日   编号：20121003

税种	计税依据		适用税率	应交税额	备注
	项目	金额			
营业税	租金收入	5 000	5%	250	出租无形资产
合　计		5 000		250	

会计主管：张光明   审核：关公   制单：刘明

分析：企业对外出租资产属于让渡资产使用权，取得的租金收入应记入"其他业务收入"账户的贷方，同时企业要按照权责发生制会计处理的要求结转或摊销应当负担的成本费用，记入"其他业务成本"账户的借方。让渡资产使用权应当交纳的营业税记入"营业税金及附加"账户的借方。2012 年 10 月会计人员根据有关票据，作如下处理：

借：银行存款   5 000
    贷：其他业务收入   5 000
借：其他业务成本   300
    贷：累计摊销   300
借：营业税金及附加   250
    贷：应交税费——应交营业税   250

127

【例 4-26】2012 年 12 月 10 日出售一项无形资产，取得收入 20 000 元（表 4-6-4），已存入银行（表 4-6-5），适用的营业税 5%。该项无形资产的原入账成本为 26 000 元，累计摊销为 10 000 元（表 4-6-6）。

表 4-6-4 陕西省国家税务局通用机打发票

陕西省国家税务局通用机打发票
发 票 联

发票代码：169867453426
发票号码：06532435

开票日期 2012 年 12 月 10 日

开票日期（人）	名称	西安通达有限公司	纳税人识别号	6101985632541263			
	地址	西安高新路	查询码	169867453212			
货物或应税劳务名称	规格	型号	单位	数量	单价	金额	
专利权				1	20 000.00	20 000.00	
合计（大写）贰万元整						¥20 000.00	
销货单位	名称	西安同仁有限公司	纳税人识别号	610198719754012			
	地址、电话	西安市朱雀路 1171 号 029-85637788	开户行及账号	中国工商银行西安市朱雀路支行 37000190202900500578			

开票人：安全　　　　　　　　　　　　销货单位盖章

表 4-6-5 中国工商银行进账单

中国工商银行进账单（回单）1
2012 年 12 月 10 日

出票人	全　称	西安通达有限公司	收款人	全　称	西安同仁有限公司
	账　号	3700019029000500532		账　号	3700019029000500578
	开户银行	中国工商银行西安高新路支行		开户银行	中国工商银行西安市朱雀路支行
金额	人民币（大写）贰万元整			¥20 000.00	
票据种类	转账支票	票据张数	1	中国工商银行西安市朱雀路支行 2011.12.10 业务清讫	
票据号码	20406123 00742646				
	复核　　记账			开户银行签章	

表 4-6-6　西安同仁有限公司无形资产处置清理清单

无形资产处置清理清单

2012 年 12 月 10 日　　　　　　　　　　编号：20121201

资产管理部门	资产科	资产使用部门	管理部门	预计使用年限	已使用年限
				6	4
名称	单位	原入账成本	累计摊销	减值准备	账面价值
专利权		26 000	10 000		16 000
处置原因		出售			
出售收入		清理支出		清理税率	清理净损益
20 000		1 000			3 000
技术部门		资产管理部门		财会部门	
备注					

制单：李玲芳

分析： 企业出售无形资产，即处置无形资产，这是与企业日常活动无直接关系的一种经济行为，对于取得的收入不能作为主营或其他业务收入入账，只能根据其出售净收益或净损失记入"营业外收入——非流动资产处置利得"或"营业外支出——非流动资产处置损失"账户。

出售净损益＝20 000－（26 000－10 000）－20 000×5%＝3 000（元）

会计人员根据出售时开具的有关凭证，作如下处理：

借：银行存款　　　　　　　　　　　　　　　　　　　　　　20 000
　　累计摊销　　　　　　　　　　　　　　　　　　　　　　10 000
　　贷：无形资产　　　　　　　　　　　　　　　　　　　　　　26 000
　　　　应交税费——应交营业税　　　　　　　　　　　　　　　1 000
　　　　营业外收入——非流动资产处置利得　　　　　　　　　　3 000

 理论要点

一、无形资产概述

1. 无形资产的概念

无形资产是指企业拥有或者控制的没有实物形态的可辨认的非货币性资产，主要包括专利权、非专利技术、商标权、著作权、土地使用权和特许权等。

2. 无形资产的主要特征

（1）不具有实物形态

无形资产是不具有实物形态的一种特殊资产，它不同于固定资产、存货等有形资产具有实物形体。

（2）具有可辨认性

无形资产虽然不具有实物形态，但可以辨认。现行企业会计准则规定，满足下列条件之一的，符合无形资产定义中的可辨认性标准：

1）能够从企业中分离或者划分出来，并能单独或者与相关合同、资产或负债一起，用于出售、转移、授予许可、租赁或者交换，如土地使用权和专利权等。

2）源自合同性权利或其他法定权利，无论这些权利是否可以从企业或其他权利和义务中转移或者分离，如特许权和非专利技术等。

商誉的存在无法与企业自身分离，不具有可辨认性，不属于无形资产。

（3）属于非货币性长期资产

无形资产属于非货币性资产且能够在多个会计期间为企业带来经济利益。无形资产的使用年限一般在一年以上，其价值将在各个受益期间逐渐摊销。

3. 无形资产的确认条件

无形资产同时满足以下条件时才能予以确认：

（1）与该无形资产有关的经济利益很可能流入企业

资产最基本的特征是产生的经济利益预期很可能流入企业，如果某一项目产生的经济利益预期不能流入企业，就不能确认为企业的资产。对无形资产的确认而言，如果某一无形资产产生的经济利益预期不能流入企业，就不能确认为企业的无形资产；如果某一无形资产产生的经济利益很可能流入企业，并同时满足无形资产确认的其他条件，则企业应将其确认为无形资产。例如，企业外购一项专利权，从而拥有法定所有权，使得企业的相关权利受到法律的保护，此时，表明企业能够控制该项无形资产所产生的经济利益。

（2）该无形资产的成本能够可靠地计量

成本能够可靠地计量是资产确认的一项基本条件。对于无形资产而言，企业一般多通过购入或研发形式取得。发生的支出是能够对象化、形成无形资产的成本。例如，企业购入一项专利权，发生的买价、有关税费等实际支出，形成专利权的入账成本。

4. 无形资产的内容

无形资产主要包括专利权、非专利技术、商标权、著作权、土地使用权和特许权等。

（1）专利权

专利权是指国家专利主管机关依法授予发明创造专利申请人，对其发明创造在法定期限内所享有的专有权利，包括发明专利权、实用新型专利权和外观设计专利权。它给予持有者独家使用或控制某项发明的特殊权利。

一般而言，只有从外单位购入的专利或者自行开发并按法律程序申请取得的专利权，才能作为无形资产管理和核算。企业从外单位购入的专利权，应按实际支付的价款作为专利权的入账成本。企业自行研发并按法律程序申请取得的专利权，应按照企业会计准则的规定，确定入账成本。

（2）商标权

商标是用来辨认特定的商品或劳务的标记。商标权是指专门在某类指定的商品或产品上使用特定的名称或图案的权利。商标只有经过注册登记，才能获得法律保护。

企业自创的商标并将其注册登记，注册登记费用一般数额较小，直接计入当期损益。为了提高企业的知名度，发生的广告费一般不作为商标权的入账成本，而是在发生时直接计入当期损益。

如果企业购买他人的商标权，购入支付的价款、手续费及相关费用等一次性支出费用较大的，可以将其资本化，形成无形资产的入账成本。

（3）土地使用权

土地使用权是指国家准许某一企业或单位在一定期间内对国有土地享有开发、利用、经营的权利。

企业取得土地使用权，应将取得时发生的支出资本化，形成无形资产的入账成本。

（4）非专利技术

非专利技术即专有技术，或技术秘密、技术诀窍，是指先进的、未公开的、未申请专利、可以带来经济效益的技术及诀窍。主要内容包括：①工业专有技术，即在生产上已经采用，仅限于少数人知道，不享有专利权或发明权的生产、装配、修理、工艺或加工方法的技术知识；②商业（贸易）专有技术，即具有保密性质的市场情报、原材料价格情报以及用户、竞争对象的情况和有关知识；③管理专有技术，即生产组织的经营方式、管理方式、培训职工方法等保密知识。非专利技术并不是专利法的保护对象，专有技术所有人依靠自我保密的方式来维持其独占权，可以用于转让和投资。

企业的非专利技术，有些是自己研究开发的，有些是根据合同规定从外部购入的。如果是企业自己研究开发的，应将符合无形资产资本化条件的支出，确认为无形资产，形成无形资产入账成本。对于从外部购入的非专利技术，应将实际发生的支出予以资本化，形成无形资产入账成本。

（5）著作权

著作权又称版权，制作者对其创作的文学、科学和艺术作品依法享有的某种特殊权利。著作权包括两方面的权利，即精神权利（人身权利）和经济权利（财产权利）。前者指作品署名、发表作品、确认作者身份、保护作品的完整性、修改已经发表的作品等各项权力，包括发表权、署名权、修改权和保护作品完整权；后者指以出版、表演、广播、展览、录制唱片、摄制影片等方式使用作品以及因授权他人使用作品而获得经济利益的权利。

对于从外部购入的著作权，应将实际发生的支出予以资本化，形成无形资产入账成本。

131

（6）特许权

特许权又称经营特许权或专营权，是指企业在某一地区经营或销售某种特定商品的权利或是一家企业接受另一家企业使用其商标、商号、技术秘密等的权利。前者一般是指政府机关授权、准许企业使用或在一定地区享有经营某种业务的特权，如水、电、邮电通信等专营权、烟草专卖权等；后者指企业间依照签订的合同，有限期或无限期使用另一家企业的某些权利，如连锁店分店使用总店的名称等。

对于取得的特许权，应将实际发生的支出予以资本化，形成无形资产入账成本。

二、无形资产账务处理设置的账户

1. "无形资产"账户

总账："无形资产"账户属资产类账户，主要用来核算企业无形资产成本的增减变动。借方登记取得无形资产的成本，贷方登记处置转出无形资产的成本，期末借方余额反映企业无形资产的成本，见图 4-6-1。

借	无形资产	贷
期初余额		
本期增加无形资产成本	本期减少无形资产成本	
本期借方发生额合计	本期贷方发生额合计	
期末余额：无形资产成本		

图 4-6-1 "无形资产"账户

明细账：按照无形资产的类别和项目进行明细核算。

2. "累计摊销"账户

总账："累计摊销"账户属资产类账户，属于"无形资产"的调整账户，主要用来核算企业使用寿命有限无形资产累计摊销的增减变动。贷方登记计提的无形资产摊销额，借方登记无形资产处置转出的摊销额，期末贷方余额反映企业无形资产的累计摊销额，见图 4-6-2。

借	累计摊销	贷
	期初余额	
本期转出的摊销额	本期计提的摊销额	
本期借方发生额合计	本期贷方发生额合计	
	期末余额：累计计提的摊销额	

图 4-6-2 "累计摊销"账户

明细账：按照无形资产的类别和项目进行明细核算。

3. "研发支出"账户

总账："研发支出"账户属成本类账户，主要用来核算企业进行研究与开发无形资产过程中发生的各项支出。借方登记无形资产的研发支出，贷方登记：①研究项目达到预定用途形成的无形资产成本；②期末结转的费用化支出，期末借方余额反映企业正在进行无形资产研发项目满足资本化条件的支出，见图 4-6-3。

借	研发支出	贷
期初余额		
① 满足资本化条件的研发支出	① 达到预定用途形成无形资产的成本	
② 不满足资本化条件的研发支出	② 期末结转的费用化支出	
本期借方发生额合计	本期贷方发生额合计	
期末余额：尚未研发完成满足资本化条件的支出		

图 4-6-3 "研发支出"账户

明细账：按研究项目，分别"费用化支出"和"资本化支出"进行明细核算。

三、无形资产业务的账务处理

1. 购入无形资产

外购的无形资产，其成本包括购买价款、相关税费以及直接归属于使该项资产达到预定用途所发生的其他支出。

借：无形资产

　　贷：银行存款等

2. 自行研究开发的无形资产

企业内部研究开发项目所发生的支出应区分研究阶段支出和开发阶段支出。研究是指为获取并理解新的科学或技术知识而进行的独创性有计划的调查；开发是指在进行商业性生产或使用前，将研究成果或其他知识应用于某项计划或设计，以生产出新的或具有实质性改进的材料、装置和产品等。具体处理见表4-6-7。

表4-6-7　无形资产的处理

企业自行开发无形资产发生的研发支出，不满足资本化条件的各种支出，发生时 借：研发支出——费用化支出 　　贷：原材料（或银行存款、 　　　　应付职工薪酬等）	企业自行开发无形资产发生的研发支出，满足资本化条件的各种支出，发生时 借：研发支出——资本化支出 　　贷：原材料（银行存款、应付职工薪酬等）
期末结转至当期损益 借：管理费用 　　贷：研发支出——费用化支出	研究开发项目达到预定用途形成无形资产的，应按"研发支出——资本化支出"账户的发生额结转。 借：无形资产 　　贷：研发支出——资本化支出

3. 无形资产的摊销

无形资产的摊销，见表4-6-8。

表4-6-8　无形资产的摊销

定义	摊销方法	应摊销金额	摊销期限
企业应当于取得无形资产时分析判断其使用寿命。使用寿命有限的无形资产应进行摊销。使用寿命不确定的无形资产不应摊销，但年末应当进行减值测试	无形资产摊销方法包括直线法和生产总量法等。企业选择的无形资产的摊销方法，应当反映与该项无形资产有关的经济利益的预期实现方式。无法可靠确定预期实现方式的，应当采用直线法摊销	是指无形资产的成本扣除预计残值后的金额。已计提减值准备的无形资产，还应扣除已计提的无形资产减值准备累计金额。使用寿命有限的无形资产的残值一般视为零。 应摊金额＝无形资产成本－预计残值－无形资产减值准备	对于使用寿命有限的无形资产应当自可供使用（即其达到预定用途）当月起开始摊销，处置当月不再摊销

无形资产进行摊销的账务处理如下：

借：管理费用（企业自用的无形资产）

其他业务成本（出租的无形资产）

制造费用（生产产品用无形资产）

贷：累计摊销

4. 无形资产的处置

企业处置无形资产，应当将取得的价款扣除该无形资产账面价值以及出售相关税费后的净损益记入"营业外收入——处置非流动资产利得"或"营业外支出——处置非流动资产损失"账户。

借：银行存款

累计摊销

无形资产减值准备

营业外支出——处置非流动资产损失

贷：无形资产

应交税费——应交营业税

营业外收入——处置非流动资产利得

项目 5
投资岗位业务

任务 5.1　交易性金融资产业务

现代企业是一个多元化经营的经济组织，除了从事生产经营活动外还可以利用闲置资金购买股票、债券、基金等金融产品进行对外投资，形成企业的对外投资业务。有的投资业务是临时性的，最大限度赚取投资收益，会计如何对其确认、计量和报告？请根据西安同仁有限公司以下交易或事项进行账务处理。

【例 5-1】西安同仁有限公司在深圳证券交易所开立交易账户，于 2011 年 9 月 10 日购入陕仁股份有限公司股票 100 手（每手 100 股），每股买价 10 元，另付交易手续费、印花税等相关费用 360 元（表 5-1-1）。西安同仁有限公司将其划分为交易性金融资产。

表 5-1-1　大明证券公司证券成交交割单

成交时间	20110910	股份余额	0
成交时间	13:56:48	成交金额	100 000
股东代码	A38001100	佣金	250
证券代码	001001	印花税	100
证券名称	陕仁股份	过户税	10
买卖标志	买入	其他费	0
成交价格	10.00	发生金额	100360
成交数量（股）	10 000	成交编号	666666

分析：企业购入股票形成对外投资业务，并且将其划分为交易性金融资产。

首先，按照买价计算初始投资成本 $100 \times 100 \times 10 = 100\ 000$（元）；对于取得交易性金融资产发生的相关费用，按照现行企业会计准则的规定，不构成初始投资成本，而是记入当期损益"投资收益"账户。

其次，会计人员根据购入股票时取得的交割单，作如下处理：

借：交易性金融资产——成本　　　　　　　　　　　100 000
　　投资收益　　　　　　　　　　　　　　　　　　　360
　　贷：银行存款　　　　　　　　　　　　　　　　　　100 360

印花税是对经济活动和经济往来中书立、领受的凭证征收的一种税，如购销合同、产权转移书据、营业账簿、权利，以及许可证照等。

【例 5-2】西安同仁有限公司收到通知（表 5-1-2），2011 年 10 月 10 日陕仁股份有限公司宣告分派现金股利，每 10 股派发现金股利 2 元。

表 5-1-2 陕仁股份有限公司股东大会决议

股东大会决议

根据本公司 2011 年第三次股东大会决议，公司决定分派 2010 年现金股利，每 10 股分派现金股利 2 元。除权基准日为 2011 年 10 月 15 日，现金股利实际发放日为 2010 年 11 月 11 日。

特此公告

2011 年 10 月 10 日

分析：2011 年 9 月 10 日购入股票后，在没有卖出以前称为持有期间。对于持有期间获取的现金股利在现金股利宣告日，记入"应收股利"账户的借方，并形成当期投资收益。每 10 股派 2 元，即每股派 0.2 元。会计人员根据有关文件，作如下处理：

借：应收股利——陕仁股份有限公司 2 000

　　贷：投资收益 2 000

【例 5-3】2011 年 11 月 11 日实际收到陕仁股份有限公司分派的现金股利，已入账。

分析：2011 年 10 月 10 日称为股利宣告日，西安同仁有限公司根据陕仁股份有限公司宣告的现金股利，已记入"应收股利"账户的借方。2011 年 11 月 11 日称为股利发放日，西安同仁有限有公司根据实际收到的现金股利冲减应收股利。会计人员根据收款记录，作如下处理：

借：银行存款 2 000

　　贷：应收股利——陕仁股份 2 000

【例 5-4】持有的陕仁股份有限公司股票 2011 年 12 月 31 日收盘价每股 15 元（表 5-1-3）。

表 5-1-3 西安同仁有限公司公允价值变动计算表

公允价值变动计算表

2011 年 12 月 13 日　　　　　　　　　编号：20111201

投资类别	项目	账面成本			市场价值			公允价值变动损益
		数量	价格	成本	数量	价格	价值	
交易性金融资产	陕仁股票	10 000	10.00	100 000	10 000	15.00	150 000	50 000
合　计				100 000			150 000	50 000

会计主管：张光明　　　　　审核：关公　　　　　制单：林力

分析：根据现行企业会计准则的规定，资产负债表日企业应当按照公允价值对交易性金融资产进行重新计量，以真实反映交易性金融资产的实际价值。

资产负债表日公允价值与账面余额的差额计入当期损益，由于该损益尚未实现，故先记入"公允价值变动损益"账户，等实际对外销售时再转入"投资收益"账户。该差额也反映了交易性金融资产在持有期间的增值或减值。

根据以上资料计算出陕仁股份股票的公允价值变动损益是 $10\ 000 \times 15 - 100\ 000 = 50\ 000$ 元。

137

会计人员根据 2011 年 12 月 31 日"公允价值变动计算表",作如下处理:

借:交易性金融资产——公允价值变动　　　　　　　　　　　　　　50 000

　　贷:公允价值变动损益　　　　　　　　　　　　　　　　　　　　　　50 000

知识点

　　资产负债表日是按照持续经营假设会计核算的基本前提的规定,在企业持续经营的前提下,资产负债表日可以是月末、季末、半年末或年末。

练一练

　　根据本项目提供的资料,填列西安同仁有限公司 2011 年 12 月 31 日资产负债表"交易性金融资产"项目的金额。

　　资产负债表"交易性金融资产",依据"交易性金融资"账户余额直接填列,即为 150 000 元。

【例 5-5】2012 年 1 月 18 日出售陕仁股份股票,每股售价 16 元,另付相关费用 570 元,出售款已收到入账(表 5-1-4)。

表 5-1-4　大明证券公司证券成交交割单

成交日期	20120118	股份余额	0
成交时间	10:06:48	成交金额	160 000
股东代码	A38001100	佣金	400
证券代码	001001	印花税	160.00
证券名称	陕仁股份	过户费	10.00
买卖标志	卖出	其他费	0
成交价格	16.00	发生金额	159 430
成交数量(股)	10 000	成交编号	888888

分析: 企业无论购入,还是出售股票均须通过证券公司进行交易。按照现行企业会计准则规定,购入时支付的相关费用,记入"投资收益"账户的借方,出售时支付的相关费用不用做账,由证券公司从出售的收入中直接扣除,按出售净额款转入企业账户。

出售净额=10 000×16-570=159 430(元)

出售时账面余额(即账面总成本)=100 000+50 000=150 000(元)

出售净收益 159 430-150 000=9 430(元)

出售净收益为正,记入"投资收益"账户的贷方。会计人员根据有关交割单、收款记录,作如下处理:

借:银行存款　　　　　　　　　　　　　　　　　　　　　　　　159 430

　　贷:交易性金融资产——成本　　　　　　　　　　　　　　　　100 000

　　　　　　　　　　——公允价值变动　　　　　　　　　　　　　50 000

　　　　投资收益　　　　　　　　　　　　　　　　　　　　　　　9 430

　　另外,2011 年 12 月 31 日该股票增值 50 000 元,已记入"公允价值变动损益"账户,等实际对外出售时再将其转入"投资收益"账户。故会计人员还须作如下处理:

借：公允价值变动损益　　　　　　　　　　　　　　　　　　　50 000
　　贷：投资收益　　　　　　　　　　　　　　　　　　　　　　　　　50 000

练一练

　　　　试计算西安同仁有限公司从买入陕仁股份股票到卖出，整个投资期间赚了多少钱？

　　【例 5-6】2012 年 1 月 5 日西安同仁有限公司从证券公司购入乙公司发行的债券 1 000 份，每份面值 100 元，实际支付买价 106 000 元，另付相关费用 260 元。该债券是乙公司 2011 年 1 月 1 日发行的，期限 3 年，到期还本，每年 1 月 10 日支付上年利息，票面利率 6%。西安同仁有限公司将其划分为交易性金融资产。

　　分析：企业购入债券形成对外投资业务，并且将其划分为交易性金融资产。

　　首先，按照买价计算初始投资成本，实际支付买价 106 000 元，其中包含已到付息期，但尚未领取的债券利息 1 000×100×6%＝6 000 元，对此利息应当记入"应收利息"账户。所以，实际初始投资成本应为 106 000－6 000＝100 000 元。另外对于取得交易性金融资产发生的相关费用，按照现行企业会计准则的规定，不构成初始投资成本，而是记入"投资收益"账户。

　　其次，会计人员根据购入债券时取得的交割单，作如下处理：

借：交易性金融资产——成本　　　　　　　　　　　　　　　100 000
　　应收利息——乙公司　　　　　　　　　　　　　　　　　　　6 000
　　投资收益　　　　　　　　　　　　　　　　　　　　　　　　　260
　　贷：银行存款　　　　　　　　　　　　　　　　　　　　　　　106 260

　　【例 5-7】2012 年 1 月 10 日收到乙公司发放的债券利息，已入账。

　　分析：企业购入债券时对于买价中包含的已经到期尚未领取的债券利息，不计入初始投资成本，已记入"应收利息"账户，等实际收到时再冲减"应收利息"账户。会计人员根据银行收账通知作如下处理：

借：银行存款　　　　　　　　　　　　　　　　　　　　　　　6 000
　　贷：应收利息——乙公司　　　　　　　　　　　　　　　　　　　6 000

　　【例 5-8】2012 年 12 月 31 日确认持有乙公司债券的利息收入。

　　分析：依照权责发生制会计处理基础的要求，资产负债表日企业应当计算持有分期付息债券的利息收入，形成当期投资收益，在没有收到前先记入"应收利息"账户。会计人员根据利息计算单，作如下处理：

借：应收利息——乙公司　　　　　　　　　　　　　　　　　　6 000
　　贷：投资收益　　　　　　　　　　　　　　　　　　　　　　　6 000

　　【例 5-9】2012 年 12 月 31 日持有的乙公司债券的公允价值 99 900 元。

　　分析：根据现行企业会计准则的规定，资产负债表日企业应当按照公允价值对交易性金融资产进行重新计量，以真实反映交易性金融资产的实际价值。

139

资产负债表日公允价值与账面余额的差额计入当期损益，由于该损益尚未实现，故先记入"公允价值变动损益"账户，等实际对外销售时再转入"投资收益"账户。该差额也反映了交易性金融资产持有期间的增值或减值。

根据资料计算出债券的公允价值变动损益是 99 900－100 000＝－100（元）。

会计人员根据 2012 年 12 月 31 日"交易性金融资产公允价值变动计算表"，作如下处理：

借：公允价值变动损益   100
  贷：交易性金融资产——公允价值变动   100

练一练

根据例 5-9 提供的资料，填写西安同仁有限公司 2012 年 12 月 31 日资产负债表"交易性金融资产"项目的金额。

资产负债表"交易性金融资产"，依据"交易性金融资"账户余额直接填列，即 99 900 元。

【例 5-10】2013 年 1 月 10 日收到乙公司发放的债券利息，已入账。

分析：依照权责发生制会计处理基础的要求，2012 年 12 月 31 日企业已计算持有分期付息债券的利息收入，形成 2012 年的投资收益，在没有收到前已记入"应收利息"账户。2013 年 1 月 10 日实际收到时，冲减应收利息。 会计人员根据银行收账通知，作如下处理：

借：银行存款   6 000
  贷：应收利息——乙公司   6 000

【例 5-11】2013 年 1 月 25 日出售乙公司债券，实际收到 99 850 元，已入账。

分析：首先，计算出售净损益

出售净额＝99 850（元）

出售时账面余额（即账面总成本）＝100 000－100＝99 900（元）

出售净收益 99 850－99 900＝－50（元）

出售净收益为负，即出售债券发生损失，记入"投资收益"账户的借方。

其次，会计人员根据有关收款记录作如下处理：

借：银行存款   99 850
  投资收益   50
  交易性金融资产——公允价值变动   50
  贷：交易性金融资产——成本   100 000

另外，2012 年 12 月 31 日该债券减值 100 元，已记入"公允价值变动损益"账户，等实际对外出售时再将其转入"投资收益"账户。故会计人员还须作如下处理：

借：投资收益   100
  贷：公允价值变动损益   100

练一练

　　试计算西安同仁有限公司从买入乙公司债券到卖出，整个投资期间赚了多少钱？

理论要点

一、投资的概念及其分类

1. 投资的概念

投资是企业为了获得收益或实现资本增值向被投资单位投放资金的经济行为。

2. 投资的分类

1）按性质不同，投资可以分为权益性投资和债权性投资，如购买股票和债券等。

2）按管理层持有的目的不同，投资可分为交易性投资、可供出售投资、持有至到期投资和长期股权投资等。

二、交易性金融资产

1. 交易性金融资产的概念

交易性金融资产主要是指企业为了近期出售而持有的金融资产，如企业以赚取差价为目的，从二级市场购入的股票、债券和基金等。

2. 交易性金融资产初始投资成本的确定

取得交易性金融资产时，应当按照该金融资产取得时的公允价值作为初始投资成本。

如取得的是股票类金融资产，支付价款中包含了已宣告但尚未发放的现金股利，应当单独确认为应收项目，计入"应收股利"账户；如取得的是债券类金融资产，支付价款中包含了已到付息期但尚未领取的债券利息，也应当单独确认为应收项目，计入"应收利息"账户。应收项目均不构成初始投资成本。

取得交易性金融资产发生的相关交易费用，在发生时形成投资费用，计入"投资收益"账户的借方。

3. 交易性金融资产持有期间获取收益的处理原则

持有交易性金融资产期间，如属股票类金融资产，对于被投资单位已宣告但尚未发放的现金股利应当先确认为应收项目，计入"应收股利"账户，并形成当期投资收益，计入"投资收益"账户。等实际收到时，再计入"银行存款"账户。

如属债券类金融资产，企业应当在资产负债表日按照权责发生制会计核算基础的要求，依据债券的票面价值和票面利率计算分期应收的利息，先确认为应收项目，记入"应收利息"账户，并形成当期投资收益，记入"投资收益"账户。等实际收到时，再记入"银行存款"账户。

141

4. 交易性金融资产资产负债表日的处理原则

交易性金融资产资产负债表日的处理原则，见表5-1-5。

根据现行企业会计准则的规定，资产负债表日企业应当按照公允价值对交易性金融资产进行重新计量，以真实反映交易性金融资产的实际价值。公允价值与账面余额的差额反映了交易性金融资产持有期间的增值或减值，由于该增值或减值尚未实现，故先记入"公允价值变动损益"账户，等实际对外销售时再转入"投资收益"账户。

表 5-1-5　公允价值变动损益的处理

如果增值，作如下处理	如果减值，作如下处理
借：交易性金融资产——公允价值变动　　贷：公允价值变动损益	借：公允价值变动损益　　贷：交易性金融资产——公允价值变动

5. 交易性金融资产出售的处理原则

出售交易性金融资产时，应当将该交易性金融资产的售价扣除出售费用后的净额与其账面余额的差记入"投资收益"账户，即为出售净损益。如为净收益，则记入贷方，如为净损失则记入借方。同时将"公允价值变动损益"账户的净增值或减值结转至"投资收益"账户。

6. 交易性金融资产账务处理设置的账户

（1）"交易性金融资产"账户

总账："交易性金融资产"账户属资产类账户，主要用来核算企业以交易目的持有的债券投资、股票投资、基金投资的交易性金融资产的增减变动。

借方登记：①取得交易性金融资产的公允价值；②资产负债表日，交易性金融资产公允价值高于其账面余额的差。

贷方登记：①资产负债表日，交易性金融资产公允价值低于账面余额的差；②出售交易性金融资产结转的成本。

期末借方余额反映企业持有的交易性金融资产的公允价值见图5-1-1。

借	交易性金融资产	贷
期初余额		
① 取得时的初始成本（公允价值）② 资产负债表日增值	① 资产负债表日减值② 出售结转的成本	
本期借方发生额合计	本期贷方发生额合计	
期末余额：持有交易性金融资产　　　　　的公允价值		

图 5-1-1　"交易性金融资产"账户

明细账：分别设置"成本"、"公允价值变动"明细账户。

（2）"公允价值变动损益"账户

总账："公允价值变动损益"账户属损益类账户，主要用来核算企业交易性金融资产公允价值变动形成的应当计入当期损益的利得或损失。贷方登记资产负债表日，交易性金融资产公允价值高于其账面余额的差。借方登记资产负债表日，交易性金融资产公允价值低于其账面余额的差。期末应将其净损益结转至"本年利润"账户，结转后本账户无余额，见图 5-1-2。

借	公允价值变动损益	贷
① 资产负债表日减值	① 资产负债表日增值	
② 期末结转	② 期末结转	
本期借方发生额合计	本期贷方发生额合计	

图 5-1-2　"公允价值变动损益"账户

（3）"投资收益"账户

总账："投资收益"账户属损益类账户，主要用来核算企业各种投资取得的投资收益或发生的投资损失。贷方登记取得的投资收益，借方登记发生的投资费用及损失，期末应将其净损益结转至"本年利润"账户，结转后本账户无余额，见图 5-1-3。

借	投资收益	贷
① 取得投资发生的费用	投资收益	
② 投资损失	期末结转	
③ 期末结转		
本期借方发生额合计	本期贷方发生额合计	

图 5-1-3　"投资收益"账户

7. 交易性金融资产业务的账务处理

交易性金融资产业务的账务处理见表 5-1-6。

表 5-1-6　交易性金融资产业务的账务处理

购入交易性金融资产时	借：交易性金融资产——成本 　　应收股利 　　应收利息 　　投资收益 　贷：银行存款 　　其他货币资金	持有期间被投资单位宣告发放现金股利或计算分期应收债券利息时	借：应收股利 　　应收利息 　贷：投资收益
资产负债表日公允价值变动	如果资产负债表日公允价值大于账面余额 借：交易性金融资产——公允价值变动 　贷：公允价值变动损益	如果资产负债表日公允价值小于账面余额 借：公允价值变动损益 　贷：交易性金融资产——公允价值变动	
出售交易性金融资产	借：银行存款 　　投资收益 　贷：交易性金融资产——成本 　　　　　　——公允价值变动	同时 借：公允价值变动损益 　贷：投资收益 或相反	

任务 5.2　长期股权投资业务

工作任务

　　如果一个企业为了控制另一个企业或相互参股购入另一个企业部分股权，并且准备长期持有，则会形成长期股权投资业务，如何对其进行确认、计量和报告？请根据西安同仁有限公司以下交易或事项进行账务处理。

　　【例 5-12】2011 年 1 月 10 日购入西安文明股份有限公司发行的股票 50 000 股，占其 5%的股份并准备长期持有（表 5-2-1）。每股买入价 6 元，另支付相关交易费用 5 000元。款已由银行存款支付（表 5-2-2）。

表 5-2-1　投资协议

投资协议

投资方（以下简称甲方）：西安同仁有限公司
受资方（以下简称乙方）：西安文明股份有限公司

　　甲乙双方经过协商，本着互惠互利、优势互补的合作原则，甲方出资购入乙方改造的股票 50 000 股，占乙方注册资本的 5%，每股市场价格 6 元，并支付交易费用 5 000 元。

甲方盖章　　　　　　　　　　　　　　　　　　　　乙方盖章
2011 年 1 月 10 日　　　　　　　　　　　　　　2011 年 1 月 10 日

表 5-2-2　收据

收据

2011 年 1 月 10 日　　　　　　　　　　　　No 023181

今收到　西安同仁有限公司
交来　投资款
人民币（大写）叁拾万零伍仟元整　　¥305 000.00　　（收款单位盖章）

出纳：章王华　　　　　　　　　交款人：王华

　　分析：企业购入西安文明股份有限公司 5%的股份并准备长期持有，形成长期股权投资业务，应当运用"成本法"对其进行会计处理。

　　首先，按照实际支出计算初始投资成本 50 000×6＋5 000＝305 000 元；对于发生的相关费用，按照现行企业会计准则的规定，长期股权投资应计入初始投资成本。

　　其次，会计人员根据购入股票时取得的有关单证及付款依据，作如下处理：

借：长期股权投资——西安文明有限公司　　　　　　　　　　　　305 000
　　贷：银行存款　　　　　　　　　　　　　　　　　　　　　　　　305 000

【例 5-13】2011 年 3 月 10 日从二级市场购入山西美美股份有限公司持有的黄河股份有限公司股票 600 000 股，占其 60%的股份并准备长期持有。每股买入价 5 元，其中每股价格含已宣告尚未分派的现金股利 0.5 元，另付相关交易费用 15 000 元。款已由银行存款支付。

　　分析：企业购入黄河公司 60%的股份达到控制，形成长期股权投资业务，应当运用"成本法"对其进行会计处理。

　　首先，按照实际支出计算初始投资成本为 600 000×（5－0.5）＋15 000＝2 715 000 元；

　　对于买价中含有的已经宣告但尚未分派的现金股利，按照现行企业会计准则的规定，不构成初始投资成本，单独记入"应收股利"账户。对于发生的相关费用，长期股权投资应计入初始投资成本。

　　其次，会计人员根据购入股份时取得的单证作如下处理：

借：长期股权投资——黄河股份有限公司　　　　　　　　　　　2 715 000
　　应收股利——黄河股份有限公司　　　　　　　　　　　　　　300 000
　　贷：银行存款　　　　　　　　　　　　　　　　　　　　　　　3 015 000

【例 5-14】2011 年 4 月 10 日收到黄河股份有限公司发放的的现金股利，已入账（表 5-2-3）。

表 5-2-3　中国建设银行信汇凭证

中国建设银行信汇凭证（收账通知）4

☑普通　□加急				委托日期 2011 年 4 月 10 日				
汇款人	全　称	黄河股份有限公司			收款人	全　称	西安同仁有限公司	
	账　号	3800040580013200860				账　号	3700019029000500578	
	汇出地点	太原	汇出行名称	中国建设银行黄河路支行		汇入地点	西安	汇入行名称	中国工商银行西安市朱雀路支行
金额	人民币（大写）叁拾万元整					￥300 000.00		
				汇出行签章		复核　　记账		

　　分析：企业购入股票时对于买价中包含的已经宣告但尚未分派的现金股利，不构成初始投资成本，已记入"应收股利"账户，等实际收到时再冲减应收股利。会计人员根据银行收账通知作如下处理：

借：银行存款　　　　　　　　　　　　　　　　　　　　　　　300 000
　　贷：应收股利——黄河股份有限公司　　　　　　　　　　　　　300 000

【例 5-15】收到通知，2011 年 4 月 15 日西安文明股份有限公司宣告分派现金股利，本公司应分得现金股利 3 500 元（表 5-2-4）。

表 5-2-4 股东大会决议

西安文明股份有限公司股东大会决议

　　根据本公司 2011 年第二次股东大会决议，公司决定分派 2010 年现金股利 70 000 元。除权基准为 2011 年 4 月 15 日，现金股份实际发放日为 2011 年 5 月 11 日。

　　特此公告

　　　　　　　　　　　　　　　　　　　　　　　　　　2011 年 4 月 15 日

　　分析：2011 年 1 月 10 日购入西安文明股份有限公司股票后，在没有卖出以前称为持有期间。对于持有期间获取的现金股利在没有实际收到前，先记入"应收股利"账户，并形成当期投资收益。会计人员根据相关文件，作如下处理：

借：应收股利——西安文明股份有限公司　　　　　　　　　　　3 500

　　贷：投资收益　　　　　　　　　　　　　　　　　　　　　　　　　3 500

【例 5-16】2011 年 5 月 11 日收到文明公司分派的现金股利，已入账。

　　分析：2011 年 4 月 15 日称为股利宣告日，西安同仁有限公司根据西安文明股份有限公司宣告的现金股利，已记入"应收股利"账户。2011 年 5 月 11 日称为股利发放日，根据实际收到的现金股利再冲减应收股利。会计人员根据收款记录作如下处理：

借：银行存款　　　　　　　　　　　　　　　　　　　　　　　3 500

　　贷：应收股利——西安文明股份有限公司　　　　　　　　　　　　3 500

【例 5-17】2011 年 12 月 31 日西安文明股份有限公司公告实现净利润 80 万元；同日黄河股份有限公司公告实现净利润 120 万元。

　　分析：西安同仁有限公司拥有西安文明股份有限公司 5% 的股份、拥有黄河股份有限公司 60% 的股份，在日常核算中要求采用"成本法"进行，即长期股权投资成本一经确定一般不会发生变动。无论被投资企业是实现净利润，还是发生净亏损，投资企业都不能调整其投资账面价值。故 2011 年 12 月 31 日西安同仁有限公司不做账。

练一练

　　根据本任务提供的资料，填列西安同仁有限公司 2011 年 12 月 31 日资产负债表"长期股权投资"项目的金额。资产负债表"长期股权投资"项目，依据"长期股权投资"账户余额扣减其计提的减值准备后填列，本例为 305 000＋2 715 000＝3 020 000 元。

【例 5-18】2012 年 2 月 14 日出售西安文明股份有限公司全部股票，每股售价 8.1 元，另付相关交易费用 5 000 元，款已收回入账（表 5-2-5）。

表 5-2-5　长期股权投资处置清单

西安同仁有限公司长期股权投资处置清单

2012 年 2 月 14 日　　　　　　　　　　　　　编号：20120101

资产管理部门	资产管理科	投资部门	证券业务部	预计投资年限	已投资年限
				5	1
名称	成本	损益调整	其他权益变动	减值准备	账面价值
文明公司	305 000				305 000
处置原因		出售			
处置收入		处置税费		处置净损益	结转资本公积
405 000		5 000		95 000	
资产管理部门		投资部门		财会部门	
备注					

制单：林力

分析： 首先，计算出售净损益：

出售净额＝50 000×8.1－5 000＝400 000（元）；

出售时账面余额（即账面总成本）为 305 000 元；

出售净收益＝400 000－305 000＝95 000（元）。

出售净收益为正，记入"投资收益"账户的贷方。

其次，会计人员根据有关交割单、收款记录，作如下处理：

借：银行存款　　　　　　　　　　　　　　　　　　　　　　400 000

　　贷：长期股权投资——西安文明股份有限公司　　　　　　　305 000

　　　　投资收益　　　　　　　　　　　　　　　　　　　　　95 000

 理论要点

一、长期股权投资的概念

长期股权投资是指投资期限超过一年的权益性投资，包括企业持有的对子公司、合营企业及联营企业的权益性投资，以及企业持有的对被投资单位不具有控制、共同控制或重大影响，且在活跃市场中没有报价、公允价值不能可靠计量的权益性投资。

控制是指有权决定一个企业的财务和经营政策，并能据以从该企业的经营活动中获取收益，如对子公司的投资。

共同控制是指按照合同约定对某项经济活动所共有的控制，如对合营企业的投资。

重大影响是指对一个企业的财务和经营政策有参与决策的权力，如对联营企业的投资。

二、长期股权投资会计处理方法

长期股权投资会计处理方法有两种：成本法和权益法。

本书不涉及权益法的处理。

147

三、长期股权投资初始投资成本的确定

取得长期股权投资时，应当按照实际支付的购买价款作为初始投资成本。发生的相关费用也应当计入初始投资成本。

如实际支付的价款中包含有已宣告但尚未发放的现金股利，应当单独确认为应收项目，记入"应收股利"账户。

四、长期股权投资持有期间获取收益的处理原则

长期股权投资持有期间，对于被投资单位宣告发放的现金股利应当先确认为应收项目，记入"应收股利"账户，并形成当期投资收益，记入"投资收益"账户。等实际收到时，再记入"银行存款"账户。

五、长期股权投资出售的处理原则

出售长期股权投资时，按照实际取得的价款与其账面余额的差记入"投资收益"账户，即为出售净损益。如为净收益，则记入贷方，如为净损失，则记入借方。

六、长期股权投资账务处理设置的账户

总账："长期股权投资"账户属资产类账户，主要用来核算企业持有的长期股权投资的增减变动。借方登记取得长期股权投资的初始投资成本，贷方登记处置长期股权投资结转的成本。期末借方余额反映企业持有的长期股权投资的价值，见图5-2-1。

借	长期股权投资	贷
期初余额		
取得时的初始成本	处置结转的成本	
本期借方发生额合计	本期贷方发生额合计	
期末余额：长期股权投资价值		

图 5-2-1 "长期股权投资"账户

明细账：按照被投资单位名称设置明细账户。

"投资收益"账户同交易性金融资产见图5-1-3。

七、长期股权投资业务的账务处理

长期股权投资业务的账务处理，见表5-2-6。

表 5-2-6 长期股权投资业务的账务处理

购入长期股权投资，如买价中含有已经宣告但尚未分派的现金股利	持有期间被投资单位宣告发放现金股利时	出售长期股权投资
借：长期股权投资 　　应收股利 　贷：银行存款	借：应收股利 　贷：投资收益	借：银行存款 　贷：长期股权投资 　　　投资收益（或借）

项目 6
成本费用岗位业务

知识目标

✧ 了解成本费用岗位的内容。
✧ 掌握职工薪酬、期间费用与收益的关系。
✧ 掌握管理费用、销售费用与财务费用之间的区别。
✧ 掌握职工薪酬、期间费用业务增减变动的会计处理。

能力目标

✧ 能够区分生产成本、制造费用、期间费用。
✧ 能够识别哪些交易或事项会引起生产成本、制造费用和期间费用的增减变动。
✧ 能够独立胜任职工薪酬、期间费用增减变动业务的会计处理。

态度目标

✧ 坚守企业会计准则,具有准确的职业判断能力,养成良好的职业习惯。
✧ 养成虚心学习、不断进步的工作作风。
✧ 养成认真负责、积极主动的工作态度。

任务 6.1 职工薪酬的构成和计算、职工薪酬业务

工作任务

企业的生产经营活动，无论哪个环节都离不开员工的辛勤劳动，那么员工的劳动报酬包括哪些内容，如何对员工的劳动报酬进行确认、计量和报告？请根据西安同仁有限公司以下交易或事项进行账务处理。

【例 6-1】财会部门于 2011 年 11 月 30 日根据本月工资结算汇总表（表 6-1-1），编制本月工资费用分配汇总表（表 6-1-2），本月应付职工工资 185 000 元，其中生产工人 80 000元，车间管理人员 30 000 元，企业管理人员 40 000 元，销售人员 35 000 元。

表 6-1-1 西安同仁有限公司工资结算汇总表

工资结算汇总表

2011 年 11 月 30 日 　　　　　　编号 20111101

部门	姓名	工资	资金	津贴	应付工资	代扣款项				实发工资
						养老 8%	医疗2%	失业1%	个人所得税	
基本生产工人	麻小虎	2 100	300	200	2 500	208	52	26		2 314
	…									
	小计	72 000	5 000	3 000	80 000	6 400	1 600	800		71 200
车间管理部门	江华明	2 400	400	200	3 000	240	60	30		2 670
	…									
	小计	25 500	3 000	1 500	30 000	2 400	600	300		26 700
企业管理部门	赵理华	2 800	500	400	3 700	296	74	37	35	3 258
	…									
	小计	31 500	5 000	3 500	40 000	3 200	800	400	35	35 565
销售部门	安全	2 550	400	150	3 100	248	62	31	5	2 754
	…									
	小计	28 400	3 600	3 000	35 000	2 800	700	350	5	31 145
合　计		157 400	16 600	11 000	185 000	14 800	3 700	1 850	40	164 610

负责人：赵理华　　会计主管：张光明　　审核：关公　　制单：刘明

表 6-1-2　西安同仁有限公司工资费用分配表

工资费用分配表

2011 年 11 月　　　　　　　　编号 20111102

应借账户	分配标准	分配率	分配金额	合计
基本生产成本			80 000	80 000
制造费用			30 000	30 000
管理费用			40 000	40 000
销售费用			35 000	35 000
合计			185 000	185 000

负责人：赵理华　　会计主管：张光明　　审核：关公　　制单：刘明

分析：每期期末企业应当在职工为其提供服务的会计期间，根据职工提供服务的受益对象，将应确认的职工薪酬计入当期成本或费用，在未发放前，记入"应付职工薪酬"账户的贷方。会计人员根据工资费用分配汇总表作如下处理：

借：生产成本　　　　　　　　　　　　　　　　　　　　　　80 000

制造费用　　　　　　　　　　　　　　　　　　　　　30 000

管理费用　　　　　　　　　　　　　　　　　　　　　40 000

销售费用　　　　　　　　　　　　　　　　　　　　　35 000

贷：应付职工薪酬——工资　　　　　　　　　　　　　　185 000

【例 6-2】财会部门 2011 年 11 月 30 日根据本月工资费用分配汇总表中应付工资总额，计提相关费用（表 6-1-3）。

表 6-1-3　西安同仁有限公司各种费用计提表

五险一金、工会经费、职工教育经费计提表

2011 年 11 月 30 日　　　　　　　　编号 20111103

部门	应付工资	计提项目								
		养老保险 20%	失业保险 2%	医疗保险 7%	工伤保险 1%	生育保险 0.5%	住房公积金 5%	工会经费 2%	职工教育经费 2.5%	合计 40%
基本生产	80 000	16 000	16 000	5 600	800	400	4 000	1 600	2 000	32 000
车间管理	30 000	6 000	6 000	2 100	300	150	1 500	600	750	12 000
企业管理	40 000	8 000	8 000	2 800	400	200	2 000	800	1 000	16 000
销售部门	35 000	7 000	7 000	700	350	175	1 750	700	875	14 000
合计	185 000	37 000	37 000	12 950	1 850	925	9 250	3 700	4 625	74 000

负责人：赵理华　　　合计主管：张光明　　　审核：关公　　　制单：刘明

分析： 每期末企业应当按照规定比例计提企业负担的五险一金、工会经费、职工教育经费等相关费用，计入当期成本或费用，在未使用或支付前，记入"应付职工薪酬"账户的贷方。会计人员根据费用计提表作如下处理：

```
借：生产成本                                            32 000
    制造费用                                            12 000
    管理费用                                            16 000
    销售费用                                            14 000
    贷：应付职工薪酬——养老保险                            37 000
                    ——失业保险                            3 700
                    ——医疗保险                           12 950
                    ——工伤保险                            1 850
                    ——生育保险                              925
                    ——工会经费                            3 700
                    ——职工教育经费                        4 625
                    ——住房公积金                          9 250
```

提示

有关费用计提比例的规定见表 6-1-4（现行企业会计准则规定，对于企业负担的职工福利费不用计提，据实列支。列支的金额不得超过职工工资总额的 14%）。

表 6-1-4　职工福利费计提比例

项目	职工福利	工会经费	职工教育经费	养老保险		失业保险		医疗保险		工伤保险	生育保险	住房公积金
	企业负担	企业负担	企业负担	企业负担	个人负担	企业负担	个人负担	企业负担	个人负担	企业负担	企业负担	企业负担
比例	14%	2%	2.5%	20%	8%	2%	1%	7%	2%	1%	0.5%	5%~12%

【例 6-3】财会部门 2011 年 12 月 5 日根据上月工资结算汇总表向银行提现，发放上月职工工资。发放时代扣个人所得税。

分析： 一般企业上月薪酬下月发放，故在上月末已经根据职工提供服务的受益对象，将职工薪酬计入有关成本或费用，已记入"应付职工薪酬"账户的贷方。下月实际发放时，会计人员根据工资结算汇总表中的应付工资总额扣除代扣款项等，计算出实际发放金额，提现发放。会计人员根据现金支票存根和工资结算汇总表作如下处理：

1）提现：
```
借：库存现金                                            164 610
    贷：银行存款                                        164 610
```
2）实际发放：
```
借：应付职工薪酬——工资                                 164 610
    贷：库存现金                                        164 610
```

3）代扣款项：

借：应付职工薪酬——工资　　　　　　　　　　　　　　　　　　　20 390

　　贷：其他应付款——代扣养老保险　　　　　　　　　　　　　　14 800

　　　　　　　　——代扣医疗保险　　　　　　　　　　　　　　　3 700

　　　　　　　　——代扣失业保险　　　　　　　　　　　　　　　1 850

　　　　应交税费——应交个人所得税　　　　　　　　　　　　　　　40

【例 6-4】 2011 年 12 月 6 日向有关部门交纳 11 月职工养老保险和失业保险（表 6-1-5）。

分析：按照国家有关规定企业必须按月向有关部门交纳职工的各种社会保险。一般来讲，社会保险一部分由企业负担，另一部分由职工个人负担。对于由个人负担的部分，实行企业代扣代缴办法。各种社会保险在尚未交纳前，已记入"应付职工薪酬"或"其他应付款"账户的贷方，交纳时直接冲减。会计人员根据交款单作如下处理：

借：应付职工薪酬——养老保险　　　　　　　　　　　　　　　　37 000

　　　　　　　　——失业保险　　　　　　　　　　　　　　　　3 700

　　其他应付款——代扣养老保险　　　　　　　　　　　　　　　14 800

　　　　　　　——代扣失业保险　　　　　　　　　　　　　　　1 850

　　贷：银行存款　　　　　　　　　　　　　　　　　　　　　　57 350

表 6-1-5　中华人民共和国税收通用缴款书

税收通用缴款书

隶属关系

注册类型：有限责任公司　　　　　填发日期 2011 年 12 月 6 日　　　　　征收机关：

交款单位（人）	代　码	610198719754012	预算科目	编　码	10100
	全　称	西安同仁有限公司		名　称	
	开户银行	中国工商银行西安市朱雀路支行		级　次	
	账　户	3700019029000500578	收款国库		

税款所属时期 2011 年 11 月 1 日至 2011 年 11 月 30 日　　　　税款限缴日期 2011 年 12 月 7 日

品目名称	课税数量（人数）	计税金额或销售收入	税率或单位税额	已缴或扣除额	实缴金额
养老保险		185 000	20%	0	37 000＋14 800
失业保险		185 000	20%	0	3 700＋1 850
金额会计（大写）伍万柒仟叁佰伍拾元整					¥57 350.00
缴款单位（人） （盖章） 经办人（章）	税务机关 （盖章） 填票人（章）		上列款项已收妥并划转收款单位账户。 国库（银行）盖章　年 月 日		备注

【例 6-5】2011 年 12 月 6 日向有关部门交纳 11 月职工医疗保险、生育保险和住房公积金（表 6-1-6 和表 6-1-7）。

153

表 6-1-6　西安市医疗保险、女工生育保险基金缴费专用凭证

基金缴费专用凭证

2011 年 12 月 6 日　　　　　No 1232567

单位名称	西安同仁有限公司		
单位编号	123456	基金归属期	2011 年 11 月
项目	基本医疗保险	补充医疗保险	女工生育保险
人数			
单位缴费	12 950		925
个人缴费	3 700		
补缴医疗保险			
退多缴医保险			
滞纳金、利息			
小计	16 650		925
实缴金额（大写）壹万柒仟伍佰柒拾伍元整　　　¥17 575.00			

中国工商银行西安市朱雀路支行 2011.12.6 业务清讫

业务审核　　　收款人：王燕红

表 6-1-7　公积金汇缴凭证

公积金汇缴凭证

2011 年 12 月 6 日　　　　　No 2325671

收款单位	全　称	西安市住房公积金管理处	缴款单位	全　称	西安同仁有限公司
	账　号	3700019029000598765		账　号	3700019029000500578
	委托银行	中国银行西安市西大街支行		开户银行	中国工商银行西安市朱雀路支行

汇缴金额	人民币（大写）玖仟贰佰伍拾元整　　　　　¥9 250.00						

上月汇缴		本月增加		本月减少		本月汇缴	
人数	金额	人数	金额	人数	金额	人数	金额
							9 250.00

中国工商银行西安市朱雀路支行 2011.12.6 业务清讫

备注：　　　　　　　　　　上列款项已扣数收账附清册

（章）

主管：　　　复核：　　　记账：　　　经办：李萍

分析： 医疗保险、生育保险和住房公积金在尚未交纳前，已记入"应付职工薪酬"或"其他应付款"账户的贷方，交纳时直接冲减。会计人员根据交款单，作如下处理：

借：应付职工薪酬——医疗保险　　　　　　　　　　　　　　　　12 950
　　　　　　　　——生育保险　　　　　　　　　　　　　　　　　925
　　　　　　　　——住房公积金　　　　　　　　　　　　　　　9 250
　　其他应付款——代扣医疗保险　　　　　　　　　　　　　　　3 700
　　贷：银行存款　　　　　　　　　　　　　　　　　　　　　26 825

【例 6-6】2011 年 12 月 16 日，通过银行存款上缴工会经费 1 000 元和支付会计人员

2011 年度继续教育费用 3 000 元。

分析： 按照国家有关规定企业的职工教育经费构成企业职工薪酬的一部分，在尚未使用前，已记入"应付职工薪酬"账户的贷方，缴纳时直接冲减。会计人员根据交款单、收据和支票存根，作如下处理：

借：应付职工薪酬——工会经费　　　　　　　　　　　　　1 000

　　　　　　　　——职工教育经费　　　　　　　　　　　3 000

　　贷：银行存款　　　　　　　　　　　　　　　　　　　　　4 000

一、应付职工薪酬的概念

职工薪酬是企业为了获得职工提供的服务而给予各种形式的报酬以及其他相关支出。在尚未支付前形成企业一项负债，简称应付职工薪酬。

二、职工薪酬包括的内容

1）职工工资、奖金、津贴和补贴。

2）职工福利费。

3）医疗保险费、养老保险费、失业保险费、工伤保险费和生育保险费等社会保险费。

4）住房公积金。

5）工会经费和职工教育经费。

6）非货币性福利。

7）因解除与职工的劳动关系给予的补偿，即辞退福利。

8）其他与获得职工提供的服务相关的支出。

三、应付职工薪酬账务处理设置的账户

总账："应付职工薪酬"账户属负债类账户，主要用来核算企业应付职工薪酬的增减变动。贷方登记分配计入有关成本或费用的职工薪酬数额，借方登记实际发放职工薪酬的数额及代扣的款项，期末贷方余额反映企业应付未付的职工薪酬，见图 6-1-1。

借	应付职工薪酬	贷
	期初余额	
① 实际发放的职工薪酬 ② 代扣款项	分配计入成本费用的职工薪酬	
本期借方发生额合计	本期贷方发生额合计	
	期末余额：应付未付的职工薪酬	

图 6-1-1　"应付职工薪酬"账户

明细账：按照"工资"、"职工福利"、"社会保险费"、"住房公积金"、"工会经费"、"职工教育经费"、"非货币性福利"、"辞退福利"、"股份支付"等设置明细账户。

四、应付职工薪酬业务的账务处理

应付职工薪酬业务的账务处理见表 6-1-8。

表 6-1-8　应付职工薪酬业务的账务处理

按照职工提供服务的受益对象，每月分配结转职工薪酬	以现金实际发放职工薪酬	代扣有关款项	通过银行交纳或支付有关费用
借：生产成本 　　制造费用 　　管理费用 　　销售费用等 　贷：应付职工薪酬	借：应付职工薪酬 　贷：库存现金	借：应付职工薪酬 　贷：其他应付款 　　应交税费——应交个人 　　所得税	借：应付职工薪酬 　贷：银行存款

任务 6.2　期间费用业务

工作任务

　　企业在生产经营活动中，会发生各种各样的与生产经营活动相关的间接费用，如差旅费、办公费和水电费等。请根据西安同仁有限公司以下交易或事项进行账务处理。

　　【例 6-7】2011 年 12 月 26 日通过银行支付本月水费 565 000 元（表 6-2-1～表 6-2-3）。

表 6-2-1　陕西增值税专用发票

6105622458	**陕西增值税专用发票** **记 账 联**					No 052109912 开票日期：2011 年 12 月 21 日	

| 购货单位 | 名　　　称：西安同仁有限公司
纳税人识别号：610198719754012
地　址、电话：西安市朱雀路 1171 号　029-85637788
开户行及账号：中国工商银行西安市朱雀路支行
　　　　　　　37000190290005 00578 | | | | | 密码区 | （略） |

货物或应税劳务名称 自来水	规格型号	单位 吨	数量 10 000	单价 5.00	金额 50 000.00	税率 13%	税额 6 500.00
合　　计					¥50 000.00		¥6 500.00

价税合计（大写）	⊗ 伍万陆仟伍佰元整（小写）	¥56 500.00

| 销货单位 | 名　　　称：西安市自来水有限公司
纳税人识别号：610198719753612
地　址、电话：西安市环城路 1115 号　029-83413569
开户行及账号：中国银行西安市环城路支行
　　　　　　　37000190290005 02316 | 备注 | （西安市自来水有限公司
税号
610198719753612
发票专用章） |

收款人：　　　复核：　　　开票人：康明新　　　销货单位：（章）

表 6-2-2 托收凭证

托收凭证（付款通知）5

委托日期 2011 年 12 月 21 日

业务类型		委托收款（☑ 邮划、□ 电划）托收承付（□ 邮划、□ 电划）			
付款人	全称	西安同仁有限公司	收款人	全称	西安市自来水有限公司
	账号	3700019029000500578		账号	3700019029000502316
	地址	中国工商银行西安市朱雀路支行		地址	中国银行西安市环城路支行
金额	人民币（大写）伍万陆仟伍佰元整			¥ 56 500.00	
款项内容	水费	托收凭证名称	合同、发票	附寄单据张数	2
商品发运情况			合同名称号码		
备注：			款项付款日期		付款人开户银行签章 朱雀路支行 2011.12.26 业务清讫
			复核 记账	年 月 日	年 月 日

表 6-2-3 西安同仁有限公司水费分配表

水费分配表

2011 年 12 月　　　　　　　　　　　　　编号 20111201

使用部门	用水量（吨）	单价	分配金额
生产车间	5 000	5.00	25 000.00
企业管理部门	3 000	5.00	15 000.00
销售部门	2 000	5.00	10 000.00
合　　计	10 000		¥50 000.00

制单：王望

分析：企业对于发生的水费，应当根据使用部门，按照实际耗用数量分配计入有关成本费用账户的借方。会计人员根据有关费用支付票据、分配表等，作如下处理：

借：制造费用——其他费用　　　　　　　　　　　　　　　　　　25 000

　　管理费用——水电费　　　　　　　　　　　　　　　　　　　15 000

　　销售费用——水电费　　　　　　　　　　　　　　　　　　　10 000

　　应交税费——应交增值税（进项税额）　　　　　　　　　　　6 500

　　贷：银行存款　　　　　　　　　　　　　　　　　　　　　　　　56 500

157

【例 6-8】 2011 年 12 月 28 日通过银行支付本月电费 58 500 元（表 6-2-4～表 6-2-6）。

企业财务会计

表 6-2-4 陕西增值税专用发票

6105622123	陕西增值税专用发票					No 05210263		
	发 票 联					开票日期：2011 年 12 月 21 日		

购货单位	名　　　称：西安同仁有限公司 纳税人识别号：610198719754012 地 址、电 话：西安市朱雀路 1171 号 029-85637788 开户行及账号：中国工商银行西安市朱雀路支行 3700019029000500578				密码区	（略）		
货物或应税劳务名称	规格型号	单位度	数量	单价	金额	税率	税额
电费			100 000	0.5	50 000.00	17%	8 500.00
合　　　计					¥50 000.00		¥8 500.00
价税合计（大写）　⊗ 伍万捌仟伍佰元整　　（小写）¥58 500.00							
销货单位	名　　　称：西安市电力有限公司 纳税人识别号：610198719755645 地 址、电 话：西安市环城路 1000 号 029-83413567 开户行及账号：中国建设银行西安市环城路支行 2700019029000505289				备注	西安电力有限公司 税 号 610198719755645 发票专用章		

收款人：　　　　复核：　　　　开票人：程力新　　　　销货单位：（章）

表 6-2-5 托收凭证

托收凭证（付款通知）5

委托日期 2011 年 12 月 21 日

业务类型		委托收款（☑邮划、□电划）托收承付（□邮划、□电划）				
付款人	全称	西安同仁有限公司	收款人	全称	西安市电力有限公司	
	账号	3700019029000500578		账号	2700019029000505289	
	地址	中国工商银行西安市朱雀路支行		地址	中国建设银行西安市环城路支行	
金额		人民币（大写）伍万捌仟伍佰元整			¥58 500.00	
款项内容	电费	托收凭证名称	合同、发票	附寄单据张数	2	
商品发运情况			合同名称号码	中国工商银行西安市		
备注：			款项付款日期	付款人开户银行签章 2011.12.26 业务清讫		
		复核　　记账	年　　月　　日	年　　月　　日		

158

表 6-2-6 西安同仁有限公司电费分配表

电费分配表

2011 年 12 月   编号 20111201

使用部门	用电量（千瓦·时）	单价	分配金额（元）
生产车间	50 000	0.5	25 000.00
企业管理部门	30 000	0.5	15 000.00
销售部门	20 000	0.5	10 000.00
合　计	100 000		¥50 000.00

制单：王望

分析： 企业对于发生的水费，应当根据使用部门，按照实际耗用数量分配计入有关成本费用账户的借方。会计人员根据有关费用支付票据、分配表等，作如下处理：

　　借：制造费用——其他费用　　　　　　　　　　　　　　　　25 000
　　　　管理费用——水电费　　　　　　　　　　　　　　　　　15 000
　　　　销售费用——水电费　　　　　　　　　　　　　　　　　10 000
　　　　应交税费——应交增值税（进项税额）　　　　　　　　　　8 500
　　　　　贷：银行存款　　　　　　　　　　　　　　　　　　　58 500

【例 6-9】 2011 年 12 月 28 日为宣传新产品上市发生电视广告费 50 000 元，通过银行存款支付。

　　分析： 广告费用是为销售产品发生的费用，直接计入发生当期"销售费用"账户的借方。会计人员根据广告费发票、支票存根，作如下处理：

　　借：销售费用——广告费　　　　　　　　　　　　　　　　　50 000
　　　　贷：银行存款　　　　　　　　　　　　　　　　　　　　50 000

【例 6-10】 2011 年 12 月 29 日销售商品发生运杂费 3 000 元，保险费 1 200 元，均用银行存款支付。

　　分析： 企业为销售产品发生的运杂费、保险费等费用，直接记入发生当期"销售费用"账户的借方。会计人员根据运杂费发票、保险收费、单支票存根，作如下处理：

　　借：销售费用——运杂费　　　　　　　　　　　　　　　　　3 000
　　　　　　　　——保险费　　　　　　　　　　　　　　　　　1 200
　　　　贷：银行存款　　　　　　　　　　　　　　　　　　　　4 200

159

【例 6-11】 2011 年 12 月 30 日以现金支付销售部门招待费 500 元（表 6-2-7 和表 6-2-8）。

表 6-2-7　陕西省西安市定额专用发票

```
陕西省西安市定额专用发票

发 票 联

客户名称：西安同仁有限公司          发票代码：261357190562
                                     发票号码：01112067
金额：伍佰元整                        ¥500.00
收款单位（盖章有效）                  开票日期：2011 年 12 月 30 日
适用范围：娱乐业、代理业、旅店业、饮食业、旅游业、广告业及其他服务业。
```

表 6-2-8　西安同仁有限公司费用报销单

费用报销单

报销日期：2011 年 12 月 30 日　　　　　　　编号：20111220

费用项目	类别	金额	审查意见	同意
招待费		500.00	审查意见	同意
			负责人（签章）	赵理华
			报销部门	销售部
			报销人	王敏
报销金额合计		500.00	附件 2 张	
核实金额（大写）伍佰元整				
备注：记入当期损益"管理费用"账户。				
会计主管：张光明　　审核：关公　　出纳：王华				

分析： 企业为销售产品发生的招待费等，直接记入发生当期损益"管理费用"账户的借方。会计人员根据饮食业发票等票据，作如下处理：

借：管理费用——招待费　　　　　　　　　　　　　　　　　　　　　500

贷：库存现金　　　　　　　　　　　　　　　　　　　　　　　　　　　　　500

【例 6-12】财会部门于 2011 年 12 月编制固定资产折旧计算表，本月计提折旧总额 250 000 元，其中生产车间负担 100 000 元，企业管理部门负担 80 000 元，销售部门负担 70 000 元。

分析： 固定资产应当按月计提折旧，并根据其用途计入当期成本或费用。固定资产折旧的计提表明固定资产价值的减少，应记入"累计折旧"账户的贷方。会计人员根据固定资产折旧计算表，作如下处理：

借：制造费用——折旧费　　　　　　　　　　　　　　　　　　　　100 000

管理费用——折旧费　　　　　　　　　　　　　　　　　　　　80 000

销售费用——折旧费　　　　　　　　　　　　　　　　　　　　70 000

贷：累计折旧　　　　　　　　　　　　　　　　　　　　　　　　　　250 000

【例 6-13】2011 年 9 月 21 日收到开户银行的利息收入通知单（表 6-2-9），利息收入

13 500 元，已入账。

表 6-2-9　中国工商银行商务客户贷记利息通知单

商务客户贷记利息通知单（回单）

交易日期：2011/09/21　　　　　交易机构：16105　交易流水号：520654844
货币：CNY
账户：3700019029000500578
户名：西安同仁有限公司
利息金额（大写）：人民币壹万叁仟伍佰元整　　　　¥13 500.00
起息日期：2011 年 09 月 21 日

中国工商银行西安市
朱雀路支行
2011.9.21
业务清讫

银行盖章

分析： 对于按月收到的利息收入，企业应当按照权责发生制会计核算基础要求，冲减当期费用记入"财务费用"账户的贷方。会计人员根据利息通知单，作如下处理：

借：银行存款　　　　　　　　　　　　　　　　　　　　　　　13 500
　　贷：财务费用——利息　　　　　　　　　　　　　　　　　　　　13 500

【例 6-14】2011 年 10 月 1 日借入期限 3 个月的生产周转款 600 000 元，利率 8%，利息按季支付。2011 年 12 月 31 日支付本季短期借款利息（表 6-2-10 和表 6-2-11）。

表 6-2-10　西安同仁有限公司借款利息计算单

借款利息计算单

2011 年 10 月 31 日　　　　　　编号：20111001

借款种类	借款银行	借款本金	月利率	应付利息
生产周转借款	中国银行	600 000	8%÷12＝0.667	4 000
合　　计		¥600 000		¥4 000

制单：李靖

表 6-2-11　中国工商银行利息清单

中国工商银行利息清单

币种：CNY　　　　　2011 年 12 月 31 日　　　　　流水号：520654123

户名：西安同仁有限公司			账号：3700019029000500578		
计息项目	起息日	结算日	本金/积数	利率	利息
生产周转借款	2011 年 10 月 1 日	2011 年 12 月 25 日	54 000 000	8%	12 000
合　　计	（大写）壹万贰仟元整			¥12 000.00	

中国工商银行西安市
朱雀路支行
2011.00.31
转讫

根据有关规定或双方约定，上列款项已直接划扣你单位账户，你单位上述账户不足支付时，请另筹措资金支付。

银行盖章

分析： 对于按季支付的利息费用，企业应当按照权责发生制会计核算基础要求，按月计提，形成当期费用，记入"财务费用"账户的借方。即每月计提利息费用 $600\,000 \times 8\% \div 12 \times 1 = 4\,000$ 元。

该费用在季末尚未支付前形成一项流动负债，记入"应付利息"账户的贷方。

故 2011 年 10 月末，会计人员根据借款利息计算单已作如下处理：

借：财务费用——利息　　　　　　　　　　　　　　　　　　　4 000
　　贷：应付利息　　　　　　　　　　　　　　　　　　　　　　　　4 000

2011 年 11 月末会计人员根据借款利息计算单已作如下处理：

借：财务费用——利息　　　　　　　　　　　　　　　　　　　4 000
　　贷：应付利息　　　　　　　　　　　　　　　　　　　　　　　　4 000

在 2011 年 12 月支付本季利息共计 $4\,000 \times 3 = 12\,000$ 元时，其中 8 000 元已通过"应付利息"账户计入到前两个月的财务费用中，另外 4 000 元应计入支付当月的财务费用中。由于本月负担本月支付，即不再通过"应付利息"账户过渡。会计人员根据借款利息计算单与利息支付凭证作如下处理：

借：财务费用——利息　　　　　　　　　　　　　　　　　　　4 000
　　应付利息　　　　　　　　　　　　　　　　　　　　　　　8 000
　　贷：银行存款　　　　　　　　　　　　　　　　　　　　　12 000

 理论要点

一、期间费用的概念

期间费用是指企业日常发生的不能计入特定核算对象的成本，而应计入发生当期损益的费用。

特定核算对象的成本是指产品的生产成本。由于期间费用是为组织和管理企业整个经营活动所发生的费用，与产品的生产成本没有直接关系，因而期间费用直接计入当期损益。

二、期间费用的内容

1. 管理费用

管理费用是指为组织和管理企业生产经营活动所发生的各种费用，包括企业在筹建期间内发生的开办费、董事会和行政管理部门在企业的经营管理中发生的职工工资及福利费、物料消耗、低值易耗品摊销、办公费、差旅费、工会经费、董事会会费、聘请中介机构费、咨询费、诉讼费、业务招待费、房产税、车船使用税、土地使用税、印花税、技术转让费、矿产资源补偿费、研究费用、排污费，以及折旧费等。

2. 销售费用

销售费用是指企业销售商品和材料、提供劳务的过程中发生的各种费用，包括保险费、包装费、展览费和广告费、商品维修费、预计产品质量保证损失、运输费、装卸费等，以及为销售本企业商品而专设的销售机构的职工薪酬、业务费、折旧费等经营费用。

3. 财务费用

财务费用是指企业为筹集生产经营所需资金等而发生的筹资费用，包括利息支出（减利息收入）、汇兑损益，以及相关的手续费、企业发生的现金折扣或收到的现金折扣。

三、期间费用账务处理设置的账户

1. "管理费用"账户

总账："管理费用"账户属损益类账户，主要用来核算企业管理费用的增减变动。借方登记管理费用的发生数额，贷方登记期末结转数额，期末应将其余额结转至"本年利润"账户，结转后本账户无余额，见图 6-2-1。

借	管理费用	贷
本期发生管理费用	期末结转管理费用	
本期借方发生额合计	本期贷方发生额合计	

图 6-2-1　"管理费用"账户

明细账：按照管理费用项目设置明细账户。

总账："销售费用"账户属损益类账户，主要用来核算企业销售费用的增减变动。借方登记销售费用的发生数额，贷方登记期末结转数额，期末应将其余额结转至"本年利润"账户，结转后本账户无余额，见图 6-2-2。

借	销售费用	贷
本期发生销售费用	期末结转销售费用	
本期借方发生额合计	本期贷方发生额合计	

图 6-2-2　"销售费用"账户

明细账：按照销售费用项目设置明细账户。

2. "财务费用"账户

总账："财务费用"账户属损益类账户，主要用来核算企业财务费用的增减变动。借方登记财务费用的发生数额，贷方登记期末结转数额，期末应将其余额结转至"本年利润"账户，结转后本账户无余额，见图 6-2-3。

163

借	财务费用	贷
本期发生财务费用	期末结转财务费用	
本期借方发生额合计	本期贷方发生额合计	

图 6-2-3　"财务费用"账户

明细账：按照财务费用项目设置明细账户。

四、期间费用业务的账务处理

期间费用业务的账务处理见表 6-2-12。

表 6-2-12　期间费用业务的账务处理

期间费用发生时	期末结转
借：管理费用 　　销售费用 　　财务费用 　贷：银行存款（或应付职工薪酬、累计折旧等）	借：本年利润 　贷：管理费用 　　　销售费用 　　　财务费用

项目 7
纳税岗位业务

知识目标

✧ 了解纳税岗位的内容。

✧ 掌握增值税、消费税、营业税、所得税、城建税及教育费附加的计算和交纳。

✧ 掌握增值税、消费税、营业税、所得税、城建税及教育费附加业务增减变动的会计处理。

能力目标

✧ 能够区分增值税、消费税、营业税、所得税、城建税和教育费附加。

✧ 能够识别哪些交易或事项会引起纳税业务的发生。

✧ 能够独立胜任增值税、消费税、营业税、所得税、城建税、教育费附加计算、交纳业务的会计处理。

态度目标

✧ 坚守企业会计准则，具有准确的职业判断能力，养成良好的职业习惯。

✧ 养成在学习中发现问题、分析问题、解决问题的工作习惯。

✧ 养成细心、负责、不急不躁的工作作风。

任务 7.1　增值税业务

　　税收是国家的命脉，税收是国家的基石。企业的生产经营活动离不开税金的计算和交纳，那么如何对销售货物、提供加工、修理修配劳务形成的增值税进行确认、计量和报告？请根据西安同仁有限公司以下交易或事项进行账务处理。

【例 7-1】2011 年 9 月 1 日购进一批原材料，不含增值税的货款为 150 000 元，取得的增值税专用发票上注明的增值税税额为 25 500 元，材料已验收入库，货款通过银行存款支付。

　　分析：一般纳税人购进材料已验收入库并取得购货发票，即取得材料的所有权，符合原材料购进的处理原则，应当确认购进。对于取得的增值税专用发票上注明的增值税可以抵扣，应记入"应交税费——应交增值税（进项税额）"账户。价款已经支付，表示银行存款的减少。会计人员根据购货发票、入库单、银行存款支票存根，作如下处理：

```
借：原材料                                              150 000
      应交税费——应交增值税（进项税额）                  25 500
　　贷：银行存款                                        175 500
```

【例 7-2】2011 年 9 月 8 日购入不需要安装的设备，设备买价为 300 000 元，取得的增值税专用发票上注明的增值税税额为 51 000 元，设备已交付使用，货款尚未支付。

　　分析：一般纳税人采用赊购方式购进设备并交付使用即取得其所有权，符合固定资产购进的处理原则，应当确认购进。对于取得的增值税专用发票上注明的增值税可以抵扣的，应记入"应交税费——应交增值税（进项税额）"账户。但是买价、增值税尚未支付，形成一项流动性负债，应记入"应付账款"账户的贷方。会计人员根据购货发票和设备交付使用单，作如下处理：

```
借：固定资产                                            300 000
      应交税费——应交增值税（进项税额）                  51 000
　　贷：应付账款                                        351 000
```

【例 7-3】2011 年 9 月 15 日购进一批免税农产品（表 7-1-1），作为生产用原材料，买价为 50 000 元，规定的增值税扣除率 13%，材料已验收入库，款项通过银行支付。

　　分析：一般纳税人购进免税农产品，按照现行增值税法规定，依据收购凭证上注明的买价和规定的扣除率计算增值税的进项税额，可以抵扣，其余部分形成原材料采购成本。

　　规定的可以抵扣的进项税额 $= 50\,000 \times 13\% = 6\,500$（元）

　　原材料采购成本 $= 50\,000 - 50\,000 \times 13\% = 43\,500$（元）

　　会计人员根据经税务机关批准的收购凭证、入库单、支票存根，作如下处理：

```
借：原材料                                              43 500
      应交税费——应交增值税（进项税额）                   6 500
　　贷：银行存款                                         50 000
```

表 7-1-1　陕西省国家税务局通用机打发票

陕西省国家税务局通用机打发票（收购特种票证）

发 票 联

发票代码：169867453349

发票号码：06532325

开票日期 2011 年 9 月 15 日

出售人名称	李香农		付款单位名称	西安同仁有限公司	
出售人身份证号码	610425197304112637		付款单位纳税识别号	610198719754012	
出售人地址			开票人		
货物名称	规格	型号	单位	数量	单价　　金额
苹果			KG	25 000	2.00　　50 000.00
合计（大写）　⊗伍万元整					（小写）¥50 000.00

开票人：马美力　　　　　开票单位盖章

【例 7-4】2011 年 9 月 20 日委托宏光机修厂修理车间设备，修理费用为 20 000 元，取得增值税专用发票注明的增值税税额为 3 400 元，设备已修好交付使用，修理费用通过银行已支付。

分析：一般纳税人接受增值税应税劳务，对于取得的增值税专用发票中注明的增值税是可以抵扣的。另按照现行企业会计准则的规定，修理生产车间（部门）和行政管理部门等发生的固定资产修理费用，如不满足资本化条件计入"管理费用"账户。会计人员根据增值税发票、支票存根，作如下处理：

借：管理费用——修理费　　　　　　　　　　　　　　　20 000
　　应交税费——应交增值税（进项税额）　　　　　　　　3 400
　　贷：银行存款　　　　　　　　　　　　　　　　　　　　　　23 400

【例 7-5】2011 年 9 月 18 日因被盗发生一批原材料丢失，该批原材料原增值税专用发票确认的采购成本为 10 000 元，增值税税额为 1 700 元（表 7-1-2）。财会部门尚未收到损失批准处理文件。

表 7-1-2　西安同仁有限公司财产清查报告单

财产清查报告单

2011 年 9 月 18 日　　　　　　　编号：20110901

类别	财产名称	单位	单价	数量		盘盈		盘亏		原因
				账存	实存	数量	金额	数量	金额	
原材料	C 材料	个						100	10 000	被盗
合　计								100	10 000	备注：应负担增值税 1 700 元

会计主管：张光明　　　审核：关公　　　保管：成名　　　制单：向明

分析： 一般纳税人购进的货物发生非常损失（即因管理不善造成被盗、丢失、霉烂变质等损失），其原购进时已记入"应交税费——应交增值税"账户借方的进项税额，不得抵扣，应当从"应交税费——应交增值税"账户的贷方予以转出（如果是自然灾害导致的损失不考虑）。由于损失尚未批准处理，应将原材料采购成本和转出的进项税额合计数记入"待处理财产损溢"账户过渡。会计人员根据原材料盘点报告单，作如下处理：

借：待处理财产损溢——待处理流动资产损溢   11 700

    贷：原材料   10 000

        应交税费——应交增值税（进项税额转出）   1 700

【例 7-6】2011 年 9 月 21 日因修理职工卫生所领用一批原材料，该批原材料原增值税专用发票确认的采购成本为 1 500 元，增值税税额为 255 元（表 7-1-3）。

表 7-1-3   西安同仁有限公司领料单

领 料 单

领料部门：福利部门   2011 年 9 月 21 日   编号：20110921

材料用途：修理卫生所（备注：应负担增值税 255 元）   仓库：

材料类别	材料编号	材料名称	材料规格	单位	数量		单位成本	金额
					请领	实发		
原材料		材料		个	100	100	15.00	1 500.00
合 计					100	100		1 500.00

主管：   发料人：   领料人：王荣   制单：万千

分析： 一般纳税人购进的货物改变用途（如用于建造厂房、建造办公楼、职工福利、个人消费等），其原购进时已记入"应交税费——应交增值税"账户借方的进项税额不得抵扣，应当从"应交税费——应交增值税"账户的贷方予以转出。由于是修理职工卫生所，属职工福利性质的支出，应将原材料采购成本和转出的进项税额合计数记入"应付职工薪酬"账户的借方。会计人员根据出库单作如下处理：

借：应付职工薪酬——职工福利   5 850

    贷：原材料   5 000

        应交税费——应交增值税（进项税额转出）   850

练一练

上笔业务的处理有不当之处，请用正确的方法更正其错误。

【例 7-7】2011 年 9 月累计销售商品，不含增值税的售价为 800 000 元，开具的增值税专用发票上注明增值税税额为 136 000 元。商品已经发出，实际收到货款 550 000 元，已入账，其余已办妥托收手续。

分析： 企业销售商品，商品已经发出，实际收到货款并办妥托收手续，符合销售商品收入确认的原则，应当确认收入。对于开出的增值税专用发票上注明的增值税作为销项税额，应记入"应交税费——应交增值税（销项税额）"账户。会计人员根据银行存款进账单、托收承付受理回单及销售发票的记账联，作如下处理：

借：银行存款   550 000

  应收账款   386 000

 贷：主营业务收入   800 000

   应交税费——应交增值税（销项税额）   136 000

【例7-8】2011年9月30日对外提供修理服务，收到修理费用30 000元，开具的增值税专用发票上注明增值税税额为5 100元，款已入账。

分析： 一般纳税人对外提供修理修配服务，属增值税的应税劳务。对于取得的修理修配收入应确认为企业的主营业务收入，并按照现行增值税税法规定计算应交增值税。对于开出的增值税专用发票上注明的增值税作为销项税额，应记入"应交税费——应交增值税（销项税额）"账户。会计人员根据银行存款进账单、服务收入发票的记账联，作如下处理：

借：银行存款   35 100

 贷：主营业务收入   30 000

   应交税费——应交增值税（销项税额）   5 100

【例7-9】2011年9月30日企业在建办公楼领用原材料一批，该批原材料原增值税专用发票确认的采购成本为6 000元，增值税税额为1 020元；同时领用生产完工产品一批，产品实际生产成本为8 000元，计税价格为10 000元，产品适用的增值税税率为17%。

分析： 一般纳税人购进的货物改变用途，用于建造办公楼，原购进时已记入"应交税费——应交增值税"账户借方的进项税额，不得抵扣，应当从"应交税费——应交增值税"账户的贷方予以转出。由于是建造办公楼，属固定资产后续支出，应将原材料采购成本和转出的进项税额合计数记入"在建工程"账户的借方。会计人员根据原材料出库单作如下处理：

借：在建工程   7 020

 贷：原材料   6 000

   应交税费——应交增值税（进项税额转出）   1 020

一般纳税人建造办公楼领用自产产品，按照增值税税法规定属于视同销售业务，应当按照产品的计税价格计算交纳增值税的销项税额。但由于是建造办公楼，产品没有流出企业，现行企业会计准则规定不确认收入，只按照产品的实际成本结转。故应将产成品的实际成本和销项税额合计数记入"在建工程"账户的借方。会计人员根据库存商品出库单，作如下处理：

借：在建工程   97 000

 贷：库存商品   80 000

   应交税费——应交增值税（销项税额）   17 000

【例7-10】2011年9月月末计算本月应交增值税。

分析： 一般纳税人每月月末应当根据本月的实际情况计算应交增值税。

本月进项税额=25 500（例7-1）+51 000（例7-2）+6 500（例7-3）+3 400（例7-4）=86 400元；

本月进项税额转出＝1 700（例 7-5）＋850（例 7-6）＋1 020（例 7-9）＝3 570 元；

本月销项税额＝136 000（例 7-7）＋5 100（例 7-8）＋17 000（例 7-9）＝158 100 元；

本月应交增值税＝本月销项税额－本月进项税额＝158 100－（86 400－3 570）＝75 270 元。

根据以上计算，填入表 7-1-4。

表 7-1-4　西安同仁有限公司应交增值税计算表

应交增值税计算表

2011 年 9 月 30 日　　　　　　　　　　　　　　编号：20110901

项目				销售额	税额	备注
销项	应税货物	货物名称	适用税率			
		小计				
	应税劳务					
	1.					
	2.					
	合　计					
进项	本期进项税额发生额					
	本期进项税额转出					
	1.					
	2.					
	合　计					
	应纳税额					

会计主管：张光明　　　审核：关公　　　　　　制单：

提示

一般纳税人增值税的计算过程不需进行业务的账务处理。

练一练

"应交税费——应交增值税"账户 9 月月末的余额是多少？表示什么？

计算过程见图 7-1-1。

借　　　　　应交税费——应交增值税　　　　　贷
本月进项税额　　86 400 ┃ ① 本月销项税额　158 100
┃ ② 本月进项税额转出　3 570
本期借方发生额合计 86 400 ┃ 本期贷方发生额合计 161 670
┃ 期末余额：应交未交 75 270

图 7-1-1　"应交税费——应交增值税"账户

理论要点

一、应交税费概述

1. 概述

企业根据税法规定交纳的各种税费包括增值税、消费税、营业税、城市维护建设税、资源税、企业所得税、土地增值税、房产税、车船税、土地使用税、教育费附加、矿产资源补偿费、印花税、耕地占用税、契税，以及车购税等。

这些税费应当按照权责发生制会计基础的要求确认，计入有关资产成本或损益，在尚未交纳之前，形成企业的一项流动负债应交税费。

> **提示**
>
> 企业交纳的印花税、耕地占用税、契税、车购税等不需要预计应交数的税金，不通过"应交税费"账户核算。

2. 应交税费账务处理设置的账户

（1）"应交税费"账户

总账："应交税费"账户属负债类账户，主要用来核算企业应交税费的增减变动。贷方登记应交税费的发生数额，借方登记应交税费的交纳数额，期末贷方余额反映企业尚未交纳的税费，见图 7-1-2。

借　　　　　　应交税费　　　　　　贷	
	期初余额
本月交纳税费	本月应交税费
本期借方发生额合计	本期贷方发生额合计
	期末余额：尚未交纳税费

图 7-1-2　"应交税费"账户

明细账：按照应交的税费项目设置明细账户。

企业代扣代交的个人所得税等，也通过本账户核算。

（2）"营业税金及附加"账户

总账："营业税金及附加"账户属损益类账户，主要用来核算企业经营活动发生的营业税、消费税、城市维护建设税、资源税和教育费附加等相关税费的增减变动。借方登记按规定计算确定的与经营活动相关的税费，贷方登记期末结转数额，期末应将其余额结转至"本年利润"账户，结转后本账户无余额，见图 7-1-3。

借　　　　　　营业税金及附加　　　　　　贷	
计算确定的与经营活动相关的税费	期末结转营业税金及附加
本期借方发生额合计	本期贷方发生额合计

图 7-1-3　"营业税金及附加"账户

提示

> 并非所有的营业税、消费税等都记入"营业税金及附加"账户，如处置固定资产、无形资产计算确定的营业税就不记入；再如，委托加工物资计算确定的代收代交消费税也不记入。

二、应交增值税

1. 增值税概述

增值税是以商品（含应税劳务即加工、修理修配）在流转过程中产生的增值额作为计税依据而征收的一种流转税。

按照我国现行增值税法的规定，增值税的纳税人是指在我国境内销售货物或者提供加工、修理修配劳务以及进口货物的单位和个人。

2. 增值税纳税人的分类

按照纳税人的经营规模及会计核算的健全程度，增值税法规定增值税纳税人分为一般纳税人和小规模纳税人，见表 7-1-5。

表 7-1-5 增值税纳税人的分类

依 据	一般纳税人	小规模纳税人
年应税销售额	一般纳税人是指年应征增值税销售额（简称年应税销售额）超过财政部、国家税务总局规定的小规模纳税人标准的企业或企业性单位（简称单位）	从事货物生产或提供应税劳务的纳税人，以及以从事货物生产或提供应税劳务为主，并兼营货物批发或零售的纳税人，年应征增值税销售额在 50 万以下的；除上述规定以外的纳税人，年应税销售额在 80 万元以下的
会计核算	健全，能正确核算增值税的销项税额、进项税额和应纳税额	不健全，不能按规定报送有关税务资料的增值税纳税人
基本税率	17%	3%
发票使用	领购、使用增值税专用发票，普通发票	一般不使用增值税专用发票，只能使用普通发票
应交增值税	当期销项税额－当期进项税额	销售收入÷（1＋征收率）×征收率

按照现行增值税税法的规定，一般纳税人购进货物或接受应税劳务取得的增值税专用发票上注明的增值税，作为进项税额可以从销售货物或提供应税劳务收到的销项税额中抵扣。

$$应交增值税＝当期销项税额－当期进项税额$$

如果销售商品或提供应税劳务时，开具的是普通发票，应当进行价税分离。

$$不含税销售额＝含税销售额÷（1＋增值税税率）$$

3. 一般纳税人增值税业务的账务处理

一般纳税人增值税业务的账务处理，见表 7-1-6。

表 7-1-6　一般纳税人增值税业务的账务处理

购进货物或接受应税劳务，取得增值税专用发票，货款已付或尚未支付	销售货物或提供应税劳务款已收或未收，开具增值税专用发票或普通发票，货款已收或未收
借：固定资产、工程物资、在建工程 　　原材料、在途物资、库存商品 　　应交税费——应交增值税（进项税额） 　贷：银行存款、应付账款等	借：银行存款、应收账款等 　贷：主营业务收入 　　　其他业务收入 　　　应交税费——应交增值税（销项税额）

增值税的交纳	交纳本月增值税	交纳上月增值税
	借：应交税费——应交增值税（已交税额） 　贷：银行存款	借：应交税费——未交增值税 　贷：银行存款
期末结转"应交税费——应交增值税"账户的贷方余额	借：应交税费——应交增值税 　　　　　（转出未交增值税） 　贷：应交税费——未交增值税	如果"应交税费——应交增值税"账户的余额在借方，则不需借转，即为留待以后抵扣额。

知识点

　　增值税是一种价外税，是一种与损益没有关系的税。目前我国对增值税实行环环征收，一般纳税人购进支付的称为"进项税额"，销售收到的称为"销项税额"，差额为应交增值税，如表 7-1-7 所示。

表 7-1-7　增值税业务处理

购　　进	销　　售	交　　纳
借：库存商品　　　　50 　　应交税费——应交增值税 　　（进税额项）　　8.5 　贷：银行存款　　　58.5	借：银行存款　　　　175.5 　贷：主营收入　　　150 　　　应交税费——应交增值税 　　　（销项税额）　25.5	借：应交税费——应交增值税 　　　（已交税额）　17 　贷：银行存款　　　17

　　购进商品成本 50 元，进项税额 8.5 元（50×17%），实际支付 58.5 元；
　　销售商品售价 150 元，销项税额 25.5 元（150×17%），实际收到 175.5 元；
　　增值税 100 元（150－50），实际应交增值税 17 元（100×17%），即 17 元（25.5－8.5）；
　　企业赚取利润：150－50＝175.5－58.5－17＝100 元。

4. 小规模纳税人增值税的会计处理

　　购进货物或接受应税劳务无论是否取得增值税专用发票，均不得作为进项税额抵扣，应计入采购成本总额。销售货物或提供应税劳务，也不会形成销项税额。必须根据销售额，依据增值税征收率进行价税分离，计算本月应交增值税。

　　【例 7-11】西安方便你有限公司，2012 年 9 月 5 日购进商品一批，进货成本 5000元（表 7-1-8），商品已验收入库，货款通过银行存款支付。另以现金支付市内运杂费200 元。

表 7-1-8　陕西省国家税务局通用机打发票

陕西省国家税务局通用机打发票

发票联

发票代码：169867453216
发票号码：06532324

开票日期 2011 年 9 月 5 日

收票单位（人）	名称	西安方便你有限公司			纳税人识别号		610113236425123	
	地址	西安市大街 115 号			查询码		169867453091	
货物或应税劳务名称		规格	型号	单位	数量	单价	金额	
公文夹				个	800	4.00	3 200.00	
作业本				本	1 200	1.50	1 800.00	
合计（大写）⊗伍仟元整							¥5 000.00	
销货单位	名称	西安市文具批发有限公司			纳税人识别号		610333555666987	
	地址、电话	西安市自强路 15 号 029-84890945			开户行及账号		中国工商银行丰汇路支行 2700019029000500265	
开票人：张国力　　　　　　　销货单位盖章								

　　分析： 小规模纳税人购进货物无论是否取得增值税专用发票均不会形成进项税额，进货价格即为采购成本。对于发生的运杂费可以记入当期损益"销售费用"账户。会计人员根据验收单、支票存根、运杂费单据作如下处理：

借：库存商品　　　　　　　　　　　　　　　　　　　　　　　　　　　　5 000
　　贷：银行存款　　　　　　　　　　　　　　　　　　　　　　　　　　　　5 000
借：销售费用——运杂费　　　　　　　　　　　　　　　　　　　　　　　　 200
　　贷：库存现金　　　　　　　　　　　　　　　　　　　　　　　　　　　　 200

　　【例 7-12】 西安方便你有限公司，2012 年 9 月 15 日销售商品，售价总额 3 200 元，已收到现金。增值税征收率为 3%（表 7-1-9）。

表 7-1-9　陕西省国家税务局通用手工发票

陕西省国家税务局通用手工发票

发票联

发票代码：161001122305
发票号码：10275531

付款单位：西安华丽有限公司　　　　　　　　　　　　　　　2012 年 9 月 15 日

项目内容	金额						备注
	千	百	十	元	角	分	
办公用品	3	2	0	0	0	0	
合计人民币（大写）叁仟贰佰元整	3	2	0	0	0	0	
收款单位名称：西安市方便你有限公司 收款单位税号：610113236425123					开票人：李玟		

　　分析： 小规模纳税人销售货物不会形成销项税额，但必须根据本月含税销售总额进行

价税分离，计算出本月应交增值税。计算如下：

　　不含税销售额＝含税销售额÷（1＋增值税征收率）＝3 200÷（1＋3%）＝3 106.80（元）

　　本月应交增值税＝不含税销售额×增值税征收率＝3 106.8×3%＝93.20（元）

　　会计人员根据本月销售日报表作如下处理：

　　借：库存现金　　　　　　　　　　　　　　　　　　　　　　　　　3 200

　　　　贷：主营业务收入　　　　　　　　　　　　　　　　　　　　　　　3 106.80

　　　　　　应交税费——应交增值税　　　　　　　　　　　　　　　　　　　93.20

提示

　　小规模纳税人的特点：

　　1）一般情况下只能开具普通发票，不能开具增值税专用发票。

　　2）小规模纳税企业销售货物或提供应税劳务，实行简易办法计算应纳税额，按照销售额的一定比例计算。

任务 7.2　消费税业务

工作任务

　　企业从事不同的生产经营活动，应交纳的税金是不同的。如果企业从事应税消费品的生产、委托加工业务，那么如何对消费税进行确认、计量和报告？请根据西安同仁有限公司以下交易或事项进行账务处理。

【例 7-13】2011 年 9 月 5 日销售一批应当交纳消费税的商品，不含增值税的售价为 50 000 元，开具的增值税专用发票上注明的增值税税额为 8 500 元。商品已经发出，货款收到已入账。该批商品的实际成本 30 000 元，适用的消费税税率 15%。

　　分析： 企业销售商品，商品已经发出货款已经收到，符合销售商品收入确认的原则，应当确认收入。对于开出的增值税专用发票上注明的增值税作为销项税额，应记入"应交税费——应交增值税（销项税额）"账户。

　　由于所销售的商品是应税消费品，应根据不含增值税的销售价格计算应交消费税，在实际交纳前记入"应交税费——应交消费税"账户的贷方。消费税是价内税，属于应记入当期损益的一种税费，所以企业计算出应交消费税时应记入"营业税金及附加"账户的借方。

　　会计人员根据银行存款进账单、销售发票的记账联、出库单、消费税计算单作如下处理：

　　借：银行存款　　　　　　　　　　　　　　　　　　　　　　　　58 500

　　　　贷：主营业务收入　　　　　　　　　　　　　　　　　　　　　　50 000

　　　　　　应交税费——应交增值税（销项税额）　　　　　　　　　　　　8 500

　　借：主营业务成本　　　　　　　　　　　　　　　　　　　　　　30 000

　　　　贷：库存商品　　　　　　　　　　　　　　　　　　　　　　　30 000

　　借：营业税金及附加　　　　　　　　　　　　　　　　　　　　　7 500

　　　　贷：应交税费——应交消费税　　　　　　　　　　　　　　　　　7 500

【例 7-14】2011 年 9 月 10 日将自己生产的一批应税消费品用于职工食堂。该批产品的生产成本为 3 500 元，市场价格为 5 000 元，适用的消费税税率为 10%。

分析： 企业将自产的应税消费品用于职工食堂，是一种职工福利。按照消费税税法规定属于自产自用行为，应做视同销售处理计算应交的各种税费，如增值税、消费税等。

现行企业会计准则也规定，企业将自产的产品用于职工福利时，应当确认为销售商品收入，在发出产品时，按照产品的计税价格记入"主营业务收入"账户，即按照正常销售业务处理。

会计人员根据出库单、有关税费计算单，作如下处理：

借：应付职工薪酬——职工福利　　　　　　　　　　　　5 850
　贷：主营业务收入　　　　　　　　　　　　　　　　　　5 000
　　　应交税费——应交增值税（销项税额）　　　　　　　　850
借：主营业务成本　　　　　　　　　　　　　　　　　　3 500
　贷：库存商品　　　　　　　　　　　　　　　　　　　3 500
借：营业税金及附加　　　　　　　　　　　　　　　　　　500
　贷：应交税费——应交消费税　　　　　　　　　　　　　500

【例 7-15】 2011 年 9 月 15 日与兰州前进有限公司签订委托加工合同，委托兰州前进有限公司将原材料代加工为商品（非金银首饰）。同日发出原材料实际成本 100 000 元。9 月 20 日加工完成，加工费为 20 000 元，取得的增值税专用发票上注明的增值税税额为 3 400 元。兰州前进有限公司代收代交消费税 1 500 元。以上款项通过银行存款支付，商品收回验收入库待销。

分析： 9 月 15 日发出原材料委托加工，形成一项委托加工业务，应当将发出原材料的实际成本记入"委托加工物资"账户的借方，会计人员根据原材料出库单，作如下处理：

借：委托加工物资　　　　　　　　　　　　　　　　　100 000
　贷：原材料　　　　　　　　　　　　　　　　　　　100 000

9 月 20 日加工完成，对于支付的加工费构成加工成本，记入"委托加工物资"账户的借方；对于取得的增值税专用发票上注明的增值税可以抵扣的，记入"应交税费——应交增值税（进项税额）"账户；对于代收代交的消费税，因为加工收回商品准备对外出售，按照消费税法规定构成加工成本，记入"委托加工物资"账户的借方。会计人员根据发票、代收代交消费税、支票存根、验收单，作如下处理：

借：委托加工物资　　　　　　　　　　　　　　　　　21 500
　应交税费——应交增值税（进项税额）　　　　　　　　3 400
　贷：银行存款　　　　　　　　　　　　　　　　　　24 900
借：库存商品　　　　　　　　　　　　　　　　　　121 500
　贷：委托加工物资　　　　　　　　　　　　　　　　121 500

练一练

"应交税费——应交消费税"账户 9 月月末的余额是多少？表示什么？
结合例 7-13～例 7-15 重新计算 9 月月末"应交税费——应交增值税"账户余额？
应交税费——应交增值税＝75 270＋8 500＋850－3 400＝81 220（元）

应交税费——应交消费税＝7 500＋500＝8 000（元）

应交增值税的明细账登记见表 7-2-1，应交消费税明细账登记见表 7-2-2。

表 7-2-1 应交税费（增值税）明细账

2011年		凭证		摘要	借方			贷方			借或贷	余额
月	日	字	号		进项税额	已交税金	转出未交增值税	销项税额	进项税额转出	转出多交增值税		
9	1	略	略	购进货物	25 500						借	25 500
	5			销售货物				8 500			借	17 000
	8			购进设备	51 000						借	68 000
	10			食堂领用				850			借	67 150
	15			购进货物	6 500						借	73 650
	18			灾害损失				1 700			借	71 950
	20			修理设备	3 400						借	75 350
	20			加工材料	3 400						借	78 750
	21			职工福利				850			借	77 900
	30			销售货物				136 000			贷	58 100
	30			对外修理				5 100			贷	63 200
	30			工程用料					1 020		贷	64 220
	30			工程用产品				17 000			贷	81 220
	30			月末结转			81 220				平	0
9	30			本月合计	89 800		81 220	167 450	3 570		平	0

借：应交税费——应交增值税（转出未交增值税）   81 220
  贷：应交税费——未交增值税   81 220

表 7-2-2 应交税费（消费税）明细账

2011年		凭证		摘要	借方	贷方	借或贷	余额
月	日	字	号					
9	5	略	略	销售应税品		7 500	贷	7 500
	10			用于职工消费		500	贷	8 000
9	30			本月合计		8 000	贷	8 000

提示

消费税只是在生产出应税消费品对外销售或视同销售时，才应计算的一种流转税。完全不同于增值税，虽然增值税、消费税都是流转税，但增值税是价外税，而消费税是价内税，只是他们的计税基础相同，都是不含增值税的销售额。

练一练

请根据本项目提供的资料填列表 7-2-3～表 7-2-7。

178

表7-2-3 增值税纳税申报表

（适用于增值税一般纳税人）

根据《中华人民共和国增值税暂行条例》第二十二条和第二十三条的规定制定本表。纳税人不论有无销售额，均应按主管税务机关核定的纳税期限按期申报本表，并于次月一日起十日内，向当地税务机关申报。

税款所属时间：自 年 月 日 至 年 月 日 填表日期： 年 月 日 单位：元（列至角分）

纳税人识别号：

| 纳税人名称 | （公章） | 法定代表人姓名 | | 注册地址 | | 营业地址 | |
| 开户银行及账号 | | 企业登记注册类型 | | 电话号码 | | 所属行业 | |

	项目	栏次	一般货物及劳务		即征即退货物及劳务	
			本月数	本年累计	本月数	本年累计
销售额	（一）按适用税率征收货物及劳务销售额	1				
	其中：应税货物销售额	2				
	应税劳务销售额	3				
	纳税检查调整的销售额	4				
	（二）按简易办法征税货物销售额	5				
	其中：纳税检查调整的销售额	6				
	（三）免、抵、退办法出口货物销售额	7			—	—
	（四）免税货物及劳务销售额	8				
	其中：免税货物销售额	9			—	—
	免税劳务销售额	10			—	—
税款计算	销项税额	11				
	进项税额	12				
	上期留抵税额	13				—
	进项税额转出	14				
	免、抵、退货物应退税额	15			—	—
	按适用税率计算的纳税检查应补缴税额	16				
	应抵扣税额合计	17=12+13-14-15+16				—
	实际抵扣税额	18（如17<11，则为17，否则为11）				—

续表

项目		栏次	一般货物及劳务		即征即退货物及劳务	
			本月数	本年累计	本月数	本年累计
税款计算	应纳税额	19＝11－18				—
	期末留抵税额	20＝17－18			—	—
	按简易征收办法计算的应纳税额	21				
	按简易征收办法计算的纳税检查应补缴税额	22				
	应纳税额减征额	23				
	应纳税额合计	24＝19＋21－23				—
	期初未缴税额（多缴为负数）	25				—
	实收出口开具专用缴款书退税额	26			—	—
	本期已缴税额	27＝28＋29＋30＋31				—
	①分次预缴税额	28		—		—
	②出口开具专用缴款书预缴税额	29		—		—
	③本期缴纳上期应纳税额	30		—	—	—
	④本期缴纳欠缴税额	31			—	—
税款缴纳	期末未缴税额（多缴为负数）	32＝24＋25＋26－27				—
	其中：欠缴税额（≥0）	33＝25＋26－27			—	—
	本期应补（退）税额	34＝24－28－29		—	—	—
	即征即退实际退税额	35	—	—		
	期初未缴查补税额	36				
	期末入库查补税额	37			—	—
	期末未缴查补税额	38＝16＋22＋36－37			—	—

授权申明	如果你已委托代理人申报，请填写下列资料： 现授权_____为本纳税人的代理申报人，任何与本申报表有关的往来文件（地址）_____，都可以寄予此人。 授权人签字：	申报人申明	此纳税申报表是根据《中华人民共和国增值税暂行条例》的规定填报的，我相信它是真实的、可靠的、完整的。 申明人签字：

以下由税务机关填写

收到日期：　　　　　接收人：　　　　　主管税务机关盖章

179

表7-2-4 增值税纳税申报表表附列资料（表一）

增值税纳税申报表附列资料（表一）

（本期销售情况明细）

税款所属时间： 年 月

填表日期： 年 月 日

纳税人名称：（公章）

单位：元（列至角分）

一、按适用税率征收增值税货物及劳务的销售额和销项税额明细

项目	栏次	应税货物 17%税率			应税货物 13%税率			应税劳务			小计		
		份数	销售额	销项税额	份数	销售额	销项税额	份数	销售额	销项税额	份数	销售额	销项税额
防伪税控系统开具的增值税专用发票	1												
非防伪税控系统开具的增值税专用发票	2												
开具普通发票	3												
未开具发票	4	—			—			—			—		
小计	5=1+2+3+4	—			—			—			—		
纳税检查调整	6	—			—			—			—		
合计	7=5+6	—			—			—			—		

二、简易征收办法征收增值税货物的销售额和应纳税额明细

项目	栏次	6%税率			4%税率			小计		
		份数	销售额	应纳税额	份数	销售额	应纳税额	份数	销售额	销项税额
防伪税控系统开具的增值税专用发票	8									
非防伪税控系统开具的增值税专用发票	9	—			—			—		
开具普通发票	10	—			—			—		
未开具发票	11	—			—			—		
小计	12=8+9+10+11									

续表

二、简易征收办法征收增值税货物的销售额和应纳税额明细

项目	栏次	6%税率			4%税率			小计		
		份数	销售额	应纳税额	份数	销售额	应纳税额	份数	销售额	销项税额
纳税检查调整	13	—			—			—		
合计	14=12+13	—			—			—		

三、免征增值税货物及劳务销售额明细

项目	栏次	免税货物			免税劳务			小计		
		份数	销售额	税额	份数	销售额	税额	份数	销售额	税额
防伪税控系统开具的增值税专用发票	15	—			—			—		
开具普通发票	16	—		—	—		—	—		—
未开具发票	17	—		—	—		—	—		—
合计	18=15+16+17	—		—	—		—	—		—

表 7-2-5　增值税纳税申报表附列资料（表二）

（本期进项税额明细）

税款所属时间：　　年　月

纳税人名称：（公章）　　　　填表日期：　　年　月　日　　　　单位：元（列至角分）

一、申报抵扣的进项税额					
项目	栏次	份数	金额	税额	
（一）认证相符的防伪税控增值税专用发票	1				
其中：本期认证相符且本期申报抵扣	2				
前期认证相否且本期申报抵扣	3				
（二）非防伪税控增值税专用发票及其他扣税凭证	4				
其中：17%税率	5				
13%税率或扣除率	6				
10%扣除率	7	—			
7%扣除率	8				
6%征收率	9				
4%征收率	10				
（三）期初已征税款	11	—			
当期申报抵扣进项税额合计	12				
二、进项税额转出额					
项目	栏次	税额			
本期进项税转出额	13				
其中：免税货物用	14				
非应税项目用	15				
非正常损失	16				
按简易征收办法税货物用	17				
免、抵、退税办法出口货物不得抵扣进项税额	18				
纳税检查调整进项税额	19				
未经认证已抵扣的进项税额	20				
	21				
三、待抵扣进项税额					
项目	栏次	份数	金额	税额	
（一）认证相符的防伪税控增值税专用发票	22				
其中：期初已认证相符但尚未申报抵扣	23				
本期已认证相符且本期未申报抵扣	24				
期末已认证相符但未申报抵扣	25				
其中：按照税法规定不允许抵扣	26				
（二）非防伪税控增值税专用发票及其他扣税凭证	27				
其中：17%税率	28				
13%税率及扣除率	29				
10%扣除率	30				

续表

三、待抵扣进项税额				
项目	栏次	份数	金额	税额
7%扣除率	31			
6%征收率	32			
4%征收率	33			
	34			
四、其他				
项目	栏次	份数	金额	税额
本期认证相符的全部防伪税控增值税专用发票	35			
本期已征税款挂账额	36			
本期已征税款余额	37			
代扣代缴税额	38			

注：第 1 栏＝2 栏＋第 3 栏＝第 23 栏＋第 35 栏－第 25 栏；第 2 栏＝第 35 栏－第 24 栏；
　　第 3 栏＝第 23 栏＋第 24 栏－第 25 栏；第 4 栏等于第 5 栏至第 10 栏之和；
　　第 12 栏＝第 1 栏＋第 4 栏＋第 11 栏；第 13 栏等于第 14 栏至第 21 栏之和；
　　第 27 栏等于第 28 栏至第 34 栏之和。

表 7-2-6　增值税纳税申报表附列资料（表三）

（防伪税控增值专用发票申报抵扣明细）
申报抵扣所属期：　　年　　月

纳税人识别号：
纳税人名称：（公章）　　填表日期：　　年　　月　　日　　金额单位：列至角分

类别	序号	发票代码	发票号码	发票日期	金额	税额	销货方纳税人识别号	认证日期	备注
本期认证相符且本期申报抵扣									
	小计	—	—	—			—	—	—
前期认证相符且本期申报抵扣									

企业财务会计

续表

类别	序号	发票代码	发票号码	发票日期	金额	税额	销货方纳税人识别号	认证日期	备注
	小计	—	—	—			—	—	—
	合计	—	—	—			—	—	—

注：本表"金额""合计"栏数据应与《附列资料（表二）》第1栏中"金额"项数据相等；
　　本表"税额""合计"栏数据应与《附列资料（表二）》第1栏中"金额"项数据相等。

表 7-2-7　其他应税消费品消费税纳税申报表

税款所属期：　年　月　日至　　年　月　日

纳税人名称：（公章）　　纳税人识别号：☐☐☐☐☐☐☐☐☐☐☐☐☐☐☐☐☐☐

填表日期：　　年　月　日　　　　　　　　　　　　单位：元（列至角分）

项目 应税消费品名称	适用税率	销售数量	销售额	应纳税额
合计	—	—	—	

本期准予抵减税额：		**声明**
本期减（免）税额：		此纳税申报表是根据国家税收法律的规定填报的，我确定它是真实的、可靠的、完整的。
期初未缴税额：		
本期缴纳前期应纳税额：		经办人（签章）： 财务负责人（签章）： 联系电话：
本期预缴税额：		（如果你已委托代理人申报，请填写）
本期应补（退）税额：		**授权声明** 为代理一切税务事宜，现授权＿＿＿＿
期末未缴税额：		（地址）＿＿＿＿＿＿为本纳税人的代理申报人，任何与本申报表有关的往来文件，都可以寄予此人。 授权人签章：

以下由税务机关填写
受理人（签章）：　　　　受理日期　年　月　日　　　　受理税务机关（章）

184

【例 7-16】2011 年 10 月 8 日缴纳上月增值税（表 7-2-8）和消费税（表 7-2-9）。

表 7-2-8 中华人民共和国税收通用缴款书

税收通用缴款书

隶属关系：

注册类型：有限责任公司　　　　　填发日期 2011 年 10 月 8 日　　　　　征收机关：

交款单位（人）	代 码	610198719754012	预算科目	编码	10100
	全 称	西安同仁有限公司		名称	
	开户银行	中国工商银行西安市朱雀路支行		级次	
	账 户	3700019029000500578	收缴国库		

税款所属时期 2011 年 9 月 1 日至 2011 年 9 月 30 日　　　税款限交日期 2011 年 10 月 15 日

品目名称	课税数量	计税金额或销售收入	税率或单位税额	已缴或扣除额	实缴金额
制造业		895 000	17%		81 220

| 金额合计（大写）捌万壹仟贰佰贰拾元整 | | | ¥81 220.00 |

| 缴款单位（人）
（盖章）
经办人（章） | 税务机关
（盖章）
填票人（章） | 上列款项已收妥并划转收账单位账户。
国库（银行）盖章　　年　月　日 | 备注 |

中国工商银行西安市朱雀路支行 2011.10.3

表 7-2-9 中华人民共和国税收通用缴款书

税收通用缴款书

隶属关系：

注册类型：有限责任公司　　　　　填发日期 2011 年 10 月 8 日　　　　　征收机关：

交款单位（人）	代 码	610198719754012	预算科目	编码	10100
	全 称	西安同仁有限公司		名称	
	开户银行	中国工商银行西安市朱雀路支行		级次	
	账 户	3700019029000500578	收缴国库		

税款所属时期 2011 年 9 月 1 日至 2011 年 9 月 30 日　　　税款限交日期 2011 年 10 月 15 日

品目名称	课税数量	计税金额或销售收入	税率或单位税额	已缴或扣除额	实缴金额
消费税		55 000			80 000

| 金额合计（大写）捌仟元整 | | | ¥8 000.00 |

| 缴款单位（人）
（盖章）
经办人（章） | 税务机关
（盖章）
填票人（章） | 上列款项已收妥并划转收账单位账户。
国库（银行）盖章　　年　月　日 | 备注 |

中国工商银行西安市朱雀路支行 2011.10.3

分析：一般纳税人交纳上月增值税时，直接冲减"应交税费——未交增值税"账户；交纳上月消费税直接冲减"应交税费——应交消费税"账户。会计人员根据支票存根，作如下处理。

借：应交税费——未交增值税　　　　　　　　　　　　　81 220
　　　　　　——应交消费税　　　　　　　　　　　　　 8 000
　　贷：银行存款　　　　　　　　　　　　　　　　　　89 220

 理论要点

一、应交消费税概述

1. 消费税概念

消费税是指在我国境内生产、委托加工和进口应税消费品的单位和个人交纳的一种流转税。

消费税法规定 14 种货物应当交纳消费税（即应税消费品）：如烟、酒及酒精、化妆品、贵重首饰及珠宝玉石、鞭炮、成品油、汽车轮胎、小汽车、摩托车、高尔夫球及球具、高档手表、游艇、木制一次性筷子、实木地板等。

消费税一般在生产环节交纳，流转环节不交纳（只有金银首饰消费税由零售环节征收）。

2. 应交消费税的计算

消费税实行从价定率计征、从量定额计征和从价从量复合计征 3 种方法。
1）从价定率计征：应交消费税＝应税销售额×税率。
2）从量定额计征：应交消费税＝应税销售量×单位税额。
3）从价从量计征：应交消费税＝应税销售额×税率＋应税销售量×单位税额。
目前只有卷烟、粮食白酒及薯类白酒采用复合计征方法。

二、应交消费税业务的账务处理

应交消费税业务的账务处理，见表 7-2-10。

表 7-2-10　应交消费税业务的账务处理

销售应税消费品,计算应交消费税	视同销售应税消费品,计算应交消费税	交纳消费税
借：营业税金及附加 　贷：应交税费——应交消费税	借：应付职工薪酬 　　在建工程等 　　贷：应交税费——应交消费税	借：应交税费——应交消费税 　贷：银行存款

对于委托加工应税消费品，代收代交的消费税，按照相关规定处理。

任务 7.3 营业税业务

工作任务

企业从事不同的生产经营活动，应交纳的税金是不同的。如果企业既从事货物的生产，又从事货物的运输等营业税应税劳务，那么如何对营业税进行确认、计量和报告？请根据西安同仁有限公司以下交易或事项进行账务处理。

【例 7-17】公司设有运输部门对外提供营运服务。2011 年 9 月运营收入 86 000 元，已入账。适用的营业税税率为 5%。

分析：企业对外提供运输服务是一种营业税的应税行为。对于取得的收入记入"其他业务收入"账户，对于应当交纳的营业税属于当期损益，记入"营业税金及附加"账户。会计人员根据发票、进账单、营业税计算表，作如下处理。

借：银行存款 86 000
　　贷：其他业务收入 86 000
借：营业税金及附加 4 300
　　贷：应交税费——应交营业税 4 300

【例 7-18】2011 年 9 月将企业的专利权对外出租，收到本月租金 6 000 元，已入账。适用的营业税税率为 5%。

分析：企业出租资产，属于让渡资产使用权行为，对于取得的收入记入"其他业务收入"账户，对于应当交纳的营业税属于当期损益，记入"营业税金及附加"账户。会计人员根据发票、进账单、营业税计算表，作如下处理。

借：银行存款 6 000
　　贷：其他业务收入 6 000
借：营业税金及附加 300
　　贷：应交税费——应交营业税 300

【例 7-19】2011 年 9 月 15 日将企业拥有的专利技术对外出售，收入 56 000 元已入账。出售时专利技术账面成本 80 000 元，累计摊销 35 000 元，适用的营业税税率为 5%。

分析：企业出售无形资产是一种偶发性行为，对于取得的净损益应记入"营业外收入"或"营业外支出"账户，并计算应当交纳的营业税，从处置损益中扣除。

处置净损益＝56 000－（80 000－35 000）－56 000×5%＝8 200（元）
会计人员根据发票、进账单、营业税计算表，作如下处理。

借：银行存款 56 000
　　累计摊销 35 000
　　贷：无形资产 80 000

企业财务会计

应交税费——应交营业税　　　　　　　　　　　　　　　　　　2 800
营业外收入　　　　　　　　　　　　　　　　　　　　　　　　8 200

练一练

　　"应交税费——应交营业税" 9月月末的余额是多少？表示什么？（根据本项目资料填列表 7-3-1 和表 7-3-2）

　　应交税费——应交营业税＝4 300＋300＋2 800＝7 400

表 7-3-1　西安同仁有限公司应交营业税计算表

应交营业税计算表

2011 年 9 月 30 日　　　　　　　　　　　编号：20110901

项目	计税金额	适用税率	税额	备注
合　计				

会计主管：张光明　　　　审核：关公　　　　制单：

表 7-3-2　营业税纳税申报表

税务登记证件号码：□□□□□□□□□□□□□□□　管理代码：□□□□□□□□□□　税款所属时期：　年　月　日至　年　月　日　　　金额单位：元（列至角分）

纳税人名称：

税目	营业额					本期税款计算			期初欠缴税额	前期多缴税额	本期已缴税额（税款缴纳）				本期应缴税额计算		
	应税收入	应税减除项目金额	应税营业额	免税收入	税率(%)	小计	本期应纳税额	免(减)税额			小计	已缴本期应纳税额	本期已扣缴税额	本期已缴欠缴税额	小计	本期期末应缴税额	本期期末欠缴税额
1	2	3	4＝2－3	5	6	7＝8＋9	8＝6×(4－5)	9＝5×7	10	11	12＝13＋14＋15	13	14	15	16＝17＋18	17＝8－13－14	18＝10－11－15
交通运输业																	
建筑业																	
邮电通信业																	
服务业																	
娱乐业 5%税率																	
娱乐业 10%税率																	
娱乐业 20%税率																	
金融保险业																	
文化体育业																	
销售不动产																	
转让无形资产																	
合计																	
代扣代缴项目																	
总计																	

纳税人或代理人声明：

此纳税申报表是根据国家税收法律的规定填报的，我确定它是真实的、可靠的、完整的。

如纳税人填报，由纳税人填写以下各栏		
财务负责人（签章）	法定代表人（签章）	联系电话

如委托代理人填报，由代理人填写以下各栏：		
经办人（签章）	代理人（公章）	联系电话

代理人名称：

以下由税务机关填写　受理人：　受理日期：　　年　月　日

办税人员（签章）　受理税务机关（签章）　代理人（公章）

理论要点

一、应交营业税概述

1. 营业税的概念

营业税是指在我国境内提供应税劳务、转让无形资产或销售不动产的单位和个人交纳的一种流转税。

应税劳务是指属于交通运输业、建筑业、金融保险业、邮电通信业、文化体育业、娱乐业、服务业等经营行为。

转让无形资产是指转让无形资产的所有权或使用权的行为。

销售不动产是指有偿转让不动产所有权的行为。

▌提示

不同的流转税种，应税劳务的内容是不同的，见表7-3-3。

表7-3-3　税种与应税劳务

税种	应税劳务
增值税	加工、修理修配
消费税	委托加工
营业税	交通运输业、建筑业、金融保险业、邮电通信业、文化体育业、娱乐业、服务业

2. 应交营业税的计算

营业税以营业额作为计税依据，实行比例税率。税率从3%～20%不等。

二、应交营业税业务的账务处理

应交营业税业务的账务处理，见表7-3-4。

表7-3-4　应交营业税业务的账务处理

企业对外提供应税劳务，计算应交营业税	交纳营业税
借：营业税金及附加 　　贷：应交税费——应交营业税	借：应交税费——应交营业税 　　贷：银行存款

任务7.4　其他税费业务

▌工作任务

根据税法规定，凡交纳增值税、消费税、营业税的单位和个人，在交纳增值税、消费税、营业税的同时必须按照实际交纳的三大流转税额计算应当交纳的城市维护建设税、教育费附加。那么如何对其进行确认、计量和报告？请根据西安同仁有限公司以下交易或事项进行账务处理。

【例 7-20】2011 年 9 月实际应交纳增值税 81 220 元，消费税 8 000 元，营业税 7 400 元。适用的城市维护建设税税率为 7%，教育费附加税率为 3%（表 7-4-1）。

表 7-4-1　西安同仁有限公司应交城建税和教育费附加计算表

应交城建税和教育费附加计算表

2011 年 9 月 30 日　　　　　　　　　　　　　　编号：20110910

业务种类	计税基数			税率	应交城市维护建设税	税率	应交教育费附加
	增值税	消费税	营业税				
	1	2	3	4	5＝（1+2+3）×4	6	7＝（1+2+3）×4
	81 220	8 000	7 400	7%	6 763.40	3%	2 898.60
合计					¥6 763.40		¥2 898.60

会计主管：张光明　　　　审核：关公　　　　制单：刘明

分析： 城市维护建设税和教育费附加是企业应当承担的一种税费，应记入当期损益"营业税金及附加"账户。他们的计税依据均是企业每月应当实际交纳的增值税、消费税、营业税税额之和。

会计人员根据应交城建税、教育费附加计算表，作如下处理：

借：营业税金及附加　　　　　　　　　　　　　　　　　　9 662
　　贷：应交税费——应交城市维护建设税　　　　　　　　　6 763.4
　　　　　　　　——应交教育费附加　　　　　　　　　　　2 898.6

 理论要点

其他税费是指除增值税、消费税、营业税、所得税以外的有关税费。本书主要介绍城市维护建设税和教育费附加。

具体概念见表 7-4-2。

表 7-4-2　其他税费

内容	城市维护建设税的有关概念	教育费附加的有关概念
概念	是对从事工商经营需交纳增值税、消费税、营业税的单位和个人征收的一种税	是对交纳增值税、消费税、营业税的单位和个人，就其实际交纳的税额为依据计算征收的一种附加费
计税依据	纳税人实际交纳的增值税、消费税、营业税税额之和	纳税人实际交纳的增值税、消费税、营业税税额之和
税率	城市维护建设税的税率根据纳税人所在地不同，实行地区差别税率： ① 纳税人所在地区为市区的：税率为 7%； ② 纳税人所在地区为县、镇的：税率为 5%； ③ 纳税人所在地区不在市区、县或镇的：税率为 1%	现行征收比率为 3%

内容	城市维护建设税的有关概念	教育费附加的有关概念
计算	应纳税额＝（实际交纳的增值税＋实际交纳的消费税＋实际交纳的营业税）×适用税率	应纳税额＝（实际交纳的增值税＋实际交纳的消费税＋实际交纳的营业税）×征收率
会计处理	① 计算应交城市维护建设税 借：营业税金及附加 　　贷：应交税费——应交城市维护建设税 ② 交纳时 借：应交税费——应交城市维护建设税 　　贷：银行存款	① 计算应交教育费附加 借：营业税金及附加 　　贷：应交税费——应交教育费附加 ② 交纳时 借：应交税费——应交教育费附加 　　贷：银行存款

任务 7.5　所得税业务

工作任务

　　企业从事生产经营活动的目的是实现利润，企业实现了利润，就会产生应纳税所得。按照企业所得税法规定应当交纳企业所得税，那么如何对企业所得税进行确认、计量和报告？请根据西安同仁有限公司以下交易或事项进行账务处理。

【例 7-21】2011 年 9 月实现利润 65 000 元。适用的所得税税率为 25%。

分析： 按照企业所得税法规定，企业所得税按年计征，分月或者分季预交，年终汇算清交，多退少补，每月月末企业应当按照本月利润计算本月预交的所得税。

本月应交所得税＝65 000×25%＝16 250

会计人员根据所得税计算表，作如下处理：

借：所得税费用　　　　　　　　　　　　　　　　　　　　　　　　16 250
　　贷：应交税费——应交所得税　　　　　　　　　　　　　　　　　16 250

练一练

　　根据本项目提供的资料，填列西安同仁有限公司 2011 年 9 月 30 日资产负债表"应交税费"项目的金额。

应交税费＝应交增值税余额＋应交消费税余额＋应交营业税余额＋应交城市维护建设税余额＋应交教育费附加余额＋应交所得税余额＝81 220＋8 000＋7 400＋6 763.4＋2 898.6＋16 250＝122 532（元）

 理论要点

一、应交所得税概述

1. 所得税概念

所得税是对我国境内的企业取得的生产经营所得和其他所得征收的一种税收。

生产经营所得是指企业从事生产经营活动取得的收益，如销售商品取得的收益。其他所得是指企业偶发性所得，如接受捐赠所得等。

2. 应交所得税的计算

$$应交所得税＝应纳税所得×税率$$

应纳税所得是企业所得税的计税基础，按照企业所得税法规定，应纳税所得额为每一个纳税年度的收入总额，减除不征税收入、免税收入、各项扣除，以及允许弥补的以前年度亏损后的余额。

二、应交所得税业务的账务处理

应交所得税业务的账务处理，见表 7-5-1。

表 7-5-1　应交所得税业务的账务处理

企业计算应交所得税	交纳所得税
借：所得税费用 　　贷：应交税费——应交所得税	借：应交税费——应交所得税 　　贷：银行存款

项目 *8*

收入岗位业务

任务 8.1　销售商品收入业务

工作任务

企业生产经营活动的目的是利润，而利润实现的基础是销售商品取得收入，那么如何对销售商品取得的收入进行确认、计量和报告？请根据西安同仁有限公司以下交易或事项进行账务处理。

【例 8-1】2011 年 12 月 5 日向西安朝阳有限公司销售一批甲商品，开具的增值税专用发票上注明的货款为 200 000 元，增值税税额为 34 000 元。商品已经发出，款项尚未收到，已办理托收手续（双方同时约定付款条件 2/10、1/20、n/30。假定计算现金折扣时不考虑增值税）。该批商品的实际成本为 150 000 元。

分析：企业赊销商品，商品已经发出并且办妥了托收手续，符合销售商品收入确认原则，应按照售价总额确认收入。但是货款和增值税尚未收到，形成一项流动性债权，应记入"应收账款"账户的借方，对于现金折扣暂时不予考虑。会计人员根据托收承付受理回单及销售发票的记账联，作如下处理：

借：应收账款——西安朝阳有限公司　　　　　　　　　234 000
　　贷：主营业务收入——甲商品　　　　　　　　　　200 000
　　　　应交税费——应交增值税（销项税额）　　　　34 000
同时根据商品出库单，结转已销商品的实际成本，作如下处理：
借：主营业务成本——甲商品　　　　　　　　　　　　150 000
　　贷：库存商品——甲商品　　　　　　　　　　　　150 000

【例 8-2】2011 年 12 月 18 日收到西安朝阳有限公司支付的货款，已入账。

分析：对于销售给西安朝阳有限公司的商品，在未收到货款和增值税前已计入"应收账款"账户的借方，当实际收回时应当冲减该债权，此时就要考虑现金折扣的条件。对于实际发生的现金折扣记入"财务费用"账户的借方。

企业 12 月 5 日销售，12 月 18 日实际收回，即超过 10 天，在 20 天内收回，按条件应当给予 1% 的现金折扣。

即实际收回为 2 000 000×99%＋34 000＝232 000（元），
发生现金折扣为 200 000×1%＝2 000 元。
会计人员根据银行收账通知，作如下处理：
借：银行存款　　　　　　　　　　　　　　　　　　　232 000
　　财务费用　　　　　　　　　　　　　　　　　　　2 000
　　贷：应收账款——西安朝阳有限公司　　　　　　　234 000

【例 8-3】2011 年 12 月 19 日向兰州光辉有限公司销售一批乙产品，开具的增值税专用发票上注明的货款为 50 000 元，增值税税额为 8 500 元。产品已经发出，货款尚未收到，已办理托收手续。该批产品的实际成本为 35 000 元。

分析： 企业赊销产品，产品已经发出并且办妥了托收手续，符合销售商品收入确认原则，应按照售价确认收入。在货款和增值税尚未收到前，形成一项流动性债权，记入"应收账款"账户的借方。会计人员根据托收承付受理回单及销售发票的记账联，作如下处理：

借：应收账款——兰州光辉有限公司   58 500
    贷：主营业务收入——乙商品   50 000
        应交税费——应交增值税（销项税额）   8 500

同时根据商品出库单，结转已销商品的实际成本，作如下处理：

借：主营业务成本——乙商品   35 000
    贷：库存商品——乙商品   35 000

【例 8-4】 2011 年 12 月 19 日销售给兰州光辉有限公司的产品在验货时因质量不符合要求，2011 年 12 月 23 日兰州光辉有限公司要求在价格上给予 5% 的折让。经协商同意。

分析： 对于销售给兰州光辉有限公司的产品，在未收到货款和增值税前已记入"应收账款"账户的借方，因产品质量问题而给与客户的销售折让，应根据取得的红字增值税专用发票，从未收回的应收账款中扣除并冲减主营业务收入和增值税的销项税额。

应冲减的主营业务收入为 50 000×5%＝2 500 元；

应冲减的增值税销项税额 8 500×5%＝425 元。

会计人员根据红字增值税专用发票，作如下处理：

借：主营业务收入——乙商品   2 500
    应交税费——应交增值税（销项税额）   425
    贷：应收账款——兰州光辉有限公司   2 925

> **提示**
>
> 销售折让的发生与已销商品的成本没有关系，他仅仅表明企业的利润空间降低，故不能同时冲减已销商品成本。

【例 8-5】 2011 年 12 月 24 日收到兰州光辉有限公司支付的剩余货款，已入账。

分析： 12 月 19 日应收兰州光辉有限公司货款和增值税 58 500 元，12 月 23 日因发生销售折让冲减货款和增值税 2 925 元，故 12 月 24 日实际收到的货款和增值税是 58 500－2 925＝55 575 元。会计人员根据银行收款通知单，作如下处理：

借：银行存款   55 575
    贷：应收账款——兰州光辉有限公司   55 575

【例 8-6】 2011 年 12 月 5 日销售给西安朝阳有限公司的商品因质量不符合规定要求（表 8-1-1、表 8-1-2），西安朝阳有限公司于 2011 年 12 月 25 日要求退货。西安同仁有限公司同意退货并收到退回的商品（表 8-1-3、表 8-1-4），通过银行支付退货款（表 8-1-5）。

表 8-1-1　开具红字增值税专用发票申请单

填开日期：2011 年 12 月 25 日　　　　　　NO.

销售方	名　称	西安同仁有限公司	购买方	名　称	西安朝阳有限公司
	税务登记代码	610198719754012		税务登记代码	610113395210129

开具红字专用发票内容	货物（劳务）名称	单价	数量	金额	税率	税额
	甲商品	80	2 500	200 000	17%	34 000
	合计			200 000		34 000

说明	一、购买方申请□
	对应蓝字专用发票抵扣增值税销项税额情况：
	1. 已抵扣□
	2. 未抵扣☑
	（1）无法认证□
	（2）纳税人识别号认证不符□
	（3）增值税专用发票代码、号码认证不符□
	（4）所购货物不属于增值税扣税项目范围□
	对应蓝字专用发票密码区内打印的代码：＿＿＿＿＿＿
	号码：＿＿＿＿＿＿
	二、销售方申请□
	（1）因开票有误购买方拒收的□
	（2）因开票有误等原因尚未交付的□
	对应蓝字专用发票密码区内打印的代码：＿＿＿＿＿＿
	号码：＿＿＿＿＿＿
	开具红字专用发票理由：商品质量不符合合同规定。

申明：我单位提供的《申请单》内容真实，否则将承担相关法律责任。

申请方经办人：文题　联系电话：87887888　申请方名称（印章）：西安朝阳有限公司

注：本申请单一式两联：第一联，申请方留存；第二联，申请方所属主管税务机关留存。

表 8-1-2 开具红字增值税专用发票通知单

			填表日期：2011 年 12 月 25 日			NO.	
销售方	名　称	西安同仁有限公司	购买方	名　称		西安朝阳有限公司	
	税务登记代码	610198719754012		税务登记代码		610113395210129	
开具红字专用发票内容	货物（劳务）名称	单价	数量	金额	税率	税额	
	甲商品	80	2 500	200 000	17%	34 000	
	合计			200 000		34 000	
说明	需要作进项税额转出□ 不需要作进项税额转出☑ 纳税人识别号认证不符□ 专用发票代码、号码认证不符□ 对应蓝字专用发票密码区内打印的代码：＿＿＿＿＿＿ 　　　　　　　　　　　　号码：＿＿＿＿＿＿＿ 开具红字专用发票理由：商品质量不符合合同规定。						

经办人：　　　　负责人：　　　　主管税务机关名称（印章）：＿＿＿＿＿＿

注：1. 本通知单一式三联：第一联，购买方主管税务机关留存；第二联，购买方送交销售方留存；
　　　第三联，购买方留存。
　　2. 通知单应与申请书一一对应。
　　3. 销售方应在开具红字专用发票后到主管税务机关进行核销。

表 8-1-3 陕西增值税专用发票

陕西增值税专用发票
记 账 联

6100052185　　　　　　　　　　　　　　　　　　No 03303033
　　　　　　　　　　　　　　　　　　　　开票日期：2011 年 12 月 25 日

购货单位	名　　称：西安朝阳有限公司 纳税人识别号：610113395210129 地址、电话：西安市文艺路 115 号 029-87887888 开户行及账号：中国银行西安市文艺路支行 3700040580013200129				密码区	（略）	
货物或应税劳务名称	规格型号	单位	数量	单价	金额	税率	税额
甲商品		件	－2 500	80.00	－200 000.00	17%	－34 000.00
合　　计					¥－200 000.00		¥－34 000.00
价税合计人民币（大写）	⊗（负数）贰拾叁万肆仟元整				（小写）¥－234 000.00		
销货单位	名　　称：西安同仁有限公司 纳税人识别号：610198719754012 地址、电话：西安市朱雀路 1171 号　029-85637788 开户行及账号：中国工商银行西安市朱雀路支行 3700019029000500578				备注	610113395210129 发票专用章	

收款人：　　　复核：　　　开票人：李明华　　　销货单位：（章）

表 8-1-4 西安同仁有限公司产品（商品）出库单

产品（商品）出库单

购货单位：西安朝阳有限公司　　　　2011 年 12 月 25 日　　　　　　编号：20110501

产品			单位	数量	单位成本	金额
产品编号	产品名称	产品规格				
	甲商品	套	件	-2 500	60.00	-150 000.00
合　计						-150 000.00

主管：　　　记账：　　　复核：　　　制单：成名

表 8-1-5 中国工商银行结算业务申请书

中国工商银行结算业务申请书（回单）　　　陕　№ 05738456

申请日期 2011 年 12 月 25 日

业务种类：行内付款☑　　　境内同业汇款□　　　银行汇票□　　　银行本票□

申请人	名　称	西安同仁有限公司	收款人	名　称	西安朝阳有限公司
	账　号	3700019029000500578		账　户	3700040580013200129
	联系电话	029-85637788		联系电话	029-87887888
	身份证件类型			汇入行名称	中国工商银行文艺路支行
	身份证件号			汇入行地点	陕西省西安市

金额	人民币（大写）	贰拾叁万贰仟元整	百	十	万	千	百	十	元	角	分
			¥	2	3	2	0	0	0	0	0

扣款方式：转账☑　现金□　其他□　　　收费账号：3700019029000500578

现金汇款请填写　国籍：　　职业：　　　用途：退货款

支付密码：　　　　　　　附言：扣除现金折扣 2 000 元。

申请人签章　　　　　　　核准：　　　经办：

分析： 对于销售给西安朝阳有限公司的商品，货款和增值税已经收到。因商品质量问题而发生的销售退回，西安同仁有限公司应根据取得的红字增值税专用发票，冲减退回当月的主营业务收入和增值税的销项税额，并按照当时实际收到的款项退回价款。对于当时发生的现金折扣则冲减财务费用。

应冲减的主营业务收入为 200 000 元；

应冲减的增值税销项税额为 34 000 元；

应冲减的财务费用为 2 000 元；

实际退回货款和增值税为 234 000－2 000＝232 000 元。

会计人员根据红字增值税专用发票，作如下处理：

借：主营业务收入——甲商品　　　　　　　　　　　　　　　　200 000

应交税费——应交增值税（销项税额）　　　　　　　　　34 000

贷：银行存款　　　　　　　　　　　　　　　　　　　232 000

财务费用　　　　　　　　　　　　　　　　　　　2 000

同时根据退回商品入库单（或红字出库单），作如下处理：

借：库存商品——甲商品　　　　　　　　　　　　　　　　　　150 000

　　　　贷：主营业务成本——甲商品　　　　　　　　　　　　　　　　150 000

　　【例 8-7】2011 年 12 月 26 日采用预收账款方式销售给宇通公司一批原材料，增值税专用发票上注明的货款为 60 000 元，增值税额为 10 200 元，该批原材料实际成本为 42 000 元。西安同仁有限公司已于 12 月 3 日预收货款 30 000 元，发出材料时收回宇通公司补付款，已入账。

　　分析： 企业采用预收账款方式销售商品、材料物资，在收到预收款项时形成一项流动负债，已记入"预收账款"账户的贷方。

　　12 月 3 日预收时，已作如下处理：

　　借：银行存款　　　　　　　　　　　　　　　　　　　　　　　30 000
　　　　贷：预收账款——宇通公司　　　　　　　　　　　　　　　　30 000

　　只有在货物发出时才符合销售商品收入确认的原则，应按照售价确认收入，并冲减原已预收的账款。如果销售的是原材料、包装物等物资取得的收入，应计入"其他业务收入"账户。12 月 26 日会计人员根据银行收款通知单及销售发票的记账联，作如下处理：

　　借：预收账款——宇通公司　　　　　　　　　　　　　　　　　30 000
　　　　银行存款　　　　　　　　　　　　　　　　　　　　　　　40 200
　　　　贷：其他业务收入——原材料　　　　　　　　　　　　　　60 000
　　　　　　应交税费——应交增值税（销项税额）　　　　　　　　10 200

　　同时根据原材料出库单，结转已销原材料的实际成本，作如下处理：

　　借：其他业务成本——原材料　　　　　　　　　　　　　　　　42 000
　　　　贷：原材料　　　　　　　　　　　　　　　　　　　　　　42 000

　　【例 8-8】2011 年 12 月 1 日向明光公司销售一批乙产品，开具的增值税专用发票上注明的货款为 20 000 元，增值税税额为 3 400 元。当日发出产品时得知明光公司资金流转发生暂时性困难，同仁公司为了减少存货积压，同时也为了维护与明光公司的关系仍将产品发出，并办理托收手续。该批产品的实际成本为 12 000 元。

　　分析： 企业赊销产品，在产品已经发出但不是很可能确定收回销售款的情况下，即使办妥了托收手续，也不符合销售商品收入确认原则，不应确认收入。只能根据产品的出库单，将发出产品的成本由"库存商品"账户结转至"发出商品"账户，作移库处理。会计人员根据产品出库单作如下处理：

　　借：发出商品——乙商品　　　　　　　　　　　　　　　　　　12 000
　　　　贷：库存商品——乙商品　　　　　　　　　　　　　　　　12 000

　　按照现行增值税税法的有关规定，企业在发出产品的同时开具增值税专用发票，即纳税行为已经发生，所以企业应当根据开出的增值税专用发票上注明的增值税，确认应当交纳的增值税销项税额，并记入"应收账款"账户的借方。会计人员根据托收承付受理回单及销售发票的记账联，作如下处理：

　　借：应收账款——明光公司　　　　　　　　　　　　　　　　　3 400
　　　　贷：应交税费——应交增值税（销项税额）　　　　　　　　3 400

　　假定 2012 年 12 月 25 日得知明光公司经营情况好转的消息，承若近期支付货款。

此时，企业能够确定收回销货款，既符合销售商品收入确认原则，应确认销售收入。会计人员根据有关资料作如下处理：

借：应收账款——明光公司　　　　　　　　　　　　　　　　20 000
　　贷：主营业务收入——乙商品　　　　　　　　　　　　　　　　20 000

同时结转已销商品的实际成本作如下处理：

借：主营业务成本——乙商品　　　　　　　　　　　　　　　12 000
　　贷：发出商品——乙商品　　　　　　　　　　　　　　　　　12 000

■ 练一练

　　根据本项目提供的资料，计算西安同仁有限公司 2011 年 12 月实现的主营业务收入和其他业务收入。

 理论要点

一、收入的基本概念

1. 收入的概念

收入是指企业日常活动中形成的、会导致所有者权益增加的、与所有者投入资本无关的经济利益的总流入。

2. 收入的特点

1）收入是企业在日常活动中形成的。日常活动是指企业为完成其经营目标所从事的经常性活动及与之相关的活动。例如，制造业制造产品并销售产品；流通业购进商品并销售商品；交通运输业提供营运服务等。

2）收入是与所有者投入资本无关的经济利益的总流入。如企业销售商品取得销售收入，导致货币资金的增加，从而导致资产总额的增加，即会导致经济利益的总流入。但是，不是所有的导致资产增加的业务都会形成收入，如企业设立时收到投资者投入的资本，虽然也导致经济利益的增加，但不应确认为收入。再如，企业向银行借入的款项，也会导致经济利益的流入，但仍不确认为收入。

3）收入会导致所有者权益的增加。企业取得收入，扣除相应的成本费用后的净额即为企业实现的净利润。净利润是所有者权益的组成部分，所以说收入的取得会导致所有者权益的增加。

3. 收入的分类

1）按照收入的性质不同，收入分为销售商品收入、提供劳务收入和让渡资产使用权收入，具体内容见表 8-1-6。

201

表 8-1-6　收入的分类（按收入性质分）

性质	销售商品收入	提供劳务收入	让渡资产使用权收入
概念	企业销售商品取得的收入	交通运输业、建筑业、邮电通信业、金融保险业、文化体育业、娱乐业、服务业等经营行为取得的收入	企业出租资产取得的收入
内容	包括制造业销售产品取得的收入、商品流通企业销售商品取得的收入，企业销售原材料、包装物等取得的收入也视同为销售商品收入	包括营运收入、劳务收入及服务收入等	如出租固定资产、出租无形资产等取得的收入

2）按照企业经营业务的主次不同，收入分为主营业务收入和其他营业收入，具体内容见表 8-1-7。

表 8-1-7　收入的分类（按企业经营业务主次分）

主次	主营业务收入	其他业务收入
概念	企业为完成主要经营目标而取得的收入	主营业务收入以外日常活动取得的收入
内容	如制造业销售产品取得的收入、商品流通企业销售商品取得的收入，以及劳务提供企业提供劳务取得的收入	如企业销售原材料、包装物等取得的收入、出租固定资产取得的租金收入、出租无形资产取得的租金收入等

二、销售商品收入业务的账务处理

1. 销售商品收入的确认

现行企业会计准则规定，销售商品收入同时满足下列条件，才能予以确认：

1）企业已将商品所有权上的主要风险和报酬转移给购货方。

2）企业既没有保留通常与所有权相联系的继续管理权，也没有对已售出的商品实施有效控制。

3）相关的经济利益很可能流入企业。

4）收入的金额能够可靠地计量。

5）相关的已发生或将发生的成本能够可靠地计量。

2. 销售商品收入的计量

销售商品收入的计量见表 8-1-8。

表 8-1-8　销售商品收入的计量

计量原则	商业折扣	现金折扣	销售折让	销售退回
按照已收或应收合同或协议价款的公允价值确定销售商品收入金额	企业为促进商品销售而给予的价格扣除，俗称打折销售。由于商业折扣在销售时即已发生，客户不需要付款，并且不构成最终成交价格。所以在附有商业折扣销售的情况下，应当按照扣除商业折扣后的金额确定销售商品收入的金额	债权人为了鼓励债务人在规定的期限内付款而向债务人提供的债务扣除。现金折扣是否发生，销售商品时是无法确定的，所以销售商品时确认的收入中含有现金折扣。在现金折扣实际发生时，对于发生的现金折扣计入当期损益财务费用中	企业因售出商品质量不符合要求等原因而在售价上给予的减让。当销售折让实际发生时，冲减当期销售商品收入，如一般纳税人按规定允许扣减增值税销项税额的，还应冲减已确认的应交税费——应交增值税（销项税额）	企业售出的商品由于质量、品种不符合要求等原因而发生的退货。当销售退回实际发生时，冲减退回当期销售商品收入，同时冲减当期销售商品成本，如一般纳税人按规定允许扣减增值税销项税额的，还应冲减已确认的应交税费——应交增值税(销项税额)

3. 销售商品收入会计处理设置账户

（1）"主营业务收入"账户

总账："主营业务收入"账户属损益类账户，主要用来核算企业销售商品、提供劳务等主营业务收入的增减变动。贷方登记销售商品或提供劳务取得的收入，借方登记销售退回、销售折让冲减的收入及期末结转的收入，期末应将其余额结转至"本年利润"账户，结转后本账户无余额，见图 8-1-1。

借	主营业务收入	贷
① 本期发生的销售退回、销售折让 ② 期末结转主营业务收入		① 本期销售商品取得的收入 ② 本期提供劳务取得的收入
本期借方发生额合计		本期贷方发生额合计

图 8-1-1　"主营业务收入"账户

明细账：按主营业务的种类进行明细核算。

（2）"主营业务成本"账户

总账："主营业务成本"账户属损益类账户，主要用来核算企业销售商品、提供劳务等主营业务收入时应结转的成本。借方登记销售商品或提供劳务应结转的成本，贷方登记销售退回冲减的成本及期末结转的成本，期末应将其余额结转至"本年利润"账户，结转后本账户无余额，见图 8-1-2。

借	主营业务成本	贷
① 本期销售商品结转的成本 ② 本期提供劳务结转的成本		① 本期发生的销售退回冲减的成本 ② 期末结转主营业务成本
本期借方发生额合计		本期贷方发生额合计

图 8-1-2　"主营业务成本"账户

明细账：按主营业务的种类进行明细核算。

（3）"发出商品"账户

总账："发出商品"账户属资产类账户，主要用来核算企业未满足收入确认条件但已发出商品实际成本的增减变动。借方登记未满足收入确认条件发出商品的实际成本。贷方登记发出商品满足收入确认条件结转的销售成本。期末借方余额反映企业发出商品的实际成本，见图8-1-3。

借	发出商品	贷
期初余额		
未满足收入确认条件发出商品的实际成本	满足收入确认条件结转的销售成本	
本期借方发生额合计	本期贷方发生额合计	
期末余额：发出商品的实际成本		

图8-1-3 "发出商品"账户

明细账：按购货单位、商品类别和品种进行明细核算。

4. 销售商品业务的账务处理

销售商品业务的账务处理见表8-1-9。

表8-1-9 销售商品业务的账务处理

销售商品，符合销售商品收入确认条件	收回货款和增值税，实际发生现金折扣	实际发生销售折让	实际发生销售商品退回
借：银行存款 　　应收账款 　　应收票据 　　预收账款 　贷：主营业务收入 　　　应交 　　　税费——应交增值税 　　　　（销项税额） 借：主营业务成本 　贷：库存商品	借：银行存款 　　财务费用 　贷：应收账款	借：主营业务收入 　　应交税费——应交增值税（销项税额） 　贷：应收账款 　　　银行存款	借：主营业务收入 　　应交税费——应交增值税（销项税额） 　贷：应收账款 　　　银行存款 借：库存商品 　贷：主营业务成本

任务8.2　提供劳务收入业务

工作任务

生产型企业除了正常的产品生产和经营外，还可以对外提供劳务，如对外提供技术服务、对外提供加工服务、修理修配服务等。那么如何对提供劳务取得的收入进行确认、计量和报告？请根据西安同仁有限公司以下交易或事项进行账务处理。

【例8-9】公司下设技术开发部，2011年12月5日接受华润公司的委托开发一项软件，合同价款为 50 000 元。截至 12 月 25 日开发完成，实际发生开发人员工薪 3 000 元。软件已提交验收合格，款项尚未收到，已办理托收手续。

分析：此项业务即为西安同仁有限公司利用企业的生产技术对外提供劳务，并且从劳务的开始到完成没有跨月。现行企业会计准则规定，对于不跨期的劳务，应当在劳务完成时确认为收入，记入"主营业务收入"账户的贷方；对于发生的劳务支出直接记入"主营业务成本"账户。并且增值税税法规定，纳税人受托开发软件产品，著作权属于委托方或属于双方共同拥有的不征增值税。会计人员根据合同、发票记账联、开发支出记录等票证，作如下处理：

借：应收账款——华润公司　　　　　　　　　　　　　　　　　50 000
　　贷：主营业务收入　　　　　　　　　　　　　　　　　　　　　　50 000
借：主营业务成本　　　　　　　　　　　　　　　　　　　　　3 000
　　贷：应付职工薪酬——工资　　　　　　　　　　　　　　　　　　3 000

> **提示**
>
> 　　纳税人销售软件产品并随同销售一并收取的软件安装费、维护费、培训费等收入，征收增值税。对软件产品交付使用后，按期或按次收取的维护费、培训费等，不征增值税；企业接受委托对外提供技术开发劳务不属于增值税征收范围，不征增值税。如果符合条件，应当计算和交纳营业税。

【例 8-10】公司下设技术开发部，2011 年 10 月 5 日接受通浩公司的委托开发一项软件，合同价款为 100 000 元，预计开发支出为 65 000 元，开发期限 6 个月，订立合同时预收 60 000 元已入账。截至 2011 年 12 月 31 日，假定已累计发生开发支出 30 000 元（假定全部是开发人员工薪）。经过专业人员测量，至 2011 年年末，该项软件完工程度为 40%。

分析：此项业务即为西安同仁有限公司利用企业的生产技术对外提供劳务，并且从劳务的开始到完成分属不同会计年度。

2011 年 10 月预收款项时，会计人员根据合同、银行存款进账单，作如下处理：

借：银行存款　　　　　　　　　　　　　　　　　　　　　　60 000
　　贷：预收账款——通浩公司　　　　　　　　　　　　　　　　　60 000

对于发生的劳务支出，应通过"劳务成本"账户进行过渡。2011 年年末会计人员根据开发人员工薪记录，作如下处理：

借：劳务成本　　　　　　　　　　　　　　　　　　　　　　30 000
　　贷：应付职工薪酬——工资　　　　　　　　　　　　　　　　　30 000

现行企业会计准则规定，如果企业在 2011 年年末能够对该项劳务的完成情况做出可靠估计，应当用完工百分比法确认当期的收入、成本。确认的收入记入"主营业务收入"账户，确认的成本记入"主营业务成本"账户。

经测试截至 2011 年末该开发工程已完工了 40%。所以：

2011 年应当确认的劳务收入为 40 000 元（100 000×40%）
2011 年应当确认的劳务成本为 26 000 元（65 000×40%）
会计人员根据有关收入、成本计算单，作如下处理：

借：预收账款——通浩公司　　　　　　　　　　　　　　　　40 000
　　贷：主营业务收入　　　　　　　　　　　　　　　　　　　　　40 000
借：主营业务成本　　　　　　　　　　　　　　　　　　　　26 000
　　贷：劳务成本　　　　　　　　　　　　　　　　　　　　　　　26 000

提示

"劳务成本"是成本类账户，对于跨期的劳务支出应通过该账户进行核算。"劳务成本"账户年末的余额为 4 000 元（30 000－26 000），即为尚未完工的劳务成本。

【例 8-11】2012 年 4 月 5 完成通浩公司的委托开发项目，累计发生支出 63 500 元（假定全为人员工薪）。软件已提交验收合格，同时收回补付款，已入账。

分析：由于该项劳务从开始到完成分属不同会计年度。在上年末西安同仁有限公司已按照完工百分比法确认 2011 年的收入和应结转的成本，2012 年完工时确认完工当期应确认的收入、成本。

截至 2012 年劳务完成时，累计发生支出 63 500 元，2011 年实际发生的劳务支出为 30 000 元，即 2012 年实际发生劳务支出为 33 500 元（63 500－30 000）。会计人员根据开发人员工薪记录作如下处理：

借：劳务成本　　　　　　　　　　　　　　　　　　　　　33 500
　　贷：应付职工薪酬——工资　　　　　　　　　　　　　　　　33 500

2012 年完工时应当确认的收入＝提供劳务收入总额×本期末止劳务的完工进度－以前会计期间累积已确认的劳务收入＝100 000×100%－100 000×40%＝60 000 元。

2012 年完工时应当确认的成本＝提供劳务预计成本总额×本期末止劳务的完工进度－以前会计期间累积已确认的劳务成本＝63 500×100%－65 000×40%＝37 500 元。

会计人员根据有关计算单、收款记录，作如下处理：

借：预收账款——通浩公司　　　　　　　　　　　　　　　　20 000
　　银行存款　　　　　　　　　　　　　　　　　　　　　　40 000
　　贷：主营业务收入　　　　　　　　　　　　　　　　　　　　60 000
借：主营业务成本　　　　　　　　　　　　　　　　　　　37 500
　　贷：劳务成本　　　　　　　　　　　　　　　　　　　　　　37 500

206

理论要点

企业提供劳务收入的确认原则因劳务完成时间不同而不同。

一、在同一会计期间内开始并完成劳务

1. 确认

对于一次就能完成的劳务，或在同一会计期间内开始并完成的劳务，应在提供劳务交易完成时确认收入。

2. 计量

按照从接受劳务方已收或应收合同或协议价款的公允价值确定提供劳务收入金额。

3. 现金折扣

现金折扣是指债权人为了鼓励债务人在规定的期限内付款而向债务人提供的债务扣除。现金折扣是否发生，提供劳务时无法确定，所以提供劳务时确认的收入中含有现金折扣。在现金折扣实际发生时，对于发生的现金折扣计入当期损益财务费用中。

4. 账务处理

账务处理见表 8-2-1。

表 8-2-1 账务处理

劳务完成时	发生劳务支出时
借：银行存款（或应收账款等） 　　贷：主营业务收入	借：主营业务成本 　　贷：银行存款（或原材料、应付职工薪酬等）

二、劳务的开始和完成分属不同的会计期间

1. 确认

对于劳务的开始和完成分属不同的会计期间，并且企业在资产负债表日（期末）提供劳务交易的结果能够可靠估计的，应当按照完工百分比法确认收入。

现行企业会计准则规定，跨期提供劳务收入同时满足下列条件，才能予以确认。

1）收入的金额能够可靠地计量。

2）相关的经济利益很可能流入企业。

3）交易的完工进度能够可靠地确定，即可选用下列完工百分比法确定完工进度。

① 已完工作的测量。

② 已经提供的劳务占应提供的劳务总量的比例。

③ 已经发生的成本占估计总成本的比例。

4）交易中已发生或将发生的成本能够可靠地计量。

2. 设置账户

总账："劳务成本"账户属成本账户，主要用来核算企业对外提供劳务发生的成本增减变动。借方登记发生的各项劳务成本，贷方期末结转的劳务成本，期末借方余额反映企业尚未完成的劳务成本，见图 8-2-1。

借	劳务成本	贷
期初余额		
本期发生的劳务成本	期末结转劳务成本	
本期借方发生额合计	本期贷方发生额合计	
期末余额：尚未完成的劳务成本		

图 8-2-1 "劳务成本"账户

明细账：按提供劳务种类进行明细核算。

3. 账务处理

账务处理见表 8-2-2。

表 8-2-2　账务处理

发生劳务支出	资产负债表日按照完工百分比法确认当期收入和应结转的成本	
借：劳务成本 　　贷：银行存款（或原材料、 　　　　应付职工薪酬等）	借：银行存款（或应收账款等） 　　贷：主营业务收入	借：主营业务成本 　　贷：劳务成本

任务 8.3　让渡资产使用权收入业务

工作任务

　　企业除了正常的产品生产和经营外，还可以将闲置不用的资产对外出租，取得租金收入，即让渡资产使用权收入。如何对让渡资产使用权取得的收入进行确认、计量和报告？请根据西安同仁有限公司以下交易或事项进行账务处理。

【例 8-12】2011 年 12 月对外出租办公楼一间，租期 6 个月，每月租金 3 500 元，按月收取。每月该办公楼应提折旧 1 800 元。适用的营业税税率为 5%。

　　分析： 企业对外出租固定资产资产属于让渡资产使用权，取得的租金收入应记入"其他业务收入"账户的贷方，同时企业要按照权责发生制会计处理的要求结转或摊销应当负担的成本费用，记入"其他业务成本"账户的借方，如考虑应当交纳的营业税记入"营业税金及附加"账户的借方。会计人员根据有关票据等，作如下处理：

```
借：银行存款                              3 500
    贷：其他业务收入                           3 500
借：其他业务成本                          1 800
    贷：累计折旧                               1 800
借：营业税金及附加                          175
    贷：应交税费——应交营业税                    175
```

【例 8-13】2011 年 12 月对外出租专利权，租期 12 个月，每月租金 6 000 元，按月收取。每月该专利权应摊销 2 800 元，适用的营业税税率为 5%。

　　分析： 企业对外出租无形资产属于让渡资产使用权，账务处理同例 8-12，会计人员根据有关票据等，作如下处理：

```
借：银行存款                              6 000
    贷：其他业务收入                           6 000
借：其他业务成本                          2 800
```

	贷：累计摊销	2 800
借：营业税金及附加		300
	贷：应交税费——应交营业税	300

 理论要点

一、让渡资产使用权收入的确认

让渡资产使用权取得的收入同时满足下列条件，才能予以确认：

1）相关的经济利益很可能流入企业。

2）收入的金额能够可靠地计量。

二、让渡资产使用权收入的计量

一般来说，让渡资产使用权取得的收入应按照合同或协议约定的金额确定。

三、让渡资产使用权收入会计处理设置账户

1."其他业务收入"账户

总账："其他业务收入"账户属损益类账户，主要用来核算企业销售原材料、包装物及出租各项资产等取得的收入的增减变动。贷方登记取得的收入，借方登记销售退回、销售折让冲减的收入及期末结转的收入，期末应将其余额结转至"本年利润"账户，结转后本账户无余额。

明细账：可按照其他业务收入种类进行明细核算。

"其他业务收入"账户与"主营业务收入"账户结构基本相同。

2."其他业务成本"账户

总账："其他业务成本"账户属损益类账户，主要用来核算企业销售原材料、包装物及出租各项资产等，取得其他业务收入时应结转的成本。借方登记销售应结转的成本，贷方登记销售退回冲减的成本及期末结转的成本，期末应将其余额结转至"本年利润"账户，结转后本账户无余额。

明细账：可按照其他业务成本种类进行明细核算。

"其他业务成本"账户与"主营业务成本"账户结构基本相同。

四、让渡资产使用权收入业务账务处理

让渡资产使用权收入业务账务处理见表 8-3-1。

表 8-3-1　让渡资产使用权收入业务账务处理

取得收入	结转成本或计提出租资产折旧或摊销额
借：银行存款（或库存现金、其他应收款等） 　　贷：其他业务收入	借：其他业务成本 　　贷：累计折旧（或原材料、累计摊销等）

209

项目 9
资本和借款岗位业务

知识目标

◇ 了解资本与借款岗位的内容。
◇ 掌握实收资本（股本）、资本公积与留存收益业务。
◇ 掌握短期借款及长期借款业务。
◇ 掌握实收资本（股本）、资本公积及留存收益业务增减变动的会计处理。
◇ 掌握短期借款及长期借款业务增减变动的会计处理。

能力目标

◇ 能够区分投资者投入资本、留存收益及其借款的不同点。
◇ 能够识别哪些交易或事项会引起投入资本、留存收益、借款业务的发生。
◇ 能够独立胜任投入资本、留存收益、短期借款、长期借款增减变动业务的会计处理。

态度目标

◇ 坚守企业会计准则，具有准确的职业判断能力，养成良好的职业习惯。
◇ 养成在学习中发现问题，在解决问题中不断学习，努力提高职业水平的工作态度。
◇ 养成认真负责、广泛沟通、积极进取的工作作风。

任务 9.1　实收资本业务

工作任务

　　按照我国有关法律法规规定，设立企业，投资者必须投入资本并取得工商行政管理部门颁发的营业执照。实收资本就是投资者投入资本形成法定资本的价值，那么如何对实收资本进行确认、计量和报告？请根据西安同仁有限公司以下交易或事项进行账务处理。

　　【例 9-1】2010 年 10 月 1 日，由西安同颐有限公司和西安仁和有限公司共同出资设立（表 9-1-1），注册资本为 1 000 000 元，10 月 5 日收到各投资者交纳的投资款，已入账（表 9-1-2）。

表 9-1-1　投资协议

投 资 协 议

　　甲方：西安同颐有限公司
　　乙方：西安仁和有限公司
　　甲乙双方经过协商，本着互惠互利、优势互补的合作原则，共同出资设立西安同仁有限公司。西安同仁有限公司注册资本 100 万元人民币，出资情况如下：

投资方	投资方式	投资额	出资期限	备注
西安同颐有限公司	现金	500 000	2010.10.5	
西安仁和有限公司	现金	500 000	2010.10.5	

　　……

甲方	乙方
西安同颐有限公司（章）	西安仁和有限公司（章）
2010 年 10 月 1 日	2010 年 10 月 1 日

企业财务会计

表 9-1-2　注册资本实收情况明细表

注册资本实收情况明细表

截至 2010 年 10 月 5 日

被审验单位：西安同仁有限公司　　　　　　　　　　　　　　　　货币单位：万元

股东名称	认缴注册资本		实际出资情况										
	金额	出资比例	货币	实物	知识产权	土地使用权	其他	合计	实收资本				
									金额	占注册资本比例	其中：货币资金		
											金额	占比例
西安同颐有限公司	50	50%	50					50	50	50%	50	50%
西安仁和有限公司	50	50%	50					50	50	50%	50	50%
合计	100	100%	100					100	100	100%	100	100%

分析： 企业设立收到投资者投资款时，表示实收资本增加，应计入"实收资本"账户的贷方。会计人员根据验资报告、银行存款进账单，作如下处理：

借：银行存款　　　　　　　　　　　　　　　　　　　　　　　　1 000 000
　　贷：实收资本——西安同颐有限公司　　　　　　　　　　　　　　500 000
　　　　　　　　——西安仁和有限公司　　　　　　　　　　　　　　500 000

【例 9-2】2012 年 1 月 1 日，经股东会同意决定增资到 1 500 000 元，并且西安颐仁有限公司加入，协商决定各投资者占增资后注册资本的三分之一。1 月 1 日收到西安颐仁有限公司投入的原材料，投资各方确认价值为 500 000 元，取得的增值税专用发票上注明增值税税额为 85 000 元，原材料已验收入库并办理完增资手续（表 9-1-3）。

表 9-1-3　新增注册资本实收情况明细表

截至 2012 年 1 月 1 日

被审验单位：西安同仁有限公司　　　　　　　　　　　　　　　　货币单位：万元

股东名称	认缴新增注册资本	实际新增出资情况						其中：实缴新增注册资本
		货币	实物	无形资产	净资产	其他	合计	
西安颐仁有限公司	50		50				50	50
合计	50		50				50	50

分析： 企业增资后注册资本为 150 万元，由三位股东各占三分之一，即每位股东出资50 万元，西安同颐有限公司和西安仁和有限公司已经足额出资，并不需要再出资，只有西安颐仁有限公司需投资 50 万元。而西安同仁有限公司实际收到西安颐仁有限公司出资 58.5

212

万元，超过认交的注册资本 8.5 万元，应记入"资本公积——资本溢价"账户的贷方。会计人员根据验资报告、原材料入库单，作如下处理：

借：原材料		500 000
应交税费——应交增值税（进项税额）		85 000
贷：实收资本——西安颐仁有限公司		500 000
资本公积——资本溢价		85 000

【例 9-3】2012 年 7 月 1 日为扩大经营规模，经股东会同意按照股东出资比例将资本公积 60 000 元转增资本，已办妥转增手续。

分析： 企业增资的途径有多种方式，其中可以将资本公积转为实收资本。转增时应按原投资者所持股份同比例增加各股东的股权，即每位股东增资 20 000 元。会计人员根据有关文件，作如下处理：

借：资本公积——资本溢价	60 000
贷：实收资本——西安同颐有限公司	20 000
——西安仁和有限公司	20 000
——西安颐仁有限公司	20 000

根据本项目提供的资料，计算西安同仁有限公司 2012 年 12 月 31 日"实收资本"账户的余额。

理论要点

一、所有者权益概述

1. 所有者权益的概念

所有者权益是指企业资产扣除负债后由所有者享有的剩余权益。公司的所有者权益又称股东权益。

2. 所有者权益来源

所有者权益的来源包括所有者投入的资本、直接计入所有者权益的利得或损失、留存收益等。

所有者投入的资本，是指所有者投入企业的资本部分，包括构成企业注册资本的金额、投资者投入资本超过注册资本的金额，即资本溢价部分。投资者可以以现金投资，也可以以原材料、库存商品、固定资产与无形资产等非货币性资产投资。如果以非货币性资产投资的应当按照投资各方确认的价值入账，但投资合同或协议约定不公允的除外。

直接计入所有权权益的利得或损失，是指不应计入当期损益、会导致所有者权益发生增减变动的、与所有者投入资本或向所有者分配利润无关的利得或损失。利得或损失与企业的日常活动无关，是非日常活动形成的，如接受捐赠或对外捐赠、取得罚款或支付罚款、可供出售金融资产增值或减值等。现行企业会计准则规定，如果是可供出售金

213

融资产形成的增值或减值，应当计入所有者权益。

留存收益，是企业历年实现的净利润留存于企业的部分，主要包括累计计提的盈余公积和未分配利润。

二、实收资本业务的账务处理

1. 实收资本的概念

实收资本是投资者投入资本形成的资本金。

2. 实收资本账务处理设置的账户

总账："实收资本"账户属所有者权益类账户，主要用来核算企业投资者投入资本的增减变动。贷方登记投资者投入的资本数额及资本公积、盈余公积转增资本的数额，借方登记实收资本的减少数额，期末贷方余额反映企业实收资本的实有数额，见图 9-1-1。

借	实收资本	贷
	期初余额	
实收资本的减少额	① 投资者投入资本	
	② 资本公积、盈余公积转增资本数额	
本期借方发生额合计	本期贷方发生额合计	
	期末余额：实收资本的实有数额	

图 9-1-1 "实收资本"账户

明细账：按照投资者名称设置明细账户。

如果是股份有限公司，则应当设立"股本"账户。

3. 实收资本业务的账务处理

实收资本业务的账务处理见表 9-1-4。

表 9-1-4　实收资本业务的账务处理

收到投资者投入资本	企业用资本公积、盈余公积转增资本
借：银行存款 　　原材料（或库存商品、固定资产等） 　　应交税费——应交增值税（进项税额） 　　无形资产 　　贷：实收资本 　　　　资本公积——资本溢价	借：资本公积 　　盈余公积 　　贷：实收资本

任务 9.2　资本公积业务

工作任务

企业设立时，在收到投资者投入资本或股本时，如果出现投资者实际投入的资本超过其认缴的注册资本数额，即会形成"资本公积——资本溢价或股本溢价"。那么如何对其进行确认、计量和报告？请根据以下交易或事项进行账务处理。

【例 9-4】华美股份有限公司 2011 年 1 月 1 日设立，注册资本 10 000 000 元，发行普通股 1 000 万股，每股面值 1 元，每股发行价 5 元，发行过程中发生发行费用 80 000 元，股款已入账。

分析：股份有限公司可以通过发行股票募集资本金，对于按照面值募集的部分应记入"股本"账户，对于超过面值部分在扣除发行费用后全部记入"资本公积——股本溢价"账户。

股票发行总收入＝1 000×5＝5 000（万元）

股票发行净收入＝5 000－8＝4 992（万元）

其中：股本＝1 000×1＝1 000（万元）

股本溢价＝4 992－1 000＝3 992（万元）

会计人员根据银行存款进账单等票证，作如下处理：

借：银行存款　　　　　　　　　　　　　　　　　49 920 000

　　贷：股本　　　　　　　　　　　　　　　　　　10 000 000

　　　　资本公积——股本溢价　　　　　　　　　　39 920 000

【例 9-5】华美股份有限公司 2011 年 7 月 1 日，经股东大会批准，用资本公积 3 000 000 元转增股本并办理完增资手续。

分析：股份有限公司用资本公积转增股本，表明资本公积减少，股本增加。会计人员根据增资报告，作如下处理：

借：资本公积——股本溢价　　　　　　　　　　　3 000 000

　　贷：股本　　　　　　　　　　　　　　　　　　3 000 000

【例 9-6】华美股份有限公司 2011 年 12 月 31 日持有可供出售金融资产账面余额 1 800 000 元，当日公允价值为 2 000 000 元。

分析：对于可供出售金融资产，现行企业会计准则规定，资产负债表日应当按照公允价值计量，公允价值与其账面余额的差额部分记入"资本公积——其他资本公积"账户。会计人员根据可供出售金融资产公允价值变动计算表，作如下处理：

借：可供出售金融资产——公允价值变动　　　　　200 000

　　贷：资本公积——其他资本公积　　　　　　　　200 000

练一练

根据本项目提供的资料，计算华美股份有限公司 2011 年 12 月 31 日"股本"、"资本公积"账户的余额。

215

 理论要点

一、资本公积概念

资本公积是企业收到投资者超出其在企业注册资本（或股本）中所占份额的投资，以及直接计入所有者权益的利得或损失。资本公积包括资本溢价（或股本溢价）和其他资本公积两部分。

资本溢价（或股本溢价）是企业收到投资者超出其在企业注册资本（或股本）中所

占份额的投资，如投资者超额缴纳的资本、溢价发行股票等。

直接计入所有者权益的利得或损失是指不应计入当期损益、会导致所有者权益发生增减变动的、与所有者投入资本或向所有者分配利润无关的利得或损失，如可供出售金融资产增值或减值等。

二、资本公积账务处理设置的账户

总账："资本公积"账户属所有者权益类账户，主要用来核算企业资本公积的增减变动。贷方登记资本公积增加的数额，借方登记资本公积的减少数额，期末贷方余额反映企业资本公积的实有数额，见图9-2-1。

借	资本公积	贷
	期初余额	
使用资本公积数额	投资者超出投入资本份额	
本期借方发生额合计	本期贷方发生额合计	
	期末余额：资本公积的实有数额	

图 9-2-1 "资本公积"账户

明细账：一般设置资本溢价（或股本溢价）、其他资本公积明细账户。

三、资本公积业务的账务处理

投资者投入资本超过认缴注册资本部分的处理见表9-2-1。

表 9-2-1 投资者投入资本超过认缴注册资本部分的处理

非股份有限公司	股份有限公司
借：银行存款等 　贷：实收资本 　　　资本公积——资本溢价	借：银行存款 　贷：股本 　　　资本公积——股本溢价

用资本公积转增资本的处理见表9-2-2。

表 9-2-2 用资本公积转增资本的处理

非股份有限公司	股份有限公司
借：资本公积——资本溢价 　贷：实收资本	借：资本公积——股本溢价 　贷：股本

任务 9.3　留存收益业务

工作任务

当企业实现了净利润，依照《公司法》的规定进行利润分配。首先计提盈余公积，之后再向投资者分配现金股利或利润，最后形成没有分配完的利润，即未分配利润。那么如何对其进行确认、计量和报告？请根据西安同仁有限公司以下交易或事项进行账务处理。

【**例 9-7**】2011 年实现净利润 75 万元，公司依照净利润的 10% 计提法定盈余公积（表 9-3-1），经过股东会一致同意向股东分配现金股利 30 万元（表 9-3-2）。

表 9-3-1　西安同仁有限公司盈余公积计提计算表

盈余公积计提计算表

2011 年 12 月 31 日　　　　　　　　　　　　编号：20111201

项目	本年利润	应缴所得税	本年净利润	计提	金额
法定盈余公积	1 000 000	250 000	750 000	10%	75 000
任意盈余公积					
合计	1 000 000	250 000	750 000		75 000

会计主管：张光明　　　审核：关公　　　制单：米小米

表 9-3-2　股东会决议

股东会决议

本公司 2011 年利润分配方案：

经过股东会 2011 年 12 月 31 日决议，决定，分配现金股利人民币 30 万元整。

西安同仁有限公司

2011 年 12 月 31 日

分析：首先，企业实现净利润，年度终了应将"本年利润"账户的余额，即本年实现的净利润予以结转，结转至"利润分配——未分配利润"账户，才能进行分配。会计人员根据本年净利润计算表，作如下处理：

借：本年利润　　　　　　　　　　　　　　　　　　　　　　750 000

　　贷：利润分配——未分配利润　　　　　　　　　　　　　　　750 000

其次，根据本年净利润进行利润分配：

应计提的法定盈余公积＝750 000×10%＝75 000（元）

应付现金股利 300 000 元

会计人员根据利润分配有关计算表，作如下处理：

借：利润分配——提取法定盈余公积　　　　　　　　　　　　75 000

　　贷：盈余公积——法定盈余公积　　　　　　　　　　　　　　75 000

借：利润分配——应付现金股利　　　　　　　　　　　　　　300 000

　　贷：应付股利——西安同颐有限公司　　　　　　　　　　　　100 000

　　　　　　　　——西安仁和有限公司　　　　　　　　　　　　100 000

　　　　　　　　——西安颐仁有限公司　　　　　　　　　　　　100 000

最后，结转利润分配各明细账户余额，计算本年未分配的利润。

借：利润分配——未分配利润　　　　　　　　　　　　　　　375 000

　　贷：利润分配——提取法定盈余公积　　　　　　　　　　　　75 000

　　　　　　　　——应付现金股利　　　　　　　　　　　　　300 000

217

2011 年年末西安同仁有限公司未分配的利润＝75－(7.5＋30)＝37.5 万元,见图 9-3-1。

借	利润分配——未分配利润	贷
	期初余额	
计提盈余公积 7.5 万元	本年净利润	75 万元
应付现金股利 30 万元		
本期借方发生额合计 37.5 万元	本期贷方发生额合计	75 万元
	期末余额：未分配列润	37.5 万元

图 9-3-1 "利润分配——未分配利润"账户

【例 9-8】2012 年 2 月 1 日,经过股东会同意用盈余公积 30 000 元转增资本,并办理完增资手续。

分析: 企业增资的途径有多种方式,其中可以将盈余公积转为实收资本。转增时应按原投资者所持股份同比例增加各股东的股权,即每位股东增资 10 000 元。会计人员根据增资报告作如下处理:

借：盈余公积——法定盈余公积   30 000
    贷：实收资本——西安同颐有限公司   10 000
            ——西安仁和有限公司   10 000
            ——西安颐仁有限公司   10 000

【例 9-9】2012 年 2 月 1 日通过银行存款支付各位股东的现金股利 300 000 元。

分析: 股东会同意向股东分配现金股利时,形成企业的一项负债,已记入"应付股利"账户,实际支付时直接冲减。会计人员根据银行存款转账支票存根,作如下处理:

借：应付股利——西安同颐有限公司   100 000
            ——西安仁和有限公司   100 000
            ——西安颐仁有限公司   100 000
    贷：银行存款   300 000

练一练

根据本项目提供的资料,填列西安同仁有限公司 2012 年 12 月 31 日资产负债表"实收资本"、"资本公积"、"盈余公积"、"未分配利润"项目的金额。

实收资本＝100＋50＋6＋3＝159（万元）

资本公积＝8.5－6＝2.5（万元）

盈余公积＝7.5－3＝4.5（万元）

未分配利润＝37.5 万元

 理论要点

一、留存收益概述

留存收益是指企业历年实现的净利润留存于企业的部分,包括累计计提的盈余公积和未分配利润。

二、盈余公积业务的账务处理

1. 盈余公积的概念

盈余公积是指企业按照规定从净利润中提取的各种积累资金，包括法定盈余公积和任意盈余公积。两者的区别在于各自计提的比例不同。

法定盈余公积是按照税后利润 10%的比例计提的盈余公积。当计提的法定盈余公积累积到注册资本的 50%以上时，可以不再计提。

任意盈余公积是指从税后利润提取法定盈余公积后，经股东会决议，还可以从税后利润中提取的公积金。计提比例由企业自行决定。

2. 盈余公积的用途

盈余公积可以弥补亏损、转增资本、发放现金股利、扩大企业生产规模等。

3. 盈余公积账务处理设置的账户

总账："盈余公积"账户属所有者权益类账户，主要用来核算企业盈余公积的增减变动。贷方登记盈余公积计提增加的数额，借方登记盈余公积使用减少的数额，期末贷方余额反映企业盈余公积的实有数额，见图 9-3-2。

借	盈余公积	贷
	期初余额	
使用盈余公积数额	盈余公积计提数额	
本期借方发生额合计	本期贷方发生额合计	
	期末余额：盈余公积实有数额	

图 9-3-2 "盈余公积"

明细账：一般设置法定盈余公积、任意盈余公积明细账户。

4. 盈余公积业务的账务处理

盈余公积业务的账务处理见表 9-3-3。

表 9-3-3 盈余公积业务的账务处理

计提盈余公积	使用盈余公积
借：利润分配——提取法定盈余公积 　　　　　　——提取任意盈余公积 　　贷：盈余公积——法定盈余公积 　　　　　　　——任意盈余公积	借：盈余公积——法定盈余公积 　　　　　　——任意盈余公积 　　贷：实收资本

三、未分配利润业务的账务处理

1. 未分配利润的概念

未分配利润是企业留待以后年度进行分配的结存利润，也是企业所有者权益的组成部分。

2. 未分配利润的计算

年末未分配利润＝年初未分配的利润＋本年实现的净利润－提取的盈余公积－分配的现金股利

可以分解为以下步骤计算：

1）可供分配的利润＝年初未分配利润＋本年实现的净利润。

2）可供投资者分配的利润＝可供分配的利润－提取的盈余公积。

3）年末未分配的利润＝可供投资者分配的利润－分配的现金股利。

3. 未分配利润账务处理设置的账户

总账："利润分配"账户属所有者权益类账户，主要用来核算企业利润分配的增减变动。贷方登记结转的净利润，借方登记分配的利润，期末贷方余额反映企业累计未分配的净利润，如果余额在借方反映企业累计尚未弥补的亏损，见图9-3-3。

借	利润分配	贷
	期初余额	
① 计提盈余公积 ② 分配的现金股利	结转本年净利润	
本期借方发生额合计	本期贷方发生额合计	
期末余额：累计未弥补的亏损	期末余额：累计未分配的净利润	

图 9-3-3 "利润分配"账户

明细账：一般设置提取法定盈余公积、提取任意盈余公积、应付现金股利、盈余公积弥补亏损和未分配利润等明细账户。

4. 未分配利润业务的账务处理

未分配利润业务的账务处理见表9-3-4。

表9-3-4 未分配利润业务的账务处理

期末结转本年净利润，如亏损反方向结转	借：本年利润 　贷：利润分配——未分配利润
计提盈余公积	借：利润分配——提取法定盈余公积 　　　　　　　——提取任意盈余公积 　贷：盈余公积——法定盈余公积 　　　　　　　——任意盈余公积
分配现金股利	借：利润分配——应付现金股利 　贷：应付股利
结转利润分配明细账户余额	借：利润分配——提取法定盈余公积 　　　　　　　——提取任意盈余公积 　　　　　　　——应付现金股利 　贷：利润分配——未分配利润

期末结转后，"利润分配"账户所属除未分配利润外的其他明细账户应无余额。

任务 9.4 短期借款和长期借款业务

工作任务

　　企业生产经营活动所需要的资金除了投资者投入外，还可以向银行或其他金融机构借入，形成企业一项负债业务。那么如何对其进行确认、计量和报告？请根据西安同仁有限公司以下交易或事项进行账务处理。

　　【例 9-10】2011 年 6 月 30 日向中国银行借入期限 3 个月的生产周转款 500 000 元，利率 6%，利息到期一次支付（表 9-4-1）。

表 9-4-1 中国银行借款凭证收账通知

中国银行借款凭证收账通知（第一联）													
		2011 年 6 月 30 日						银行编号					
借款单位	西安同仁有限公司		借款户账号		37000190290004000000									
			结算户账号		37000190290005005578									
借款金额	人民币（大写） 伍拾万元整		千	百	十	万	千	百	十	元	角	分		
				¥	5	0	0	0	0	0	0	0	0
用途	生产周转	借款种类												
贷款利率	6%	约定偿还日期		2011 年 9 月 30 日										
上列借款已转入你方结算户特此通知　　银行盖章		单位会计分录　　记账　年 月 日备注												

中国银行西安市 朱雀路支行 2011.6.30 业务清讫

　　分析： 企业向银行借入的期限在一年以内的款项属于短期借款，应计入"短期借款"账户。会计人员根据借款合同、银行收款通知单，作如下处理：

借：银行存款　　　　　　　　　　　　　　　　　　　　　　500 000

　　贷：短期借款——生产周转借款　　　　　　　　　　　　　　　500 000

　　【例 9-11】2011 年 7 月 31 日计算短期借款应付利息（表 9-4-2）。

表 9-4-2 西安同仁有限公司借款利息计算表

借款利息计算表				
	2011 年 7 月 31 日			编号：20110701
借款种类	借款银行	借款金额	月利率	应付利息
生产周转	中国银行	500 000	6%÷12	2 500.00
合　计				2 500.00
会计主管：张光明	审核：关公		制单：王华	

分析：企业短期借款的利息，应当按照权责发生制会计处理的要求每期期末计提，在尚未支付前形成一项流动性负债，记入"应付利息"账户的贷方，并形成当期费用，记入"财务费用"账户的借方。会计人员根据短期借款利息计算单，作如下处理：

借：财务费用——利息   2 500

  贷：应付利息——中国银行   2 500

2011 年 8 月 31 日计算处理同 7 月。

【**例 9-12**】2011 年 9 月 30 日归还中国银行借款本金及利息（表 9-4-3）。

分析：短期借款本金 500 000 元，到期利息为 7 500 元（500 000×6%÷12×3）。在利息尚未支付以前的 7 月和 8 月，企业已经计提计入当期损益并形成一项流动性负债，应付利息 5 000 元。而在实际支付的 9 月，应负担的利息 2 500 元，不再计提直接支付。会计人员根据短期借款利息计算单、银行存款付款通知，作如下处理：

借：财务费用——利息   2 500

  应付利息——中国银行   5 000

  短期借款——生产周转借款   500 000

  贷：银行存款   507 500

表 9-4-3 中国工商银行利息清单

中国工商银行利息清单					
币种		2011 年 9 月 30 日			流水号：
户名：西安同仁有限公司			账号：37000190290004 00000		
计息项目	起息日	结算日	本金/积数	利率	利息
生产周转	2011.6.30	2011.9.30	500 000	6%	7 500.00
合计	（大写）柒仟伍佰元整				￥7 500.00
根据有关规定或双方约定，上列款项已直接划扣你单位账户，你单位上述账户不足支付时，请另筹措资金支付。				银行盖章	

【**例 9-13**】2011 年 7 月 1 日向中国工商银行借入期限为 3 年的生产周转款 1 000 000 元，利率为 9%，利息到期一次支付。

分析：企业向银行借入的期限在一年以上的款项属于长期借款，应计入"长期借款"账户。会计人员根据借款合同、银行收款通知单，作如下处理：

借：银行存款   1 000 000

  贷：长期借款——本金   1 000 000

【**例 9-14**】2011 年 12 月 31 日计算长期借款利息。

分析：企业长期借款的利息，应当按照权责发生制会计处理的要求每期期末计提，计入资产成本或当期损益，对于到期还本付息的利息，记入"长期借款——应计利息"账户的贷方。

2011 年应负担的长期借款利息＝1 000 000×9%÷12×6＝45 000 元。

会计人员根据长期借款利息计算单，作如下处理：

借：财务费用——利息　　　　　　　　　　　　　　　　　　　45 000

　　贷：长期借款——应计利息　　　　　　　　　　　　　　　　　　45 000

> **练一练**
>
> 　　根据本项目提供的资料，计算西安同仁有限公司 2011 年 12 月 31 日"长期借款"账户的余额。

【例 9-15】2012 年 12 月 31 日计算长期借款利息。

分析： 2012 年应负担的长期借款利息＝1 000 000×9%＝90 000（元）。

会计人员根据长期借款利息计算单，作如下处理：

借：财务费用——利息　　　　　　　　　　　　　　　　　　　90 000

　　贷：长期借款——应计利息　　　　　　　　　　　　　　　　　　90 000

【例 9-16】2014 年 7 月 1 日归还中国工商银行借款本金及利息。

分析： 长期借款本金 1 000 000 元，到期利息 1 000 000×9%×3＝270 000 元。在尚未支付以前均已计入"长期借款"账户，实际支付时直接冲减。会计人员根据银行存款付款通知单，作如下处理：

借：长期借款——本金　　　　　　　　　　　　　　　　　　1 000 000

　　　　　　　　——应计利息　　　　　　　　　　　　　　　　270 000

　　贷：银行存款　　　　　　　　　　　　　　　　　　　　　　1 270 000

【例 9-17】2012 年 7 月 1 日向中国建设银行借入基建款用于建造办公楼。借款金额 1 000 000 元，期限 2 年，利率 10%，到期还本，每年年末付息。7 月 5 日用上款购入建筑材料取得的增值税专用发票上注明的货款为 500 000 元，增值税税额为 85 000 元，运杂费为 15 000 元。材料已交付工地，款项通过银行已支付。建造中通过银行支付各种费用 450 000 元。至 2012 年 12 月 31 日办公楼达到预定可使用状态，交付使用。

分析： 1）企业向银行借入的期限在一年以上的款项属于长期借款，应记入"长期借款"账户。会计人员根据借款合同、银行收款通知单，作如下处理：

借：银行存款　　　　　　　　　　　　　　　　　　　　　　1 000 000

　　贷：长期借款——本金　　　　　　　　　　　　　　　　　　1 000 000

2）使用银行借款购买工程物资建造办公楼，属于增值税非税项目，对于取得的增值税专用发票上注明的增值税不得抵扣，计入工程物资成本中。会计人员根据购买工程物资实际发生支出的发票、银行付款通知单，作如下处理：

借：工程物资　　　　　　　　　　　　　　　　　　　　　　600 000

　　贷：银行存款　　　　　　　　　　　　　　　　　　　　　　600 000

3）工程领用工程物资形成一项基建工程，工程物资的成本应记入"在建工程"账户的借方。会计人员根据领料单等票据，作如下处理：

借：在建工程——建筑工程　　　　　　　　　　　　　　　　600 000

223

贷：工程物资   600 000

  4）对于支付的其他工程费用构成的工程成本，直接记入"在建工程"账户的借方。会计人员根据有关支付票据、支票存根等，作如下处理：

    借：在建工程——建筑工程   450 000
      贷：银行存款   450 000

  5）对于长期借款的利息，应当按照权责发生制会计处理的要求，每期期末计提，计入资产成本或当期损益。

  由于本次借款用于建造固定资产，按照现行企业会计准则的规定，在固定资产达到预定使用状态前，符合固定资产资本化条件的（即符合固定资产确认的条件），借款利息应当计入固定资产建造成本中。在尚未支付前形成一项流动负债，记入"应付利息"账户的贷方。

  故 2012 年 12 月 31 日基建工程应当负担的借款利息＝1 000 000×10%÷2＝50 000 元。

  会计人员根据长期借款利息计算单，作如下处理：

    借：在建工程——建筑工程   50 000
      贷：应付利息   50 000

  6）本次借款属于到期还本，每年年末付息。所以 2012 年 12 月 31 日支付利息。会计人员根据长期借款利息计算单、银行存款付款凭证，作如下处理：

    借：应付利息——中国建设银行   50 000
      贷：银行存款   50 000

  7）2012 年 12 月 31 日工程完工达到预定可使用状态。会计人员根据"在建工程"账户借方发生额合计数计算工程总成本，即 600 000＋450 000＋50 000＝1 100 000 元，作如下处理：

    借：固定资产——生产用固定资产（办公楼）   1 100 000
      贷：在建工程——建筑工程   1 100 000

  8）2012 年 12 月 31 日工程完工已达到预定可使用状态，之后期间的借款利息应当计入当期损益。故 2013 年 12 月 31 日应当负担的借款利息＝1 000 000×10%＝100 000 元，应计入当期损益"财务费用"账户。

  会计人员根据长期借款利息计算单，作如下处理：

    借：财务费用——利息   100 000
      贷：应付利息——中国建设银行   100 000

  9）本次借款属于到期还本，每年年末付息。所以 2013 年 12 月 31 日支付利息。会计人员根据长期借款利息计算单、银行存款付款凭证，作如下处理：

    借：应付利息——中国建设银行   100 000
      贷：银行存款   100 000

  10）2014 年 6 月 30 日应当负担的借款利息＝1 000 000×10%÷2＝50 000 元，应计入当期损益"财务费用"账户。会计人员根据长期借款利息计算单，作如下处理：

    借：财务费用——利息   50 000
      贷：应付利息——中国建设银行   50 000

  11）2014 年 7 月 1 日长期借款到期，归还本金 1 000 000 元及最后半年的利息 50 000

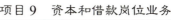

元。会计人员根据银行存款付款通知，作如下处理：

借：长期借款——本金   1 000 000

应付利息——中国建设银行   50 000

贷：银行存款   1 050 000

 理论要点

一、短期借款业务的账务处理

1. 短期借款的概念

短期借款是指向银行或其他金融机构借入的期限在一年以内（含一年）的各种借款。

2. 短期借款账务处理设置的账户

总账："短期借款"账户属负债类账户，主要用来核算企业短期借款的增减变动。贷方登记短期借款借入的本金数额，借方登记短期借款归还的本金数额，期末贷方余额反映企业尚未归还的短期借款本金数额，见图9-4-1。

借	短期借款	贷
	期初余额	
归还的本金数额	借入的本金数额	
本期借方发生额合计	本期贷方发生额合计	
	期末余额：尚未归还本金数额	

图9-4-1 "短期借款"账户

明细账：一般按照借款用途和银行设置明细账户。

3. 短期借款业务的账务处理

短期借款业务的账务处理见表9-4-4。

表9-4-4 短期借款业务的账务处理

借入短期借款，已入账	期末按照权责发生制会计处理的要求，计提短期借款利息	归还短期借款的本金和利息
借：银行存款 　　贷：短期借款	借：财务费用 　　贷：应付利息	借：财务费用 　　应付利息 　　短期借款 　　贷：银行存款

二、长期借款业务的账务处理

1. 长期借款的概念

长期借款是指向银行或其他金融机构借入的期限在一年以上（不含一年）的各种借款。

2. 长期借款账务处理设置的账户

总账："长期借款"账户属负债类账户，主要用来核算企业长期借款的增减变动。贷

225

企业财务会计

方登记长期借款借入的本金和到期还本付息的利息数额，借方登记长期借款归还的本金及利息数额，期末贷方余额反映企业尚未归还的长期借款本金及利息数额，见图9-4-2。

借	长期借款	贷
	期初余额	
归还的本金及利息数额	① 借入的本金数额 ② 计提的到期付息的利息	
本期借方发生额合计	本期贷方发生额合计	
	期末余额：尚未归还本金及利息数额	

图9-4-2 "长期借款"账户

明细账：一般按照借款用途和银行设置明细账户。

3. 长期借款业务的账务处理

1）借入长期借款，已入账。

　　借：银行存款
　　　　贷：长期借款——本金

2）期末按照权责发生制会计处理的要求，计提长期借款利息，见表9-4-5。

表9-4-5 按照权责发生制计提长期借款利息

到期还本，分期付息	到期还本，一次付息
借：财务费用（或在建工程等） 　　贷：应付利息	借：财务费用（或在建工程等） 　　贷：长期借款——应计利息

3）归还长期借款的本金和利息的处理见表9-4-6。

表9-4-6 归还长期借款的本金和利息的处理

到期还本，分期付息	到期还本，一次付息
借：财务费用 　　应付利息 　　长期借款——本金 　　贷：银行存款	借：长期借款——本金 　　　　　　——应计利息 　　贷：银行存款

项目 *10*

财务成果岗位业务

知识目标

- ✧ 了解财务成果岗位的内容。
- ✧ 掌握财务成果的构成和计算过程。
- ✧ 掌握营业外收入和营业外支出的内容。
- ✧ 掌握营业外收入和营业外支出业务增减变动的会计处理。
- ✧ 掌握财务成果结转业务的会计处理。

能力目标

- ✧ 能够区分营业利润、利润总额与净利润的不同点。
- ✧ 能够识别哪些交易或事项会引起营业外收入、营业外支出业务的发生。
- ✧ 能够独立胜任营业外收入及营业外支出增减变动业务的会计处理。
- ✧ 能够独立胜任营业利润、利润总额、净利润计算和结转的会计处理。

态度目标

- ✧ 坚守企业会计准则，具有准确的职业判断能力，养成良好的职业习惯。
- ✧ 养成在学习中多思考、多练习、多动手的工作习惯。
- ✧ 养成认真对待每一项业务、每一项工作的工作作风。

任务 10.1　营业外收入、营业外支出业务

工作任务

　　企业除了正常的生产经营活动发生有关收支外，还会由于一些偶发性的行为带来收入或者支出，如接受捐赠收入或对外捐赠支出等，会计上称之为营业外收入或营业外支出。那么如何对其进行确认、计量和报告？请根据西安同仁有限公司以下交易或事项进行账务处理。

【例 10-1】2011 年 11 月月末盘点溢余现金 120 元，无法查明，经批准予以结转。

　　分析：现金管理要求日清月结，每月月末都应进行实地盘点，根据清查结果编制库存现金盘点报告单，先记入"待处理财产损溢"账户。再依据批准的文件处理，对于无法查明原因的记入当期损益"营业外收入"账户。会计人员根据现金盘点报告单和财产物资盘盈盘亏审批表，作如下会计处理：

借：库存现金　　　　　　　　　　　　　　　　　　　　　　120
　　贷：待处理财产损溢——待处理流动资产损溢　　　　　　　　　　120
借：待处理财产损溢——待处理流动资产损溢　　　　　　　120
　　贷：营业外收入——盘盈利得　　　　　　　　　　　　　　　　120

【例 10-2】2011 年 11 月月末将不用的办公楼对外出售，取得收入 60 000 元，办公楼原价 80 000 元，累计计提折旧 55 000 元，另以银行存款支付出售手续费用等 2 000 元，营业税 5%。已办理完出售手续。

　　分析：企业出售固定资产是与其日常活动无直接关系的一种经济行为，对于取得的收入不能作为主营或其他业务收入入账，只能根据其出售净收益或净损失记入"营业外收入——非流动资产处置利得"账户或"营业外支出——非流动资产处置损失"账户。会计人员根据出售时开具的有关凭证，作如下处理：

1）首先将固定资产的账面价值结转至"固定资产清理"账户的借方
借：固定资产清理　　　　　　　　　　　　　　　　　　25 000
　　累计折旧　　　　　　　　　　　　　　　　　　　　55 000
　　贷：固定资产　　　　　　　　　　　　　　　　　　　　80 000
2）对于取得的出售收入记入"固定资产清理"账户的贷方
借：银行存款　　　　　　　　　　　　　　　　　　　　60 000
　　贷：固定资产清理　　　　　　　　　　　　　　　　　　60 000
3）对于出售发生的有关税费记入"固定资产清理"账户的借方
借：固定资产清理　　　　　　　　　　　　　　　　　　5 000
　　贷：银行存款　　　　　　　　　　　　　　　　　　　　2 000
　　　　应交税费——应交营业税　　　　　　　　　　　　　3 000

4）最后将出售净收益结转记入"营业外收入——非流动资产处置利得"账户

出售净收益＝60 000－（80 000－55 000－2 000）－60 000×5%＝30 000

借：固定资产清理　　　　　　　　　　　　　　　　　　　　　　　30 000

　　贷：营业外收入——非流动资产处置利得　　　　　　　　　　　　　30 000

【例 10-3】2011 年 11 月月末公司确定应付联志公司货款 35 000 元，因对方已经在工商行政管理部门注销，确认无法支付，应于转销。

分析： 企业对于应付账款中无法支付的部分，应按其账面余额予以转销，记入当期损益"营业外收入——其他利得"账户。会计人员根据结转单据，作如下处理：

借：应付账款——联志公司　　　　　　　　　　　　　　　　　　　35 000

　　贷：营业外收入——其他利得　　　　　　　　　　　　　　　　　　35 000

【例 10-4】2011 年 11 月 25 日收到税务部门罚款通知单，通过银行存款支付税款滞纳金 15 000 元（表 10-1-1）。

表 10-1-1　中华人民共和国税收通用缴款书

税收通用缴款书

隶属关系：

注册类型：有限责任公司　　　　填发日期 2011 年 11 月 20 日　　　　征收机关：

交款单位（人）	代　码	610198719754012	预算科目	编　码	10100
	全　称	西安同仁有限公司		名　称	
	开户银行	中国工商银行西安市朱雀路支行		级　次	
	账　户	3700019029000500578	收缴国库		

税款所属时期　　2011 年 7 月 1 日至 2011 年 10 月 30 日		税款限交日期　　2011 年 11 月 30 日	

品目名称	课税数量	计税金额或销售收入	税率或单位税额	已缴或扣除额	实缴金额
滞纳金					15 000.00

金额合计（大写）壹万伍仟元整			¥15 000.00
缴款单位（人）（盖章）　　税务机关（盖章）财务专用章		上列款项已收妥并划转收账单位账户。 国库（银行）盖章 2011 年 11 月 25 日 中国工商银行西安市先农路支行 2011.11.25 业务清讫	备注
经办人（章）　　填票人（章）			

分析： 企业因违法经营支付税收罚款及滞纳金属于与日常活动无关的支出，在实际发生时应当计入"营业外支出——罚款支出"账户。会计人员根据税务部门出具的罚款单据及银行存款付款票据，作如下处理：

借：营业外支出——罚款支出　　　　　　　　　　　　　　　　　　15 000

　　贷：银行存款　　　　　　　　　　　　　　　　　　　　　　　　15 000

【例 10-5】2011 年 11 月月末将不再使用的专利权对外出售，取得收入 8 000 元，专利权原账面成本 50 000 元，累计摊销 42 000 元，营业税税率为 5%。已办理完出售手续。

分析： 企业出售无形资产是与其日常活动无直接关系的一种经济行为，对于取得的收入不能作为主营或其他业务收入入账，只能根据其出售净收益或净损失计入"营业外收入——非流动资产处置利得"账户或"营业外支出——非流动资产处置损失"账户。

出售净损益＝8 000－（50 000－42 000）－8 000×5%＝－4 000（元）

会计人员根据出售时开具的有关凭证，作如下处理：

借：银行存款   8 000
    累计摊销   42 000
    营业外支出——非流动资产处置损失   4 000
    贷：无形资产   50 000
        应交税费——应交营业税   4 000

【例 10-6】2011 年 11 月 11 日，企业通过银行存款向希望工程捐款 20 000 元（表 10-1-2 和表 10-1-3）。

表 10-1-2   公益事业捐赠统一票据

表 10-1-3   中国工商银行转账支票

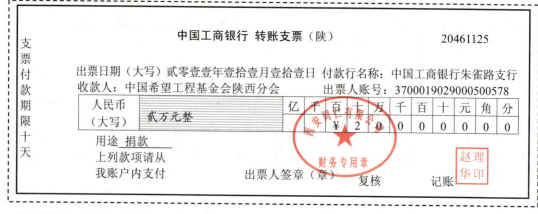

分析： 企业对外进行公益性捐赠发生的支出与日常活动无关的支出，在实际发生时应当记入"营业外支出"账户。会计人员根据捐款收据及银行存款付款票据，作如下处理：

借：营业外支出　　　　　　　　　　　　　　　　　　　　20 000
　　贷：银行存款　　　　　　　　　　　　　　　　　　　　　20 000

 理论要点

一、营业外收入业务处理

1. 营业外收入的概念

营业外收入是指企业发生的与其日常活动无直接关系的各项利得。

2. 营业外收入的内容

营业外收入主要包括非流动资产处置利得、政府补助、盘盈利得、捐赠利得、非货币性资产交换利得，以及债务重组利得等。

非流动资产处置利得主要是指出售固定资产或无形资产取得的净收益。

政府补助主要是指企业从政府无偿取得货币性资产或非货币性资产形成的利得，不包括政府作为所有者对企业的资本收入。

盘盈利得主要是指现金盘点溢余经批准后计入营业外收入部分的金额。

捐赠利得主要是指企业接受捐赠取得的收入。

3. 营业外收入会计处理设置账户

总账："营业外收入"账户属损益类账户，主要用来核算企业发生的营业外收入的增减变动。贷方登记营业外收入的发生额，借方登记期末结转的营业外收入，期末应将其余额结转至"本年利润"账户，结转后本账户无余额，见图 10-1-1。

借	营业外收入	贷
期末结转营业外收入	本期取得的营业外收入	
本期借方发生额合计	本期贷方发生额合计	

图 10-1-1　"营业外收入"账户

明细账：可按营业外收入项目进行明细核算。

二、营业外支出业务的处理

1. 营业外支出的概念

营业外支出是指企业发生的与其日常活动无直接关系的各项损失。

知识点

利得是指由企业非日常活动所形成的，会导致所有者权益增加的，与所有者投入资本无关的经济利益的流入，如罚款收入等。

损失是指由企业非日常活动所形成的，会导致所有者权益减少的，与向所有者分配利润无关的经济利益的流出，如罚款支出等。

2. 营业外支出包括的内容

营业外支出主要包括非流动资产处置损失、公益捐赠支出、非常损失、罚款支出、非货币性资产交换损失，以及债务重组损失等。

非流动资产处置损失主要是指出售固定资产或无形资产取得的净损失。

公益捐赠支出主要是指企业对外进行公益性捐赠发生的支出。

非常损失主要指因客观原因造成的自然灾害损失，在扣除保险公司赔偿后的净损失。

罚款支出主要是指企业支付的行政罚款、税务罚款，以及其他违反法律法规、合同协议等而支付的罚款、违约金、赔偿金等。

3. 营业外支出会计处理设置账户

总账："营业外支出"账户属损益类账户，主要用来核算企业发生的各项营业外支出的增减变动。借方登记营业外支出的发生额，贷方登记期末结转的营业外支出，期末应将其余额结转至"本年利润"账户，结转后本账户无余额，见图10-1-2。

借	营业外支出	贷
本期发生的营业外支出	期末结转的营业外支出	
本期借方发生额合计	本期贷方发生额合计	

图 10-1-2　"营业外支出"账户

明细账：可按营业外支出项目进行明细核算。

任务 10.2　财务成果业务

工作任务

每期生产经营活动终了，企业应当计算本期生产经营活动的最终成果，即财务成果，那么如何对企业财务成果进行确认、计量和报告？请根据西安同仁有限公司以下交易或事项进行账务处理。

【例 10-7】2011 年 11 月月末，西安同仁有限公司有关损益类账户结转前余额见表 10-2-1。

表 10-2-1　有关损益类账户结转前余额　　　　　　　　　　单位：元

账户	贷方余额	借方余额	备注
主营业务收入	220 000		
其他业务收入	110 000		
公允价值变动损益			
投资收益	24 880		其中：国债利息收入 1 000
营业外收入	65 120		
主营业务成本		120 000	

续表

账户	贷方余额	借方余额	备注
其他业务成本		85 000	
营业税金及附加		5 000	
管理费用		35 000	其中：超标计税工资薪酬 5 000
销售费用		26 000	
财务费用		18 000	
资产减值损失			
营业外支出		75 000	其中：税收罚款 15 000
合计	420 000	364 000	

分析：每期期末，企业应当按照权责发生制会计核算要求，计算每期实现的利润。利润的计算是通过"本年利润"账户，要求将所有损益类账户的贷方余额从其借方结转至"本年利润"账户的贷方，将所有损益类账户的借方余额从其贷方结转至"本年利润"账户的借方，结转后计算出本期利润总额。会计人员根据各损益类账户结转前的余额，作如下处理，具体见表 10-2-2。

表 10-2-2　各损益类账户结转前余额的处理

期末结转各项收入		期末结转各项费用	
借：主营业务收入	220 000	借：本年利润	364 000
其他业务收入	110 000	贷：主营业务成本	120 000
投资收益	24 880	其他业务成本	85 000
营业外收入	65 120	营业税金及附加	5 000
贷：本年利润	420 000	管理费用	35 000
		销售费用	26 000
		财务费用	18 000
		营业外支出	75 000

根据以上资料计算出本月利润总额 420 000－364 000＝56 000 元

【例 10-8】2011 年 11 月月末，西安同仁有限公司根据本月利润，计算应交所得税，所得税税率为 25%，请同学们根据以上资料填写表 10-2-3。

表 10-2-3　西安同仁有限公司企业所得税计算表

企业所得税计算表

2011 年 11 月 30 日　　　　编号：20111105

233

项目	本期金额	备注
一、营业收入		
减：营业成本		
营业税金及附加		
销售费用		
管理费用		
账务费用		
资产减值损失		

续表

项目	本期金额	备注
加：公允价值变动收益（损失以"－"号填列）		
投资收益（损失以"－"号填列）		
其中：对联营企业和合营企业的投资收益		
二、营业利润（亏损以"－"号填列）		
加：营业外收入		
减：营业外支出		
其中：非流动资产处置损失		
三、利润总额（亏损总额以"－"号填列）		
加：纳税调整增加额		
减：纳税调整减少额		
四、应纳税所得额		
适用税率		
五、应纳税所得		

分析：按照所得税税法规定，企业所得税按年计征，分月或者分季预交，年终汇算清交，多退少补原则，每月月末企业应当按照本月利润计算本月预交的所得税。并且不需纳税调整。

本月应交所得税＝本月利润总额×所得税税率

＝56 000×25%＝14 000（元）

会计人员根据所得税计算表，作如下处理：

借：所得税费用 14 000

　　贷：应交税费——应交所得税 14 000

借：本年利润 14 000

　　贷：所得税费用 14 000

根据以上资料计算出本月净利润＝56 000－14 000＝42 000（元）

根据以上计算填表 10-2-4。

表 10-2-4　企业所得税月（季）度预缴纳税申报表（A 类）

税款所属时间：　　　年　月　日至　　　年　月　日

纳税人识别号：

纳税人名称：　　　　　　　　　　　　　　　　　　　　　单位：元（列至角分）

行次	项目	本期金额	累计金额
1	一、据实预缴		
2	营业收入		
3	营业成本		
4	利润总额		
5	税率（25%）		
6	应纳所得税额（4行×5行）		
7	减免所得税额		
8	实际已缴所得税额	—	
9	应补（退）的所得税额（6行－7行－8行）	—	

续表

行次	项　　目	本期金额	累计金额
10	二、按照上一纳税年度应纳税所得额的平均额预缴		
11	上一纳税年度应纳税所得额	—	
12	本月（季）应纳税所得额（11 行/12 行或 11 行/4）		
13	税率（25%）	—	
14	本月（季）应纳所得税额（12 行×13 行）		
15	三、按照税务机关确定的其他方法预缴		
16	本月（季）确定预缴的所得税额		
17	总分机构纳税人		
18	总机构	总机构应分摊的所得税额（9 行或 14 行或 16 行×25%）		
19		中央财政集中分配的所得税额（9 行或 14 行或 16 行×25%		
20		分支机构分摊的所得税额（9 行或 14 行或 16 行×50%）		
21	分支机构	分配比例		
22		分配的所得税额（20 行×21 行）		

谨申明：此纳税申报表是根据《中华人民共和国企业所得税法》、《中华人民共和国企业所得税法实施条例》和国家有关税收规定填报的，是真实的、可靠的、完整的。

法定代表人签字：　　　　　年　月　日

纳税人公章：
会计主管：
填表日期：　年　月　日

代理申报中介机构公章：
经办人：
经办人执业证件号码：
代理申报日期：　　年　月　日

主管税务机关受理专用章：
受理人：
受理日期：　年　月　日

提示

　　企业所得税月（季）度预缴纳税申报表（A 类）适合于实行查账征收方式申报企业所得税的居民纳税人及在中国境内设立机构的非居民纳税人在月（季）度预交企业所得税时使用。

理论要点

一、利润的基本概念

1. 利润的概念

利润是指企业在一定会计期间的经营成果。利润包括收入减去费用后的净额、直接计入当期损益的利得或损失等。

一定会计期间可以是月、季、半年或一年。

收入主要是指企业从事日常活动取得的经济利益的流入。费用主要是指企业从事日常活动发生的各项支出。

直接计入当期损益的利得或损失主要是指营业外收入或营业外支出等。

2. 利润的计算

1）营业利润＝营业收入－营业成本－营业税金及附加－管理费用－销售费用
　　　　　　－财务费用－资产减值损失＋公允价值变动收益（－公允价值变动损失）

235

＋投资收益（－投资损失）

其中：营业收入是指企业经营业务所取得的收入总额，包括主营业务收入和其他业务收入；营业成本是指企业经营业务发生的实际成本总额，包括主营业务成本和其他业务成本；营业税金及附加主要是指经营活动计入当期损益的税费，包括消费税、营业税、城建税、教育费附加、资源税等；资产减值损失是指企业计提的各项资产减值准备所形成的损失，如计提坏账准备、存货跌价准备、固定资产减值准备、无形资产减值准备与长期股权投资减值准备等；公允价值变动收益主要是指交易性金融资产在资产负债表日公允价值大于其成本的差额，如果小，则为公允价值变动损失；投资收益主要是指企业从事对外投资活动取得的收益，如果对外投资发生损失则为投资损失。

2）利润总额＝营业利润＋营业外收入－营业外支出

其中：营业外收入是指企业发生的与其日常活动无直接关系的各项利得；

营业外支出是指企业发生的与其日常活动无直接关系的各项损失；

3）净利润＝利润总额－所得税费用

其中：所得税费用＝当期所得税费用＋递延所得税

练一练

1）根据例10-7提供的资料，计算西安同仁有限公司2011年11月的营业利润。

2）根据例10-7提供的资料，计算西安同仁有限公司2011年11月的利润总额。

3）根据例10-8提供的资料，计算西安同仁有限公司2011年11月的净利润。

3. 利润业务处理设置的账户

总账："本年利润"账户属所有者权益类账户，主要用来核算企业当期实现的净利润或发生的净亏损。贷方登记期末结转的各种收入，借方登记期末结转的各种费用，期末收支相抵后，贷方余额反映企业本期实现的净利润，应当结转记入"利润分配——未分配利润"账户的贷方；期末收支相抵后，借方余额反映企业本期发生的净亏损，应当结转计入"利润分配——未分配利润"账户的借方。结转后本账户无余额，见图10-2-1。

借	本年利润	贷
本期结转的各项费用		本期结转的各项收入
① 主营业务成本		① 主营业务收入
② 其他业务成本		② 其他业务收入
③ 营业税金及附加		③ 公允价值变动收益
④ 管理费用		④ 投资收益
⑤ 销售费用		⑤ 营业外收入
⑥ 财务费用		
⑦ 资产减值损失		
⑧ 营业外支出		
⑨ 所得税费用		
本期借方发生额合计		本期贷方发生额合计
本期发生净亏损：期末结转至"利润分配——未分配利润"账户		本期实现净利润：期末结转至"利润分配——未分配利润"账户

图 10-2-1 "本年利润"账户

二、所得税费用的基本概念

1. 所得税费用的概念

所得税费用是指企业确认的应从当期利润总额中扣除的费用，包括当期所得税和递延所得税。

2. 当期所得税

（1）概念

当期所得税是指企业按照税法规定计算确定的针对当期发生的交易或事项，应交纳给税务部门的所得税金额，即应交所得税。

（2）计算

应交所得税＝应纳税所得额×所得税税率

应纳税所得＝利润总额＋纳税调整增加额－纳税调整减少额

具体调整项目见表 10-2-5。

表 10-2-5　纳税调整项目

纳税调整增加额主要包括税法规定允许扣除项目中，企业已计入当期成本或费用但超过税法规定扣除标准的金额	纳税调整减少额主要包括按照税法规定允许弥补的亏损和准予免税项目
① 超过税法规定标准的职工薪酬； ② 超过税法规定标准的业务招待费； ③ 超过税法规定标准的公益性捐赠支出； ④ 超过税法规定标准的广告费和业务宣传费； ⑤ 税法规定不允许扣除项目，如税收罚款、罚金、滞纳金等	① 前 5 年内未弥补亏损； ② 国债利息收入； ③ 符合条件的长期股权投资收益； ④ 公允价值变动收益等

3. 递延所得税的概念

递延所得税是指按照企业会计准则规定应予以确认的递延所得税资产和递延所得税负债在会计期末应有的金额相对于原已确认金额之间的差额，即递延所得税资产及递延所得税负债当期发生额。

本书一般不考虑递延所得税的有关概念。

4. 所得税费用业务处理设置的账户

总账："所得税费用"账户属损益类账户，主要用来核算企业确认的应从当期利润总额中扣除的所得税费用。借方登记期末按照税法规定计算确定的当期应交所得税，贷方登记期末结转的所得税费用，期末应将其余额结转至"本年利润"账户，结转后本账户无余额，见图 10-2-2。

借　　　　　　　　所得税费用　　　　　　　贷	
本期计算确定应交所得税	期末结转的所得税费用
本期借方发生额合计	本期贷方发生额合计

图 10-2-2　"所得税费用"账户

【例 10-9】2012 年西安同仁有限公司按照企业会计准则计算出当年实现利润 850 000 元，所得税税率为 25%。西安同仁有限公司全年实际发放工资、薪金等 200 000 元，当年确认的职工福利为 30 000 元，工会经费为 5 000 元，职工教育经费为 8 000 元。经查公司当年营业外支出中有 12 000 元为税收罚款及滞纳金；投资收益中有国债利息收入 4 000 元。

分析：按照所得税税法规定，企业所得税按年计征，计征依据是企业的应纳税所得，而企业会计核算的结果是利润总额。故在计算应交所得税时，首先应进行纳税调整。

税法规定企业发生的合理工资、薪金支出准予据实扣除；企业发生的职工福利费支出，不超过工资、薪金的 14%部分准予扣除；企业拨交的工会经费不超过工资、薪金的 2%部分准予扣除；企业发生的职工教育经费支出不超过工资、薪金的 2.5%部分准予扣除，超过部分准予结转以后纳税年度扣除。

西安同仁有限公司本年允许扣除的工资、薪金支出为 200 000 元；允许扣除的职工福利支出为 200 000×14%＝28 000 元；允许扣除的工会经费支出为 200 000×2%＝4 000 元；允许扣除的职工教育经费支出为 200 000×2.5%＝5 000 元。

对于营业外支出中的税收罚款及滞纳金不得在税前扣除；对于国债利息是免税项目，允许税前扣除。计算过程见表 10-2-6。

表 10-2-6 西安同仁有限公司纳税调整计算表

2011 年度			单位：元
项目	实际计入金额	税法允许扣除金额	调整金额
工资、薪金	200 000	200 000	0
职工福利支出	30 000	28 000	+2 000
工会经费	5 000	4 000	+1 000
职工教育经费	8 000	5 000	+3 000
营业外支出	12 000	0	+12 000
国债利息收入	4 000	0	−4 000

调整后应纳税所得＝850 000＋2 000＋1 000＋3 000＋12 000−4 000＝864 000 元

应交所得税＝864 000×25%＝216 000 元

会计人员根据所得税计算表作如下处理：

借：所得税费用   216 000

    贷：应交税费——应交所得税   216 000

借：本年利润   216 000

    贷：所得税费用   216 000

练一练

根据例 10-9 提供的资料，计算西安同仁有限公司 2012 年的净利润。

本年净利润＝利润总额－所得税费用

＝850 000－216 000

＝634 000（元）

借：本年利润   634 000

    贷：利润分配——未分配利润   634 000

项目 *11*

财务报告编制岗位业务

知识目标

- ❖ 了解财务报告岗位的内容。
- ❖ 掌握资产负债表的概念、作用及编制。
- ❖ 掌握利润表的概念、作用及编制。
- ❖ 了解现金流量表的概念、作用及编制。
- ❖ 了解所有者权益变动表的概念、作用及编制。

能力目标

- ❖ 能够区分不同的财务报表。
- ❖ 能够识别交易或事项在不同财务报表中的列示。
- ❖ 能够独立胜任资产负债表与利润表的编制。

态度目标

- ❖ 坚守企业会计准则，具有准确的职业判断能力，养成良好的职业习惯。
- ❖ 养成善于发现问题、善于总结问题的工作习惯。
- ❖ 养成认真负责、广泛沟通、团结协作的工作作风。

企业财务会计

工作任务

每期经营活动终了，企业应当将企业的财务状况、经营成果及其现金流量情况以报表的形式对外报出，便于报表使用者的使用。那么如何编制企业财务报表？请根据西安同仁有限公司以下交易或事项进行账务处理。

西安同仁有限公司 2012 年年初有关资料如下。

【例 11-1】公司适用的增值税税率为 17%，所得税税率为 25%。

（一）该公司 2011 年 12 月 31 日有关资料见表 11-1-1。

表 11-1-1 公司资料　　　　　　　　单位：元

账户名称	金额	报表项目	金额
库存现金	5 000	货币资金	120 000
银行存款	115 000		
交易性金融资产		交易性金融资产	
应收账款	250 000	应收账款	250 000
坏账准备			
应收票据		应收票据	
预付账款		预付款项	
应收股利		应收股利	
应收利息		应收利息	
其他应收款		其他应收款	
原材料	215 000	存货	345 000
库存商品	80 000		
周转材料			
生产成本	50 000		
长期股权投资	1 300 000	长期股权投资	1 300 000
固定资产	1 800 000	固定资产	1 350 000
累计折旧	450 000		
在建工程		在建工程	
无形资产	500 000	无形资产	250 000
累计摊销	250 000		
递延所得税资产		递延所得税资产	
短期借款		短期借款	
应付账款	200 000	应付账款	200 000
应付利息		应付利息	
应付职工薪酬		应付职工薪酬	
应交税费	30 000	应交税费	30 000
其他应付款		其他应付款	
长期借款	1 300 000	长期借款	1 300 000
应付债券		应付债券	
实收资本	1 590 000	实收资本	1 590 000
资本公积	25 000	资本公积	25 000
盈余公积	50 000	盈余公积	50 000
利润分配——未分配利润	420 000	未分配利润	420 000

（二）2012 年西安同仁有限公司发生如下交易或事项：

1）购入原材料，收到增值税专用发票上注明的原材料价款为 1 000 000 元，增值税进项税额 170 000 元。原材料已经验收入库，款项通过银行支付。

```
借：原材料                                        1 000 000
    应交税费——应交增值税（进项税额）                170 000
    贷：银行存款                                            1 170 000
```

2）发出原材料 800 000 元，其中生产产品耗用 500 000 元，生产车间、企业管理部门、销售部门各耗用 100 000 元。

```
借：生产成本                                        500 000
    制造费用                                        100 000
    管理费用                                        100 000
    销售费用                                        100 000
    贷：原材料                                              800 000
```

3）本期应付职工薪酬 600 000 元，其中生产工人薪酬 300 000 元，生产车间管理人员薪酬、企业管理人员薪酬、销售人员薪酬各 100 000 元。

```
借：生产成本                                        300 000
    制造费用                                        100 000
    管理费用                                        100 000
    销售费用                                        100 000
    贷：应付职工薪酬                                        600 000
```

4）提取工会经费、职工教育经费等共计 240 000 元，其中生产工人 120 000 元，生车间管理人员薪酬、企业管理人员薪酬、销售人员薪酬各 40 000 元。

```
借：生产成本                                        120 000
    制造费用                                          40 000
    管理费用                                          40 000
    销售费用                                          40 000
    贷：应付职工薪酬                                        240 000
```

5）本期计提固定资产折旧 200 000 元，其中生产车间负担 120 000 元，管理部门和销售部门各负担 40 000 元。

```
借：制造费用                                        120 000
    管理费用                                          40 000
    销售费用                                          40 000
    贷：累计折旧                                            200 000
```

6）本期摊销无形资产 100 000 元，其中生产车间负担 60 000 元，管理部门负担 40 000 元。

```
借：制造费用                                          60 000
    管理费用                                          40 000
    贷：累计摊销                                            100 000
```

7）结转本期制造费用 420 000 元。

　　借：生产成本　　　　　　　　　　　　　　　　　　　　　　420 000
　　　　贷：制造费用　　　　　　　　　　　　　　　　　　　　　　420 000

8）计算本期完工产品生产成本 1 300 000 元。

　　借：库存商品　　　　　　　　　　　　　　　　　　　　　1 300 000
　　　　贷：生产成本　　　　　　　　　　　　　　　　　　　　　1 300 000

9）销售产品，开出的增值税专用发票上注明的销售价款为 1 200 000 元，增值税销项税额为 204 000 元，产品已经发出，货款尚未收到，已办妥收款手续。该批产品的实际生产成本为 600 000 元。

　　借：应收账款　　　　　　　　　　　　　　　　　　　　　14 040 000
　　　　贷：主营业务收入　　　　　　　　　　　　　　　　　　　1 200 000
　　　　　　应交税费——应交增值税（销项税额）　　　　　　　　204 000
　　借：主营业务成本　　　　　　　　　　　　　　　　　　　　600 000
　　　　贷：库存商品　　　　　　　　　　　　　　　　　　　　　600 000

10）销售产品，开出的增值税专用发票上注明的销售价款为 400 000 元，增值税销项税额为 68 000 元，产品已经发出，货款已经收到入账。该批产品的实际生产成本为 180 000 元。

　　借：银行存款　　　　　　　　　　　　　　　　　　　　　　468 000
　　　　贷：主营业务收入　　　　　　　　　　　　　　　　　　　400 000
　　　　　　应交税费——应交增值税（销项税额）　　　　　　　　68 000
　　借：主营业务成本　　　　　　　　　　　　　　　　　　　　180 000
　　　　贷：库存商品　　　　　　　　　　　　　　　　　　　　　180 000

11）销售原材料，开出的增值税专用发票上注明的销售价款为 200 000 元，增值税销项税额为 34 000 元，原材料已经发出，货款尚未收到，收到商业承兑汇票。该批产品的实际生产成本为 60 000 元。

　　借：应收票据　　　　　　　　　　　　　　　　　　　　　　234 000
　　　　贷：其他业务收入　　　　　　　　　　　　　　　　　　　200 000
　　　　　　应交税费——应交增值税（销项税额）　　　　　　　　34 000
　　借：其他业务成本　　　　　　　　　　　　　　　　　　　　60 000
　　　　贷：原材料　　　　　　　　　　　　　　　　　　　　　　60 000

12）购入交易性金融资产（股票）的买价为 150 000 元，发生的交易费用为 400 元，已用银行存款支付。

　　借：交易性金融资产——成本　　　　　　　　　　　　　　150 000
　　　　投资收益　　　　　　　　　　　　　　　　　　　　　　400
　　　　贷：银行存款　　　　　　　　　　　　　　　　　　　　　150 400

13）期末交易性金融资产的公允价值为 205 000 元。

　　借：交易性金融资产——公允价值变动　　　　　　　　　　　55 000
　　　　贷：公允价值变动损益　　　　　　　　　　　　　　　　　55 000

14）购入交易性金融资产（债券）买价为 180 000 元，已用银行存款支付。

借：交易性金融资产——成本 180 000
　　贷：银行存款 180 000

15）出售期初购入的交易性金融资产（债券）收到款项 250 000 元，该债券的投资成本为 180 000 元，已入账。

借：银行存款 250 000
　　贷：交易性金融资产——成本 180 000
　　　　投资收益 70 000

16）购入不需要安装设备，收到增值税专用发票上注明的设备价款 60 000 元，增值税进项税额 10 200 元，运杂费 800 元，设备交付使用，款项通过银行支付。

借：固定资产 60 800
　　应交税费——应交增值税（进项税额） 10 200
　　贷：银行存款 71 000

17）购入建造厂房用工程物资，收到的增值税专用发票上注明的物资价款为 500 000 元，增值税进项税额为 85 000 元，运杂费为 5 000 元，物资交付工地使用，款项通过银行支付。

借：工程物资 590 000
　　贷：银行存款 590 000
借：在建工程 590 000
　　贷：工程物资 590 000

18）应付建造厂房工程人员薪酬 110 000 元。

借：在建工程 110 000
　　贷：应付职工薪酬 110 000

19）厂房工程完工，结转完工成本为 700 000 元。

借：固定资产 700 000
　　贷：在建工程 700 000

20）提现并发放工程人员薪酬 110 000 元。

借：库存现金 110 000
　　贷：银行存款 110 000
借：应付职工薪酬 110 000
　　贷：库存现金 110 000

21）本期报废办公楼一栋，原价 1 000 000 元，已提折旧 850 000 元，应收保险赔款 100 000 元，残料估价入账 30 000 元。清理完毕。

借：固定资产清理 150 000
　　累计折旧 850 000
　　贷：固定资产 1 000 000
借：其他应收款 100 000
　　原材料 30 000
　　贷：固定资产清理 130 000

借：营业外支出 20 000
　　贷：固定资产清理 20 000

22）出售专利技术收到款项 200 000 元，原专利技术账面成本 300 000 元，累计摊销 210 000 元，营业税税率为 5%。款已收到入账。

借：银行存款 200 000
　　累计摊销 210 000
　　贷：无形资产 300 000
　　　　应交税费——应交营业税 10 000
　　　　营业外收入 100 000

23）本期收回应收账款 850 000 元，已入账。

借：银行存款 850 000
　　贷：应收账款 850 000

24）通过银行存款支付本期管理费用 60 000 元，销售费用 40 000 元。

借：管理费用 60 000
　　销售费用 40 000
　　贷：银行存款 100 000

25）本期发生销货退回，开出的红字增值税专用发票上注明商品价款为 150 000 元，增值税销项税额 25 500 元，退货款已通过银行存款支付。实际退回商品成本 70 000 元，已入库。

借：主营业务收入 150 000
　　应交税费——应交增值税（销项税额） 25 500
　　贷：银行存款 175 500
借：库存商品 70 000
　　贷：主营业务成本 70 000

26）本期计提应收账款的坏账准备 80 000 元。

借：资产减值损失 80 000
　　贷：坏账准备 80 000

27）本期取得银行借款 1 200 000 元，期限 3 年，到期还本，分期付息。

借：银行存款 1 200 000
　　贷：长期借款 1 200 000

28）期末计提到期还本，分期付息的长期借款利息 60 000 元。

借：财务费用 60 000
　　贷：应付利息 60 000

29）收到本期出租固定资产的租金收入 150 000 元，应计提出租固定资产的折旧 40 000 元。

借：银行存款 150 000
　　贷：其他业务收入 150 000
借：其他业务成本 40 000
　　贷：累计折旧 40 000

30）计算出租固定资产应交纳的营业税，税率为 5%。

借：营业税金及附加　　　　　　　　　　　　　　　　　　　7 500
　　贷：应交税费——应交营业税　　　　　　　　　　　　　　　　　7 500

31）计算本期应交城建税 7 000 元，教育费附加 3 000 元。

借：营业税金及附加　　　　　　　　　　　　　　　　　　　10 000
　　贷：应交税费——应交城市建设税　　　　　　　　　　　　　　　7 000
　　　　　　　　　——应交教育费附加　　　　　　　　　　　　　　3 000

32）偿还到期的长期借款 300 000 元。

借：长期借款　　　　　　　　　　　　　　　　　　　　　　300 000
　　贷：银行存款　　　　　　　　　　　　　　　　　　　　　　　300 000

33）企业持有的长期股权投资占被投资企业的 10%，被投资企业宣告分配现金股利 800 000 元，本企业应收现金股利 80 000 元。收到的现金股利已入账。

借：应收股利　　　　　　　　　　　　　　　　　　　　　　80 000
　　贷：投资收益　　　　　　　　　　　　　　　　　　　　　　　80 000
借：银行存款　　　　　　　　　　　　　　　　　　　　　　80 000
　　贷：应收股利　　　　　　　　　　　　　　　　　　　　　　　80 000

34）企业通过银行存款支付增值税 50 000 元，营业税 9 000 元，城市维护建设税 6 000 元，教育费附加 2 000 元。

借：应交税费——应交增值税（已交税金）　　　　　　　　　50 000
　　　　　　　——应交营业税　　　　　　　　　　　　　　　9 000
　　　　　　　——应交城建税　　　　　　　　　　　　　　　6 000
　　　　　　　——应交教育费附加　　　　　　　　　　　　　2 000
　　贷：银行存款　　　　　　　　　　　　　　　　　　　　　　　67 000

35）计算本期应交所得税。

本期利润总额＝（1 450 000－710 000）＋（350 000－100 000）－17 500－380 000－320 000－60 000－80 000＋55 000＋149 600＋100 000－20 000＝417 100（元）

应纳税所得＝417 100－55 000－80 000＝282 100（元）

提示

应当调减的项目有公允价值变动收益和长期股权投资收益。

245

应交所得税＝282 100×25%＝70 525（元）

借：所得税费用　　　　　　　　　　　　　　　　　　　　　70 525
　　贷：应交税费——应交所得税　　　　　　　　　　　　　　　　70 525

本期产生可抵扣暂时性差异 80 000－55 000＝25 000（元）

对未来所得税的影响 25 000×25%＝6 250（元）

借：递延所得税资产　　　　　　　　　　　　　　　　　　　6 250
　　贷：所得税费用　　　　　　　　　　　　　　　　　　　　　　6 250

36）结转各项损益，计算本年利润

借：主营业务收入   1 450 000

其他业务收入   350 000

公允价值变动损益   55 000

投资收益   149 600

营业外收入   100 000

贷：本年利润   2 104 600

借：本年利润   1 751 775

贷：主营业务成本   710 000

其他业务成本   100 000

营业税金及附加   17 500

管理费用   380 000

销售费用   320 000

财务费用   60 000

资产减值损失   80 000

营业外支出   20 000

所得税费用   64 275

37）结转本年净利润 417100－64275＝352825（元）

借：本年利润   352 825

贷：利润分配——未分配利润   352 825

38）按照净利润的 10%计提法定盈余公积

借：利润分配——提取法定盈余公积   35 282.50

贷：盈余公积——法定盈余公积   35 282.50

39）根据股东会决议向投资者分配现金股利 250 000 元。

借：利润分配——应付现金股利   250 000

贷：应付股利   250 000

40）结转利润分配各明细账户。

借：利润分配——未分配利润   285 282.50

贷：利润分配——提取法定盈余公积   35 282.50

——应付现金股利   250 000

2012 年年末有关账户发生额及其余额见表 11-1-2。

表 11-1-2   2012 年年末账户发生额及余额

单位：元

账户名称	期初余额		本期发生额		期末余额		报表项目	金额
	借方	贷方	借方	贷方	借方	贷方		
库存现金	5 000		110 000	110 000	5 000		货币资金	404 100
银行存款	115 000		3 198 000	2 913 900	399 100			
交易性金融资产			385 000	180 000	205 000		交易性金融资产	205 000
应收账款	250 000		1 404 000	850 000	804 000		应收账款	724 000

续表

账户名称	期初余额		本期发生额		期末余额		报表项目	金额
	借方	贷方	借方	贷方	借方	贷方		
坏账准备				80 000		80 000		
应收票据			234 000		234 000		应收票据	234 000
预付账款							预付款项	
应收股利			80 000	80 000			应收股利	
其他应收款			100 000		100 000		其他应收款	100 000
原材料	215 000		1 030 000	860 000	385 000		存货	114 500
库存商品	80 000		1 370 000	780 000	670 000			
周转材料								
生产成本	50 000		1 340 000	1 300 000	90 000			
制造费用			420 000	420 000				
长期股权投资	1 300 000						长期股权投资	1 300 000
固定资产	2 400 000		760 800	1 000 000	2 160 800		固定资产	1 720 800
累计折旧		1 050 000	850 000	240 000		440 000		
在建工程			700 000	700 000			在建工程	
工程物资			590 000	590 000			工程物资	
固定资产清理			150 000	150 000			固定资产清理	
无形资产	500 000			300 000	200 000		无形资产	60 000
累计摊销		250 000	210 000	100 000		140 000		
递延所得税资产			6 250		6 250		递延所得税资产	6 250
短期借款							短期借款	
应付账款		200 000				200 000	应付账款	200 000
应付利息				60 000		60 000	应付利息	60 000
应付股利				250 000		250 000	应付股利	250 000
应付职工薪酬			110 000	950 000		840 000	应付职工薪酬	840 000
应交税费		30 000	272 700	404 025		161 325	应交税费	161 325
长期借款		1 300 000	300 000	1 200 000		2 200 000	长期借款	220 0000
应付债券							应付债券	
实收资本		1 590 000				1 590 000	实收资本	1 590 000
资本公积		25 000				25 000	资本公积	25 000
盈余公积		50 000		35 282.50			盈余公积	85 282.50
本年利润			2 104 600	2 104 600				
利润分配——未分配利润		420 000	285 282.50	352 825			未分配利润	487 542.50

续表

账户名称	期初余额		本期发生额		期末余额		报表项目	金额
	借方	贷方	借方	贷方	借方	贷方		
主营业务收入			1 600 000	1 600 000			营业收入	1 800 000
其他业务收入			350 000	350 000				
主营业务成本			710 000	710 000			营业成本	810 000
其他业务成本			100 000	100 000				
营业税金及附加			17 500	17 500			营业税金及附加	17 500
管理费用			380 000	380 000			管理费用	380 000
销售费用			320 000	320 000			销售费用	320 000
财务费用			60 000	60 000			财务费用	60 000
资产减值损失			80 000	80 000			资产减值损失	80 000
公允价值变动损益			55 000	55 000			公允价值变动收益	55 000
投资收益			149 600	149 600			投资收益	149 600
营业外收入			100 000	100 000			营业外收入	100 000
营业外支出			20 000	20 000			营业外支出	20 000
所得税费用			64 275	64 275			所得税费用	64 275

（三）根据以上资料编制西安同仁有限公司 2012 年 12 月 31 日资产负债表（表 11-1-3）、2012 年利润表（表 11-1-4）、现金流量表（表 11-1-5）和所有者权益变动表（表 11-1-6）。

表 11-1-3　资产负债表

会企 01 表

编制单位：西安同仁有限公司　　　　2012 年 12 月 31 日　　　　单位：元

资产	期末余额	年初余额	负债和所有者权益	期末余额	年初余额
流动资产：			流动负债：		
货币资金	404 100	120 000	短期借款		
交易性金融资产	205 000		应付票据		
应收账款	724 000	250 000	应付账款	200 000	200 000
应收票据	234 000		预收款项		
预付款项			应付职工薪酬	840 000	
应收股利			应交税费	161 325	30 000
其他应收款	100 000		应付利息	60 000	
存货	1 145 000	345 000	应付股利	250 000	

续表

资产	期末余额	年初余额	负债和所有者权益	期末余额	年初余额
一年内到期的非流动资产			一年内到期的非流动负债		
流动资产合计	2 812 100	715 000	流动负债合计	1 511 325	230 000
非流动资产:			非流动负债:		
持有至到期投资			长期借款	2 200 000	1 300 000
长期股权投资	1 300 000	1 300 000	应付债券		
固定资产	1 720 800	1 350 000	长期应付款		
在建工程			专项应付款		
工程物资			递延所得税负债		
固定资产清理			非流动负债合计	2 200 000	1 300 000
			负债合计	3 711 325	1 530 000
无形资产	60 000	250 000	所有者权益:		
开发支出			实收资本	1 590 000	1 590 000
商誉			资本公积	25 000	25000
长期待摊费用			盈余公积	85 282.50	50 000
递延所得税资产	6 250		未分配利润	487 542.50	420 000
非流动资产合计	3 087 050	2 900 000	所有者权益合计	2 187 825	2 085 000
资产总计	5 899 150	3 615 000	负债和所有者权益总计	5 899 150	3 615 000

表 11-1-4　利润表

会企 02 表

编制单位：西安同仁有限公司　　　　　2012 年　　　　　　　　　单位：元

项目	本期金额	上期金额
一、营业收入	1 800 000	（略）
减:营业成本	810 000	
营业税金及附加	17 500	
销售费用	320 000	
管理费用	380 000	
财务费用	60 000	
资产减值损失	80 000	
加:公允价值变动收益（损失以"-"号填列）	55 000	
投资收益（损失以"-"号填列）	149 600	
其中:对联营企业和合营企业的投资收益		
二、营业利润（亏损以"-"号填列）	337 100	
加:营业外收入	100 000	
减:营业外支出	20 000	
其中:非流动资产处置损失		
三、利润总额（亏损总额以"-"号填列）	417 100	
减:所得税费用	64 275	

项目	本期金额	上期金额
四、净利润（净亏损以"－"号填列）	352 825	
五、每股收益	（略）	
（一）基本每股收益		
（二）稀释每股收益		

表 11-1-5　现金流量表

编制单位：西安同仁有限公司　　　　　　2011 年　　　　　　　　　　会企 03 表

单位：元

项目	本期金额	上期金额
一、经营活动产生的现金流量：		（略）
销售商品、提供劳务收到的现金	1 292 500	
收到的税费返还		
收到其他与经营活动有关的现金		
经营活动现金流入小计	1 292 500	
购买商品、提供劳务支付的现金	970 000	
支付给职工以及为职工支付的现金		
支付的各项税费	67 000	
支付其他与经营活动有关的现金	300 000	
经营活动现金流出小计	1 337 000	
经营活动产生的现金流量净额	－44 500	
二、投资活动产生的现计流量：		
收回投资收到的现金	250 000	
取得投资收益收到的现金	80 000	
处置固定资产、无形资产和其他长期资产收回的现金净额	200 000	
处置子公司及其他营业单位收到的现金净额		
收到其他与投资活动有关的现金		
投资活动现金流入小计	530 000	
购建固定资产、无形资产和其他长期资产支付的现金	771 000	
投资支付的现金	330 400	
取得子公司及其他营业单位支付的现金		
支付其他与投资活动有关的现金		
投资活动现金流出小计	1 101 400	
投资活动产生的现金流量净额	－571 400	
三、筹资活动产生的现金流量：		
吸收投资收到的现金		
取得借款收到的现金	1 200 000	
收到其他与筹资活动有关的现金		
筹资活动现金流入小计	1 200 000	
偿还债务支付的现金	300 000	
分配股利、利润或偿付利息支付的现金		
支付其他与筹资活动有关的现金		

续表

项目	本期金额	上期金额
筹资活动现金流出小计	300 000	
筹资活动产生的现金流量净额	900 000	
四、汇率变动对现金及现金等价物的影响		
五、现金及现金等价物净增加额	284 100	
加：期初现金及现金等价物余额	120 000	
六、期末现金及现金等价物余额	404 100	

表 11-1-5 有关数字填列说明：

1）销售商品、提供劳务收到的现金＝营业收入＋本期销项税额
　　　　　　　　　　　　　　　　　－应收账款增加－应收票据增加
　　　　　　　　　　　　　　＝1 800 000＋280 500－554 000－234 000
　　　　　　　　　　　　　　＝1 292 500 元

2）购买商品、接受劳务支付的现金＝营业成本＋本期进项税额＋存货增加
　　　　　　　　　　　　　　　　　－当期列入生产成本、制造费用的职工薪酬
　　　　　　　　　　　　　　　　　－当期列入生产成本、制造费用的折旧费
　　　　　　　　　　　　　　　　　－当期列入制造费用的无形资产摊销
　　　　　　　　　　　　　　　　　－营业成本中出租固定资产计提的折旧
　　　　　　　　　　　　　　　　　－处置固定资产残料收回
　　　　　　　　　　　　　＝810 000＋170 000＋800 000－560 000
　　　　　　　　　　　　　－120 000－60 000－40 000－30 000＝970 000 元

注意：进项税额不包括购入固定资产的进项税额。

3）支付的各项税费＝本期实际支付的税费 67 000 元

4）支付的其他与经营活动有关的现金＝管理费用、销售费用
　　　　　　　　　　　　　　　　　　－没有支付现金的费用（原材料费用）
　　　　　　　　　　　　　　　　　　－当期列入管理费用、销售费用的职工薪酬
　　　　　　　　　　　　　　　　　　－当期列入管理费用、销售费用的折旧费
　　　　　　　　　　　　　　　　　　－当期列入管理费用的无形资产摊销
　　　　　　　　　　　　　　＝380 000＋320 000－（100 000＋100 000）
　　　　　　　　　　　　　　－（40 000＋40 000）－（40 000＋40 000）
　　　　　　　　　　　　　　－40 000＝300 000 元

251

5）收回投资收到的现金＝250 000 元

6）取得投资收益收到的现金＝80 000 元

7）处置固定资产、无形资产和其他长期资产收回的现金净额＝200 000 元

8）购建固定资产、无形资产和其他长期资产支付的现金＝购买设备＋建造厂房支出
　　　　　　　　　　　　　　　　　　　　　　　　＝71 000＋700 000
　　　　　　　　　　　　　　　　　　　　　　　　＝771 000 元

9）投资支付的现金＝购买股票＋购买债券＝150 400＋180 000＝330 400 元

10）取得借款收到的现金＝借入款项 1 200 000 元

11）偿还债务支付的现金＝归还借款 300 000 元

表 11-1-6　所有者权益变动表

编制单位：西安同仁有限公司　　　　　　　　　　2011 年度

会企 04 表
单位：元

项目	本年金额						上年金额					
	实收资本（或股本）	资本公积	减：库存股	盈余公积	未分配利润	所有者权益合计	实收资本（或股本）	资本公积	减：库存股	盈余公积	未分配利润	所有者权益合计
一、上年年末余额	1 590 000	25 000		50 000	420 000	2 085 000						（略）
加：会计政策变更												
前期差错更正												
二、本年年初余额	1 590 000	25 000		50 000	420 000	2 085 000						
三、本年增减变动金额（减少以"一"号填列）												
（一）净利润					352 825	352 825						
（二）直接计入所有者权益的利得和损失												
1. 可供出售金融资产公允价值变动净额												
2. 权益法下被投资单位其他所有者权益变动的影响												
3. 与计入所有者权益项目相关的所得税影响												
4. 其他												
上述（一）和（二）小计												
（三）所有者投入和减少资本												
1. 所有者投入资本												
2. 股份支付计入所有者权益的金额												

续表

项目	本年金额						上年金额					
	实收资本（或股本）	资本公积	减：库存股	盈余公积	未分配利润	所有者权益合计	实收资本（或股本）	资本公积	减：库存股	盈余公积	未分配利润	所有者权益合计
3. 其他												
（四）分配利润												
1. 提取盈余公积				35 282.5	−35 282.5	0						
2. 对所有者（或股东）的分配					−250 000	−250 000						
3. 其他												
（五）所有者权益内部结转												
1. 资本公积转增资本（或股本）												
2. 盈余公积转增资本（或股本）												
3. 盈余公积弥补亏损												
4. 其他												
四、本年年末余额	1 590 000	25 000		85 282.5	487 542.5	2 187 825						

理论要点

一、财务报告概述

1. 财务报告的概念

财务报告是指企业对外提供的反映企业某一特定日期的财务状况和某一会计期间的经营成果、现金流量等会计信息的文件，包括财务报表和其他应当在财务报告中披露的相关信息和资料。

财务状况是指反映企业在某一特定日期所拥有的资产、需要偿还的债务，以及所有者拥有的净资产情况。一般通过资产负债表就可以全面了解一个企业的财务状况。资产负债表集中反映了截止到特定日期，如 2012 年 12 月 31 日一个企业所拥有的资产总额及其构成、负债总额及其构成和所有者权益的组成情况。

经营成果是指反映企业在某一期间从事各种经营活动取得的最终成果，即利润或亏损。一般通过利润表就可以全面了解一个企业的经营成果。利润表集中反映了某一期间，如 2012 年度企业从事各种经营活动取得的最终成果及其构成情况。

现金流量是指反映企业在一定期间现金和现金等价物流入流出的情况。一般通过现金流量表就可以全面了解一个企业现金流入和现金流出及现金流量净额情况。现金流量表集中反映了某一期间，如 2012 年企业从事各种经营活动产生的现金流入及其现金流出情况。

财务报表是对企业财务状况、经营成果和现金流量的结构性表述。

其他应当在财务报告中披露的相关信息和资料是指按照企业会计准则的规定对在财务报表中所列示的有关数据资料在财务报表附注中作进一步的文字说明。

2. 财务报表的组成

企业对外报送的财务报表至少应当包括下列组成部分：

1）资产负债表，是反映企业在某一特定日期财务状况的会计报表。

2）利润表，是反映企业在一定会计期间经营成果的会计报表。

3）现金流量表，是反映企业一定会计期间现金和现金等价物流入流出情况的会计报表。

4）所有者权益变动表，是反映构成企业所有者权益的各组成部分当期的增减变动情况的会计报表。

5）财务报表附注，是企业财务报表不可缺少的组成部分，是对在资产负债表、利润表、现金流量表和所有者权益变动表等报表中列示项目的文字描述或明细资料，以及对未能在这些报表列示项目的说明等。

3. 财务报告的分类

企业对外报送的财务报告各种各样，为了编制和管理的方便，需对其进行分类。财务报告可以按照不同的标准进行分类，见表 11-1-7。

表 11-1-7　财务报告的分类

按财务报告编制期间的不同		按财务报告编报主体的不同	
中期财务报告	年度财务报告	个别财务报告	合并财务报告
以中期为基础编制的财务报告。中期财务报告是指短于一个完整会计年度的报告期间为基础编制的财务报告，包括月报、季报和半年报等。中期财务报告至少应当包括资产负债表、利润表、现金流量表和附注，其中，中期资产负债表、利润表和现金流量表应当是完整报表，其格式和内容应当与年度财务报告相一致。与年度财务报告相比，中期财务报告的附注可适当简略	以一个会计年度为基础编制的财务报告	由某一企业在会计核算基础上对账簿记录进行加工而编制的财务报告，主要用于反映某一企业的财务状况、经营成果和现金流量情况	以母公司和子公司组成的企业集团为会计主体，根据母公司和所属子公司的财务报告，由母公司编制的综合反映企业集团财务状况、经营成果和现金流量的财务报告，如我国目前大部分上市公司所编制的就是合并财务报告

4. 财务报告编制要求

根据我国会计准则规定，企业的财务报告应当根据记录完整、核对无误的账簿记录和其他有关资料编制而成，要求做到数字真实、计算准确、内容完整、报送及时。具体编制要求见表 11-1-8。

表 11-1-8　财务报告编制要求

数字真实	企业应当在期末对账的基础上，根据核对无误的账簿记录和其他有关资料编制，做到数字真实、正确。企业发生的各项经营活动最终都将在会计账簿记录中予以反映，而账簿记录是编制财务报告的主要依据，只有账簿记录如实反映企业发生的经济业务，才能保证财务报告所提供的各项财务信息真实可靠
计算准确	财务报告的所有项目计算应准确无误。财务报告的结构及项目设置都是根据会计信息使用者的要求而建立的，所以必须根据已有的账簿资料，经过计算分析填列。计算中应注意财务报告之间的勾稽关系，当期财务报告与上期财务报告有关项目的数据要衔接一致
内容完整	企业应按照我国会计准则规定的报表种类、结构填列报表项目，做到内容完整。在编制财务报告时，应当填列的报表项目，无论是表内项目还是表外项目均应填列。对于那些对企业构成重大影响的会计信息，首先应在财务报告中说明，如不能说明，应按要求单独说明。在不同的会计期间应当编报的财务报告，必须编报齐全
报送及时	企业应严格遵守规定的报送期限报送财务报告，做到报送及时。为了使企业的管理者、投资人及债权人等财务报告信息使用者能充分、及时利用报告所提供的会计信息，在某一会计期间结束后应及时编制财务报告，并按规定的期限迅速上报

255

二、资产负债表

1. 资产负债表的概念

资产负债表是反映企业在某一特定日期财务状况的会计报表。

一般情况，我们假定企业是持续经营的，所以某一特定日期是指每月末的日期，如1月31日、2月28日、3月31日、4月30日、12月31日等。

资产负债表主要反映资产、负债和所有者权益三方面的内容。

2. 资产负债表的作用

1）可以提供某一特定日期资产的总额及其构成，表明企业拥有或控制的资源及其分布情况，使会计信息的使用者可以一目了然的从资产负债表上了解到企业在某一特定日期所拥有的资产总量及其构成。

2）可以提供某一特定日期的负债总额及其构成，表明企业未来需要用多少资产或劳务清偿债务及清偿的种类。

3）可以反映所有者拥有的权益，据以判断资本保值、增值的情况及对负债的保障程度。

3. 资产负债表的编制依据

资产负债表编制的依据是会计恒等式：

$$资产＝负债＋所有者权益$$

4. 资产负债表的结构

资产负债表分为表首、正表两部分。

表首主要列示报表名称、报表编号、编制单位名称、报表编制日期、报表金额单位等内容。

正表主要列示资产、负债和所有者权益各项目的年初余额和期末余额。

我国企业的资产负债表采用账户式结构。账户式资产负债表结构分为左右两方，左方为资产项目，大体按照资产的流动性大小排列，流动性大的资产，如"货币资金"、"交易性金融资产"等排在前面，流动性小的资产，如"长期股权投资"、"固定资产"等排在后面。右方为负债及所有者权益项目，一般按照要求偿还时间的先后顺序排列，"短期借款"、"应付票据"、"应付账款"等需要在一年内或长于一年的一个正常营业周期内偿还的流动负债排在前面，"长期借款"等在一年以上才须偿还的非流动负债排在中间，在企业清算之前不需要偿还的所有者权益排在后面。

账户式资产负债表中的资产各项目的合计数等于负债和所有者权益各项目的合计数，即资产负债表左方和右方平衡。通过账户式资产负债表，可以反映资产、负债和所有者权益之间的内在关系，即"资产＝负债＋所有者权益"。账户式资产负债表的格式见表11-1-3。

5. 资产负债表的编制

资产负债表各项目均须填列"年初余额"和"期末余额"两栏，以便会计信息使用者通过比较不同时点资产负债表的数据，掌握企业财务状况的变动及发展趋势。

其中"年初余额"栏内各项数字，应根据上年年末资产负债表的"期末余额"栏内所列数字填列。"期末余额"栏主要有以下几种填列方法。

（1）根据总账账户余额直接填列

例如，"交易性金融资产"、"工程物资"、"固定资产清理"、"短期借款"、"应付票据"、"应付职工薪酬"、"应交税费"、"应付利息"、"应付股利"、"其他应付款"、"实收资本"、"资本公积"和"盈余公积"等项目，应根据有关总账科目的余额直接填列。

1）"交易性金融资产"项目，反映企业持有的以公允价值且其变动计入当期损益为交易目的所持有的债券投资、股票投资、基金投资等金融资产。

【例 11-2】2012 年 5 月 10 日甲公司从股票市场购入 A 公司股票 1 000 万股，每股公允价值为为 5 元，准备随时出售。2012 年年末该股票市值为 6 000 万元，年末结账后"交易性金融资产"账户余额为 6 000 万元。则该企业 2012 年 12 月 31 日资产负债表中的"交易性金融资产"项目金额应填为 6 000 万元。

2）"工程物资"项目，反映企业尚未使用的各项工程物资的实际成本。

【例 11-3】2012 年 8 月 10 日甲公司购入建造办公楼工程用物资，买价 50 万元，增值税 8.5 万元，物资已验收入库。至 2012 年年末尚未领用，年末结账后"工程物资"账户余额为 58.5 万元。则该企业 2012 年 12 月 31 日资产负债表中的"工程物资"项目金额应填为 58.5 万元。

3）"固定资产清理"项目，反映企业因出售、毁损、报废等原因转入清理但尚未清理完毕的固定资产的账面价值，以及固定资产清理过程中所发生的清理费用和变价收入等各项金额的差额。如果"固定资产清理"账户的余额在贷方，以"—"号填列。

【例 11-4】2012 年 8 月 15 日甲公司因办公楼年久损失决定报废，该办公楼原值 500 万元，累计折旧 420 万元，清理中发生清理费用 15 万元。至 2012 年年末尚未清理完毕，年末结账后"固定资产清理"账户余额为 95 万元。则该企业 2012 年 12 月 31 日资产负债表中的"固定资产清理"项目金额应填为 95 万元。

4）"短期借款"项目，反映企业向银行或其他金融机构等借入的期限在一年以下（含一年）的各种借款。

【例 11-5】2012 年 3 月 1 日甲公司从工商银行借入一年期借款 50 万元，2012 年 6 月 1 日从中国银行借入一年期借款 150 万元。年末结账后"短期借款"账户余额为 200 万元。则该企业 2012 年 12 月 31 日资产负债表中的"短期借款"项目金额应填为 200 万元。

5）"应付票据"项目，反映企业因购买材料、商品或接受劳务等而开出、承兑的商业汇票，包括商业承兑汇票和银行承兑汇票。

【例 11-6】2012 年 9 月 11 日甲公司购入原材料买价 100 万元，增值税 17 万元，材料已验收入库，货款未付，开出并承兑期限 6 个月的商业承兑汇票。年末结账后"应付票据"账户余额为 117 万元。则该企业 2012 年 12 月 31 日资产负债表中的"应付票据"项目金额应填为 117 万元。

6）"应付职工薪酬"项目，反映企业根据有关规定应付给职工的工资、职工福利、社会保险及住房公积金、工会经费、职工教育经费、非货币性福利及辞退福利等各种薪酬。

【例 11-7】2012 年 12 月 31 日甲公司应付职工薪酬 35 万元。年末结账后"应付职工薪酬"账户余额为 35 万元。则该企业 2012 年 12 月 31 日资产负债表中的"应付职工薪酬"项目金额应填为 35 万元。

7)"应交税费"项目，反映企业按照税法规定计算应交纳的各种税费，如"应交税费"账户余额为借方，应以"—"号填列。

【例 11-8】2012 年 12 月 31 日甲公司应交增值税 15 万元，应交消费税 8 万元，应交营业税 5 万元，应交城市维护建设税 1.96 万元，应交教育费附加 0.84 万元，应交房产税 0.3 万元，应交所得税 1.2 万元，交纳印花税 0.5 万元。年末结账后"应交税费"账户余额为 32.3 万元。则该企业 2012 年 12 月 31 日资产负债表中的"应交税费"项目金额应填为 32.3 万元。

8)"应付利息"项目，反映企业按照规定应当支付的利息，包括分期付息到期还本的长期借款应支付的利息。

【例 11-9】2012 年 3 月 1 日甲公司从工商银行借入一年期借款 50 万元，利率为 6%；2012 年 6 月 1 日从中国银行借入一年期借款 150 万元，利率为 8%。利息均为到期一次付清。年末结账后"应付利息"账户余额为 9.5 万元（50×6%÷12×10＋150×8%÷12×7）。则该企业 2012 年 12 月 31 日资产负债表中的"应付利息"项目金额应填为 9.5 万元。

9)"应付股利"项目，反映企业分配的现金股利或利润。

【例 11-10】2012 年 12 月 31 日甲公司股东会决定向投资者分配现金股利 18 万元。年末结账后"应付股利"账户余额为 18 万元。则该企业 2012 年 12 月 31 日资产负债表中的"应付股利"项目金额应填为 18 万元。

10)"其他应付款"项目，反映企业除应付票据、应付账款、预收账款、应付职工薪酬、应付利息、应付股利及应交税费等经营活动以外的其他各项应付、暂收的款项。

【例 11-11】2012 年 10 月 31 日甲公司出租固定资产，租期半年，当日收到押金 50 万元。年末结账后"其他应付款"账户余额为 50 万元。则该企业 2012 年 12 月 31 日资产负债表中的"其他应付款"项目金额应填为 50 万元。

11)"实收资本"项目，反映企业各投资者实际投入的资本总额。

【例 11-12】甲公司 2010 年 10 月 1 日设立，设立时投资者出资总额为 500 万元。期间注册资本没有发生变化。年末结账后"实收资本"账户余额为 500 万元。则该企业 2012 年 12 月 31 日资产负债表中的"实收资本"项目金额应填为 500 万元。

12)"资本公积"项目，反映企业资本公积的期末余额。

【例 11-13】甲公司 2012 年 1 月 1 日"资本公积"余额 23 万元。期间资本公积增加 2 万元。年末结账后"资本公积"账户余额为 25 万元。则该企业 2012 年 12 月 31 日资产负债表中的"资本公积"项目金额应填为 25 万元。

13)"盈余公积"项目，反映企业盈余公积的期末余额。

【例 11-14】甲公司 2012 年 1 月 1 日"盈余公积"余额 35 万元。2012 年企业实现净利润 120 万元，依照 10%计提法定盈余公积。年末结账后"盈余公积"账户余额为 47 万元。则该企业 2012 年 12 月 31 日资产负债表中的"盈余公积"项目金额应填为 47 万元。

（2）根据明细账户余额计算填列

例如，"应收账款"、"应付账款"、"预收款项"、"预付款项"及"未分配利润"等项目，应根据明细账户余额计算填列，见表 11-1-9。

表 11-1-9　根据明细账户余额填列资产负债表

"应收账款"项目	"应付账款"项目	"预收款项"项目	"预付款项"项目
反映企业因销售商品、提供劳务等经营活动应收取的款项	反映企业因购买材料、商品或接受劳务等经营活动应支付的款项	反映企业按照销售合同规定预收购货单位的款项	反映企业按照购货合同规定预付供货单位的款项
应根据"应收账款"和"预收账款"两个账户所属的相关明细账户的期末借方余额计算加总,并扣除"应收账款"计提的坏账准备之后填列	应根据"应付账款"和"预付账款"两个账户所属的相关明细账户的期末贷方余额计算加总填列	应根据"预收账款"和"应收账款"两个账户所属的相关明细账户的期末贷方余额计算加总填列	应根据"预付账款"和"应付账款"两个账户所属的相关明细账户的期末借方余额计算加总,并扣除"预付账款"计提的坏账准备后填列

【例 11-15】2012 年 12 月 31 日甲公司有关账户余额如下,资产负债的列示见表 11-1-10。

表 11-1-10　2012 年甲公司资产负债

明细账账户余额	2012 年 12 月 31 日资产负债表中相关项目
应收账款——A 企业(借方)　150 万元 　　　　——B 企业(借方)　　50 万元 　　　　——C 企业(贷方)　　30 万元 应付账款——D 企业(贷方)　200 万元 　　　　——E 企业(借方)　　20 万元 预收账款——F 企业(贷方)　190 万元 　　　　——G 企业(贷方)　　40 万元 　　　　——H 企业(借方)　　10 万元 预付账款——I 企业(借方)　220 万元 假定应收账款计提坏账准备 15 万元 预付账款计提坏账准备 35 万元	"应收账款"项目金额为 150+50+10-15=195 万元 "应付账款"项目余额为 200 万元 "预收款项"项目金额为 190+40+30=260 万元 "预付款项"项目金额为 220+20-35=205 万元

提示

往来账户在资产负债表填列的原则:"字相同,同向加,借为资产,贷为负债"。

"未分配利润"项目,反映企业尚未分配的利润。应根据"本年利润"和"利润分配"账户的余额计算填列。未弥补的亏损以"-"号填列。

【例 11-16】甲公司 2012 年 1 月 1 日"利润分配——未分配利润"贷方余额为 21 万元。2012 年企业实现净利润 120 万元,依照 10%计提法定盈余公积,向投资者分配现金股利 18 万元。年末结账后"利润分配——未分配利润"账户余额为 111 万元(21+120-12-18)。则该企业 2012 年 12 月 31 日资产负债表中的"未分配利润"项目金额应填为 111 万元。

（3）根据总账账户和明细账户余额分析计算填列

例如,"长期借款"、"应付债券"、"长期应付款"等项目,应根据总账账户和明细账户余额分析计算填列。如"长期借款"项目,应根据"长期借款"总账账户余额扣除"长期借款"账户所属的明细账户中将在一年内到期,且企业不能自主地将清偿义务展期的长期借款后的金额计算填列。

【例 11-17】甲公司 2010 年 11 月 1 日从中国工商银行借入期限 5 年的借款 1 000 万元，到期还本，分期付息。资产负债表的填列见表 11-1-11。

表 11-1-11　甲公司资产负债

借款年限	资产负债表列示
第 1 年是 2010 年 11 月 1 日～2011 年 11 月 1 日 第 2 年是 2011 年 11 月 1 日～2012 年 11 月 1 日 第 3 年是 2012 年 11 月 1 日～2013 年 11 月 1 日 第 4 年是 2013 年 11 月 1 日～2014 年 11 月 1 日 第 5 年是 2014 年 11 月 1 日～2015 年 11 月 1 日	2010 年 12 月 31 日资产负债表中的"长期借款"项目金额为 1 000 万元； 2011 年 12 月 31 日资产负债表中的"长期借款"项目金额为 1 000 万元； 2012 年 12 月 31 日资产负债表中的"长期借款"项目金额为 1 000 万元； 2013 年 12 月 31 日资产负债表中的"长期借款"项目金额为 1 000 万元； 2014 年 12 月 31 日资产负债表中的"长期借款"项目金额为 0 万元； 2015 年 12 月 31 日资产负债表中的"长期借款"项目金额为 0 万元

实际上在 2014 年 12 月 31 日该项长期借款距离到期日已经不足一年，只有 10 个月。为了真实地反映企业债务的偿还情况，现行企业会计准则规定对于将在一年内到期的长期债务，在资产负债表中不再把它列示为长期负债，而应当填列在流动负债"一年内到期的非流动负债"项目中。

故该企业 2014 年 12 月 31 日资产负债表中的"长期借款"项目金额不填，而在流动负债"一年内到期的非流动负债"项目中填列 1 000 万元。

（4）根据有关账户余额减去其备抵账户余额后的净额填列

例如，"应收票据"、"应收利息"、"应收股利"、"其他应收款"、"长期股权投资"、"固定资产"、"在建工程"及"无形资产"等项目，应根据有关账户余额减去其备抵账户余额后的净额填列。

1）"应收票据"项目，反映企业因销售商品、提供劳务等而收到的商业汇票，包括商业承兑汇票和银行承兑汇票。

【例 11-18】2012 年 10 月 15 日甲公司销售商品售价 100 万元，增值税 17 万元，商品已经发出，货款尚未收到，收到期限 5 个月的商业承兑汇票。2012 年年末，经测试，该项应收票据发生减值，计提坏账准备 5 万元。年末结账后"应收票据"账户余额为 117 万元，"坏账准备——应收票据"账户余额为 5 万元。则该企业 2012 年 12 月 31 日资产负债表中的"应收票据"项目金额应填为 112 万元（117－5）。

2）"应收利息"项目，反映企业应收取的债券投资利息。

【例 11-19】2012 年 1 月 1 日甲公司购入乙公司发行的债权面值 100 万元，票面利率 10%，到期还本，每年付息。2012 年年末甲公司应收利息 10 万元。年末结账后"应收利息"账户余额为 10 万元，经测试该应收利息没有发生减值。则该企业 2012 年 12 月 31 日资产负债表中的"应收利息"项目金额应填为 10 万元。

3)"应收股利"项目，反映企业应收取的现金股利。

【例 11-20】2012 年 1 月 1 日甲公司购入丙公司 15%的股权，实际支付投资款 300 万元。2012 年 12 月 10 日丙公司宣告分派现金股利 60 万元，则甲公司应收股利 60×15%＝9 万元。年末结账后"应收股利"账户余额为 9 万元，经测试该应收利息没有发生减值。则该企业 2012 年 12 月 31 日资产负债表中的"应收股利"项目金额应填为 9 万元。

4)"其他应收款"项目，反映企业除应收票据、应收账款、预付账款、应收利息及应收股利等经营活动以外的其他各种应收、暂付的款项。

【例 11-21】2012 年 3 月 1 日甲公司支付包装物押金 10 万元；2012 年 8 月 15 日职工出差借款 3 万元。年末结账后"其他应收款"账户余额为 13 万元，经测试支付的包装物押金发生减值，计提坏账准备 1 万元。则该企业 2012 年 12 月 31 日资产负债表中的"其他应收款"项目金额应填为 12 万元（10＋3－1）。

5)"长期股权投资"项目，反映企业持有的对子公司、联营企业和合营企业的长期股权投资。

【例 11-22】2011 年 3 月 1 日甲公司拥有丁公司 60%的股份，投资成本 200 万元。2011年年末结账后"长期股权投资"账户余额为 200 万元，2012 年年末经测试，该项投资发生减值，计提长期股权投资减值准备 15 万元。则该企业 2012 年 12 月 31 日资产负债表中的"长期股权投资"项目金额应填为 185 万元（200－15）。

6)"固定资产"项目，反映企业各种固定资产原值减去累计折旧和累计减值准备后的净额。

【例 11-23】2012 年 1 月 1 日甲公司购入生产用设备 500 万元，至 2012 年 12 月 31日该项设备累计计提固定资产折旧 50 万元，年末结账后"固定资产"账户余额为 500万元，"累计折旧"账户余额 50 万元，经测试该项固定资产发生减值，计提固定资产减值准备 20 万元。则该企业 2012 年 12 月 31 日资产负债表中的"固定资产"项目金额应填为 430 万元（500－50－20）。

7)"在建工程"项目，反映企业各项未完工程的实际支出。

【例 11-24】2012 年 10 月 1 日甲公司购入需要安装的生产用设备价值 120 万元，安装中已发生支出 25 万元。至 2012 年 12 月 31 日工程尚未安装完成，经测试该项安装工程没有发生减值。则该企业 2012 年 12 月 31 日资产负债表中的"在建工程"项目金额应填为 145 万元。

8)"无形资产"项目，反映企业持有的无形资产。

261

【例 11-25】2011 年 1 月 1 日甲公司购入专利技术价值 100 万元，可用 5 年（直线法摊销）。至 2012 年 12 月 31 日该项专利技术累计摊销 40 万元，年末结账后"无形资产"账户余额为 100 万元，"累计摊销"账户余额 40 万元，经测试该项专利技术没有发生减值。则该企业 2012 年 12 月 31 日资产负债表中的"无形资产"项目金额应填为 60 万元（100－40）。

(5)综合运用上述填列方法分析填列

例如，"存货"、"货币资金"等项目，应根据综合应用计算填列。

1)"存货"项目，反映企业期末在库、在途和在加工中的各种存货的可变现净值。应根据"原材料"、"委托加工物资"、"周转材料"、"在途物资"、"发出商品"、"库存商品"、"生产成本"及"劳务成本"等总账账户期末余额的分析汇总数，再减去"存货跌价准备"账户余额后的净额填列。

【例 11-26】甲公司 2012 年 12 月 31 日结账后的"原材料"账户余额为 100 万元、"周转材料"账户余额为 10 万元、"库存商品"账户余额为 200 万元、"生产成本"账户余额为 60 万元、"存货跌价准备"账户余额为 15 万元。则该企业 2012 年 12 月 31 日资产负债表中的"存货"项目金额应填为 355 万元（100＋10＋200＋60－15）。

2）"货币资金"项目，反映企业库存现金、银行存款、其他货币资金的合计数。应根据"库存现金"、"银行存款"、"其他货币资金"三个总账账户的期末余额的合计数填列。

【例 11-27】甲公司 2012 年 12 月 31 日结账后的"库存现金"账户余额 10 万元、"银行存款"账户余额为 100 万元、"其他货币资金"账户余额为 20 万元。则该企业 2012 年 12 月 31 日资产负债表中的"货币资金"项目金额应填为 130 万元（10＋100＋20）。

三、利润表

1. 利润表的概念

利润表是反映企业在一定会计期间经营成果的会计报表。

一般情况下，我们假定企业是持续经营的，所以一定会计期间是指每月或每季或每年，如 1 月、2 月、3 月、一季度、上半年、本年等。

利润表主要反映收入、费用和利润三方面的内容。

2. 利润表的作用

1）可以反映企业一定会计期间收入的实现情况，如实现的营业收入、实现的投资收益及实现的营业外收入等情况。

2）可以反映一定期间的费用耗费情况，如耗费的营业成本、营业税金及附加等。

3）可以反映企业生产经营活动的成果，即净利润的实现情况，据以判断资本保值和增值等情况。

3. 利润表编制依据

利润表编制根据会计等式：

$$收入－费用＝利润$$

4. 利润表的结构

利润表分为表首、正表两部分。

表首主要列示报表名称、报表编号、编制单位名称、报表编制日期、报表金额单位等内容。正表主要列示收入、费用、利润和净利润的上期金额和本期金额。

我国企业的利润表采用多部式结构。企业利润表的基本结构见表 11-1-4。

5. 利润表的编制

利润表应根据企业相关损益类账户一定时期的发生额计算填列，各项目均需填列"本期金额"和"上期金额"两栏。以便会计信息使用者通过比较不同时期利润表的数据，掌握企业经营成果的变动及发展趋势。

其中，"上期金额"栏内各项数字，应根据上年该期利润表的"本期金额"栏内所列数字填列；"本期金额"栏内各项数字填列方法如下：

1）"营业收入"项目，反映企业经营主要业务和其他业务所确认的收入总额。应根据"主营业务收入"和"其他业务收入"账户的发生额分析填列。

【例 11-28】甲公司 2012 年 12 月 31 日结账前的"主营业务收入"账户贷方发生额为 500 万元、借方发生额为 30 万元；"其他业务收入"账户贷方发生额为 100 万元。则该企业 2012 年利润表中"营业收入"项目填列金额为 570 万元（500－30＋100）。

2）"营业成本"项目，反映企业经营主要业务和其他业务所发生的成本总额。应根据"主营业务成本"和"其他业务成本"账户的发生额分析填列。

【例 11-29】甲公司 2012 年 12 月 31 日结账前的"主营业务成本"账户借方发生额为 300 万元、贷方发生额为 10 万元；"其他业务成本"账户借方发生额 60 万元。则该企业 2012 年利润表中"营业成本"项目填列金额为 350 万元（300－10＋60）。

3）"营业税金及附加"项目，反映企业经营业务应负担的消费税、营业税、资源税、城建税、教育费附加等。应根据"营业税金及附加"账户的发生额分析填列。

4）"销售费用"项目，反映企业在销售商品过程中发生的包装费、广告费等费用和为销售本企业商品而专设的销售机构发生的职工薪酬、业务费等经营费用。应根据"销售费用"账户的发生额分析填列。

5）"管理费用"项目，反映企业筹集生产经营所需要资金等而发生的筹资费用。应根据"财务费用"账户的发生额分析填列。

6）"财务费用"项目，反映企业为组织和管理生产经营发生的管理费用。应根据"管理费用"账户的发生额分析填列。

7）"资产减值损失"项目，反映企业各项资产发生的减值损失。应根据"资产减值损失"账户的发生额分析填列。

8）"公允价值变动收益"项目，反映企业应当计入当期损益的资产公允价值变动收益。应根据"公允价值变动损益"账户的发生额分析填列。如为净损失，以"－"号填列。

9）"投资收益"项目，反映企业以各种方式对外投资所取得的收益。应根据"投资收益"账户的发生额分析填列。如为投资损失，以"－"号填列。

10）"营业利润"项目，反映企业实现的营业利润。应根据以上项目计算填列。如为亏损，以"－"号填列。

11）"营业外收入"项目，反映企业发生的与经营业务无直接关系的各项收入。应根据"营业外收入"账户的发生额分析填列。

12）"营业外支出"项目，反映企业发生的与经营业务无直接关系的各项支出。应根据"营业外支出"账户的发生额分析填列。

13）"利润总额"项目，反映企业实现的利润。应根据以上项目计算填列。如为亏损，以"－"号填列。

14）"所得税费用"项目，反映企业应从当期利润总额中扣除的所得税费用。应根据

263

"所得税费用"账户的发生额分析填列。

15)"净利润"项目，反映企业实现的净利润。应根据以上项目计算填列。如为亏损，以"一"号填列。

我国企业的利润表一般采用上下加减的多步报告式结构，利润总额的计算被分解为多个。

具体编制步骤见表 11-1-12。

表 11-1-12　编制步骤

计算确定营业利润	用营业收入减营业成本、营业税金及附加、销售费用、管理费用、财务费用、资产减值损失，再加公允价值变动收益、投资收益
计算确定利润总额	用营业利润加上营业外收入，减去营业外支出
计算净利润	用利润总额减去所得税，得出净利润

通过企业多步报告式利润表可以反映出利润的形成过程和实现的基本步骤。

四、现金流量表

1. 现金流量表的概念

现金流量表是反映企业一定会计期间现金和现金等价物流入流出情况的会计报表。具体内容见表 11-1-13。

表 11-1-13　现金流量表的内容

现金	现金等价物
是指企业库存现金，以及可以随时用于支付的存款。主要包括库存现金、银行存款和其他货币资金等	是指企业持有的期限短、流动性强、易于转换为已知金额现金、价值变动风险很小的投资。其中"期限短"一般是指从购买日起 3 个月内到期，如购入的可以上市交易的短期债券等

2. 现金流量表的作用

通过现金流量表可以为报表使用者提供企业一定会计期间内现金和现金等价物流入流出的信息，便于使用者了解和评价企业获取现金及现金等价物的能力，据以预测企业未来的现金流量。

3. 现金流量表编制的基础

现金流量表以现金及现金等价物为基础编制，划分为经营活动、投资活动和筹资活动，按照收付实现制原则编制，将权责发生制下的盈利信息调整为收付实现制下的现金流量信息。

4. 现金流量的分类

现金流量的分类见表 11-1-14。

表 11-1-14　现金流量的分类

经营活动	投资活动	筹资活动
指企业投资活动和筹资活动以外的所有交易和事项，如企业销售商品、提供劳务、购买商品、材料、接受劳务及支付税费等活动	指企业长期资产的购建和不包括在现金等价物范围内的投资及其处置活动，如企业购买固定资产、无形资产及对外进行长期股权投资等活动	是指导致企业资本及债务规模和结构发生变化的活动，如企业受到投资者投入资本、发行债券及向银行借款等活动

5. 现金流量表的结构

我国企业现金流量表采用报告式结构。分类反映经营活动产生的现金流量、投资活动产生的现金流量和筹资活动产生的现金流量。

企业现金流量表的基本结构见表 11-1-5（主要列示的是正表部分，补充资料部分略）。

6. 现金流量表的编制

企业应当采用直接法列示经营活动产生的现金流量。直接法是指通过现金收入和现金支出的主要类别列示经营活动的现金流量。采用直接法编制经营活动的现金流量时，一般以利润表中的营业收入为起算点，调整与经营活动有关的项目的增减变动，然后计算出经营活动的现金流量。采用直接法具体编制现金流量表时，可以采用工作底稿法或T型账户法，也可以根据有关科目记录分析填列。

现金流量表主要项目说明如下（正表部分）。

（1）经营活动产生的现金流量

1）"销售商品、提供劳务收到的现金"项目，反映企业本年销售商品、提供劳务收到的现金，以及以前年度销售商品、提供劳务本年收到的现金（包括应向购买者收取的增值税销项税额）和本年预收的款项，减去本年销售本年退回商品和以前年度销售本年退回商品支付的现金。企业销售材料和代购代销业务收到的现金，也在本项目反映。

2）"收到的税费返还"项目，反映企业收到返还的所得税、增值税、营业税、消费税、关税和教育费附加等各种税费返还款。

3）"收到其他与经营活动有关的现金"项目，反映企业经营租赁收到的租金等其他与经营活动有关的现金流入，金额较大的应当单独列示。

4）"购买商品、接受劳务支付的现金"项目，反映企业本年购买商品、接受劳务实际支付的现金（包括增值税进项税额），以及本年支付以前年度购买商品、接受劳务的未付款项和本年预付款项，减去本年发生的购货退回收到的现金。企业购买材料和代购代销业务支付的现金，也在本项目反映。

5）"支付给职工以及为职工支付的现金"项目，反映企业本年实际支付给职工的工资、资金、各种津贴和补贴等职工薪酬（包括代扣代缴的职工个人所得税）。

6）"支付的各项税费"项目，反映企业本年发生并支付、以前各年发生本年支付以及预交的各项税费，包括所得税、增值税、营业税、消费税、印花税、房产税、土地增值税、车船使用税及教育费附加等。

7）"支付其他与经营活动有关的现金"项目，反映企业经营租赁支付的租金、支付的差旅费、业务招待费、保险费及罚款支出等其他与经营活动有关的现金流出，金额较

265

大的应当单独列示。

（2）投资活动产生的现金流量

1）"收回投资收到的现金"项目，反映企业出售、转让或到期收回除现金等价物以外的对其他企业长期股权投资而收到的现金，但处置子公司及其他营业单位收到的现金净额除外。

2）"取得投资收益收到的现金"项目，反映企业除现金等价物以外的对其他企业的长期股权投资等分回的现金股利和利息等。

3）"处置固定资产、无形资产和其他长期资产收回的现金净额"项目，反映企业出售、报废固定资产、无形资产和其他长期资产所取得的现金（包括因资产毁损而收到的保险赔偿收入），减去为处置这些资产而支付的有关费用后的净额。

4）"处置子公司及其他营业单位收到的现金净额"项目，反映企业处置子公司及其他营业单位所取得的现金，减去相关处置费用以及子公司及其他营业单位持有的现金和现金等价物后的净额。

5）"购建固定资产、无形资产和其他长期资产支付的现金"项目，反映企业购买、建造固定资产、取得无形资产和其他长期资产所支付的现金（含增值税款等），以及用现金支付的应由在建工程和无形资产负担的职工薪酬。

6）"投资支付的现金"项目，反映企业取得除现金等价物以外的对其他企业的长期股权投资所支付的现金以及支付的佣金、手续费等附加费用，但取得子公司及其他营业单位支付的现金净额除外。

7）"取得子公司及其他营业单位支付的现金净额"项目，反映企业购买子公司及其他营业单位购买出价中以现金支付的部分，减去子公司及其他营业单位持有的现金和现金等价物后的净额。

8）"收到其他与投资活动有关的现金"、"支付其他与投资活动有关的现金"项目，反映企业除上述1）～7）项目外收到或支付的其他与投资活动有关的现金，金额较大的应当单独列示。

（3）筹资活动产生的现金流量

1）"吸收投资收到的现金"项目，反映企业以发行股票、债券等方式筹集资金实际收到的款项（发行收入减去支付的佣金等发行费用后的净额）。

2）"取得借款收到的现金"项目，反映企业举借各种短期、长期借款而收到的现金。

3）"偿还债务支付的现金"项目，反映企业为偿还债务本金而支付的现金。

4）"分配股利、利润或偿付利息支付的现金"项目，反映企业实际支付的现金股利、支付给其他投资单位的利润或用现金支付的借款利息、债券利息。

5）"收到其他与筹资活动有关的现金"、"支付其他与筹资活动有关的现金"项目，反映企业除上述1）～4）项目外收到或支付的其他与筹资活动有关的现金，金额较大的应当单独列示。

（4）"汇率变动对现金及现金等价物的影响"项目

"汇率变动对现金及现金等价物的影响"项目，反映下列项目之间的差额：

1）企业外币现金流量折算为记账本位币时，采用现金流量发生日的即期汇率或按照系统合理的方法确定的、与现金流量发生日即期汇率近似的汇率折算的金额（编制合并现金流量表时折算境外子公司的现金流量，应当比照处理）。

　　2）企业外币现金及现金等价物净增加额按资产负债表日即期汇率折算的金额。

五、所有者权益变动表

1．所有者权益变动表的概念

　　所有者权益变动表是反映构成企业所有者权益的各组成部分当期的增减变动情况的会计报表。

2．所有者权益变动表的作用

　　通过所有者权益变动表既可以为报表使用者提供所有者权益总量增减变动的信息，也能为其提供所有者权益增减变动的结构性信息，特别是能够让报表使用者理解所有者权益增减变动的根源。

3．所有者权益变动表的结构

　　企业所有者权益变动表的基本结构见表 11-1-6。

4．所有者权益变动表的编制

　　所有者权益变动表各项均需填列"本年利润"和"上年金额"两栏。

　　所有者权益变动表"上年金额"栏内各项数字，应根据上年度所有者权益变动表"本年金额"栏内所列数字填列。上年度所有者权益变动表规定的各个项目的名称和内容同本年度不一致的，应对上年度所有者权益变动表各项目的名称和数字按照年度的规定进行调整，填入所有者权益变动表的"上年金额"栏内。

　　所有者权益变动表"本年金额"栏内各项数字一般应根据"实收资本（或股本）"、"资本公积"、"盈余公积"、"利润分配"、"库存股"及"以前年度损益调整"账户的发生额分析填列。

　　企业的净利润及其分配情况作为所有者权益变动的组成部分，不需要单独编制利润分配表列示。

　　所有者权益变动表主要项目说明如下：

　　1）"上年年末余额"项目，反映企业上年资产负债表中实收资本（或股本）、资本公积、库存股、盈余公积及未分配利润的年末余额。

　　2）"会计政策变更"、"前期差错更正"项目，分别反映企业采用追溯调整或处理的会计政策变更的累积影响和采用追溯调整重述处理的会计差错更正的累积影响金额。

　　3）"本年增减变动金额"项目"。

　　①"净利润"项目，反映企业当年实现的净利润（或净亏损）金额。

　　②"直接计入所有者权益的利得和损失"项目，反映企业当年直接计入所有者权益的利得和损失金额。

　　● "权益法下被投资单位其他所有者权益变动的影响"项目，反映企业对按照权益法核算的长期股权投资，在被投资单位除当年实现的净损益以外其他所有者权益变动中应享有的份额。

- "与计入所有者权益项目相关的所得税影响"项目，反映企业根据所得税会计准则规定应计入所有者权益项目的当年所得税影响金额。

③ "所有者投入和减少的资本"项目，反映企业当年所有者投入的资本和减少的资本。

- "所有者投入资本"项目，反映企业接受投资者投入形成的实收资本（或股本）和资本溢价或股本溢价。
- "股份支付计入所有者权益的金额"项目，反映企业处于等待期中的权益结算的股份支付当年计入资本公积的金额。

④ "利润分配"项目，反映企业当年的利润分配金额。

⑤ "所有者权益内部结转"项目，反映企业构成所有者权益的组成部分之间的增减变动情况。

- "资本公积转增资本（或股本）"项目，反映企业以资本公积转增资本或股本的金额。
- "盈余公积转增资本（或股本）"项目，反映企业以盈余公积转增资本或股本的金额。
- "盈余公积弥补亏损"项目反映企业以盈余公积弥补亏损的金额。

六、财务报表附注

1. 财务报表附注的概念

财务报表附注是企业财务报表不可缺少的组成部分，是对在资产负债表、利润表、现金流量表和所有者权益变动表等报表中列示项目的文字描述或明细资料，以及对未能在这些报表列示项目的说明等。

2. 财务报表附注的作用

通过财务报表附注与资产负债表、利润表、现金流量表和所有者权益变动表列示项目的相互参照关系，以及对未能在报表中列示项目的说明，可以使报表使用者全面了解企业的财务状况、经营成果和现金流量。

3. 财务报表附注的主要内容

1）企业的基本情况。
2）财务报表的编制基础。
3）遵循企业会计准则的声明。
4）重要会计政策和会计估计。
5）会计政策和会计估计变更以及差错更正的说明。
6）报表重要项目的说明。
7）其他需要说明的重要事项。

4. 财务报表附注的编写

（略）

参 考 文 献

财政部会计资格评价中心. 2011. 中级会计实务. 北京：经济科学出版社.
财政部会计资格评价中心. 2011. 初级会计实务. 北京：中国财政经济出版社.
中华人民共和国财政部. 2006. 企业会计准则：应用指南. 北京：中国财政经济出版社.
财政部会计司. 2010. 企业内部控制规范讲解. 北京：经济科学出版社.